제9판

장학론

Supervision: A Redefinition

Thomas J. Sergiovanni • Robert J. Starratt • Vincent Cho 지음

이윤식 • 한유경 • 김병찬 • 정제영 • 박상완 • 김화영 옮김

McGraw Hill Education

아카데미프레스

Supervision: A Redefinition, 9th Edition

1 2 3 4 5 6 7 8 9 10 AP 20 18

Original: Supervision: A Redefinition, 9th Edition © 2013
By Thomas J. Sergiovanni, Robert J. Starratt, Vincent Cho
ISBN 978-0-07337866-4

This authorized Korean translation edition is jointly published by McGraw-Hill Education Korea, Ltd. and Academy Press. This edition is authorized for sale in the Republic of Korea.

This book is exclusively distributed by Academy Press.

When ordering this title, please use ISBN 979-11-6136-006-5

Printed in Korea

역자 서문

장학의 목적은 교육활동의 개선 즉 교원들의 전문성을 바탕으로 한 교수-학습 활동의 개선을 핵심으로 하여, 설정된 교육목표를 효율적으로 달성하여, 궁극적으로 학생들의 지적 · 정의적 · 신체적 성장 · 발달을 도모하도록 효과적으로 지원하는 데 있다. Thomas J. Sergiovanni와 Robert J. Starratt는 장학의 목적을 잘 달성하는 데 필요한 장학의 이론과 실행 방법을 제시하려고 노력하였다.

이 책은 1971년 처음 출간된 이후 1979년, 1983년, 1988년, 1993년, 1998년, 2002년, 2007년, 그리고 2013년에 이르기까지 42년간 모두 9차례에 걸쳐 개정 출간되었다. 그간 수많은 독자에게 읽히면서 장학론 분야에서 확고하게 베스트셀러이자 탁월한 명저로 인정받아 왔다.

Thomas J. Sergiovanni와 Robert J. Starratt는 지난 42년간 9차례 개정판을 내면서, 공동 저자로서 서로 아이디어를 교환하고 리더십, 도덕적 기업으로서 학교, 변화 과정의 관리, 교수와 학습과 장학의 복잡성에 대하여 생각하고 새로운 방법들을 탐색하면서 계속적으로 성장하였다고 밝히고 있다. 매번 개정판을 출간할 때, 교육현장에서 어떤 일들이 일어났으며, 그것이 장학에 대하여 주는 의미들이 어떤가를 숙고할 수 있어서 즐겁게 작업할 수 있었다고 회고하고 있는 것이다.

애석하게도 이번 9번째 개정판이 출간되는 막바지 단계에서 장학론 분야에서 탁월한 학자였던 Thomas J. Sergiovanni가 세상을 떠났다. Thomas J. Sergiovanni의 업적을 높이 기리면서 그의 명복을 빈다. 그의 학문적 영향력은 앞으로도 장학론 분야에서 오랜 시간 살아있으리라 생각한다. 이번 9번째 개정판은 그의 이름이 기재되는 마지막 책이 되었다.

그간 공동 저자였던 Robert J. Starratt는 젊은 학자 Vincent Cho를 이번 개정판 출간에 참여시켜 새로운 팀워크의 출발을 시도하였다. 장학론 분야에서 계속하여 발전된 개정판이 출간되기를 기대하여 본다.

이 책의 번역은 역자들의 학문적 관심과 그간의 연구 경험 등을 고려하여 전체의 장을 다음과 같이 나누어 작업하였다. 제1장, 제5장, 제9장은 이윤식 교수가, 제2장, 제3장은 정제영 교수가, 제4장, 제8장은 김화영 박사가, 제6장, 제7장은 박상완 교수가, 제10장, 제11장은 김병찬 교수가, 제12장, 제13장은 한유경 교수가 각각 책임 번역하였다.

역자들은 가능한 한 원전의 내용을 그대로 유지하는 가운데 동일하게 번역하려고 노력하였으나, 우리나라와 다른 미국의 교육 현실을 배경으로 저술된 원저를 번역하는 가운데, 미국의 교육 현실과 장학 현실에 대한 정확한 이해 부족으로 다소 번역의 오류 가능성을 완전히 배제할 수는 없다. 이로 인해 발생하는 문제는 전적으로 번역진의 과오라는 것을 밝히고 싶다.

이 책의 번역을 통해 역자들이 갖는 바람은 이 번역서가 우리나라 장학 이론과 장학 실제에 관련하여 연구하고 실천하고 교육활동을 하는 교수, 대학원생, 교사, 장학담당자, 교육행정가들이 우리 교육 현실에 적합한 장학 이론과 장학 실제를 발전시킬 수 있는 관점과 아이디어를 확장해 나가는 계기가 되었으면 하는 것이다.

번역자들을 대표하여

이 윤 식

저자 소개

THOMAS J. SERGIOVANNI는 은퇴 전 수년간 트리니티대학의 Lillian Radford 교수 교육을 담당했다. 그는 컬럼비아대학 Teachers College에서 석사학위를 받았으며, 로체스터대학에서 교육행정 전공 교육학 박사학위를 받았다. 그는 본문에 교육행정과 장학에 대한 폭넓은 가르침과 저술을 남겼다. 그의 최근 저서에서는 도덕적 리더십, 학교 공동체 구축, 학교생활 리더십, 리더십 강화: 학교에서 함께 지도하고 학습하는 것, 교장에 대한 내용을 다루고 있다.

ROBERT J. STARRATT는 보스턴대학 Lynch School의 교육리더십 교수이다. 그는 보스턴대학에서 철학 석사학위를, 하버드대학에서 교육학 석사학위를, 그리고 일리노이대학에서 교육행정 전공 교육학 박사학위를 받았다. 최근 저서로는 윤리적 리더십, 교육 행정의 집중, 학교 리더십의 재건: 학교 업무 전반에 걸친 인간 개발 작업의 포용, 그리고 윤리적인 학교 육성 등이 있다.

VINCENT CHO는 보스턴대학 Lynch School의 교육리더십 조교수이다. 휴스턴대학에서 Urban Principals Program의 일원으로 석사학위를 받았으며, 텍사스오스틴대학에서 교육정책 및 기획 전공으로 박사학위를 마쳤다. 그의 논문과 저널은 데이터 사용과 관련한 기술, 학교 사례, 그리고 교육구 정책에 관한 이슈를 다루고 있다.

저자 서문

변환의 시기

이 책 9판은 변환의 시기를 알리고 있다. 이 책은 처음 박사학위를 가지고 대학 교수로 사회에 입문한 젊은 교수와, 일찍 교직을 시작하여 평생직임을 확신했던 교수 나이 또래의 박사과정 학생의 협동 작업으로 시작되었다. Sergiovanni의 학문적 배경은 조직이론, 리더십 연구, 교육사회학이었다. 나의 학문적 배경은 교육과정 이론과 철학이었다. 우리 협동 작업의 결과는, 초기에 장학에 관한 "인간적 관점"이라는 용어로 표현된 흥미로운 관점의 결합이었다. McGraw-Hill 출판사 편집자는 우리 저서가 전망이 밝다고 보았고, 우리는 40여 년 넘게 저작해 왔다. 그동안 나는 Sergiovanni의 리더십을 기쁘게 받아들였다. 우리는 아이디어를 서로 교환하고 리더십, 도덕적 기업으로서 학교, 변화 과정의 관리, 교수와 학습과 장학의 복잡성에 대하여 생각하고 글을 쓰는 새로운 방법들을 탐색하면서 계속적으로 성장하였다. 우리는 매번 개정판을 출간할 때, 교육 현장에서 어떤 일들이 일어났으며, 그것이 장학에 주는 의미들이 어떤가를 숙고할 수 있어서 즐겁게 작업할 수 있었다. 우리는 교육의 더 넓은 분야에서 학문적으로 발전하여 사고가 초기보다 넓어지면서, 나중 개정판에서는 "장학: 재정의"라는 타이틀을 붙였다.

Sergiovanni는 Trinity University에서 은퇴하면서, 개정판 작업의 주도적 역할을 내게 일임하였다. 나는 이 책의 개정판을 저술하는 데 새 인물이 필요하다고 생각하였다. Vincent Cho가 University of Texas에서 박사학위를 받고 Boston College의 새 교수 요원으로 부임하였고 공동 작업에 동의하였다. Vincent는 새 활력과 넓은 전망을 보여 주었다. 나는 지난해 그와의 학문적 교류를 즐겼다. Sergiovanni의 영향력은 이번 개정판의 여러 장에서 여전히 살아있다.

개정판의 초점

이 책의 8판을 교재로 사용한 많은 교수들이 강의시간에 이 책을 더 잘 사용할 좋은 제안들은 보내왔다. 그들의 제안은 책을 간결하게 하고, 국가 및 주 정책이 장학과 평가에 주는 시사점을 제시하고, 이론과 실제 간의 균형을 도모하고, 연구 결과를 새로이 보완하는 것이었다. 우리는 그들의 제안을 반영하여 새로이 주요 부분을 재작성하였다. 우리는 이 개정판을 간략하게 하였고, 다른 코스에서 다루어야 할 부분을 제외하였다. 이 개정판은 세 파트로 나누었다. (1) 정책적 상황에서 교사들과 학생들이 대면하게 되는 도전을 명확히 하고, (2) 교수와 장학 간 결합의 토대가 되는 본질적이고 기초적인 이해에 초점을 맞추고, (3) 장학담당자가 다루어야 하는 장학과 교수 실제의 복잡성을 탐구하도록 하였다.

장학은 더 이상 주변적이고 관료적인 활동이 아니다. 장학은 모든 학생들의 학업적 성공을 지향하는 학교 개혁을 위한 노력의 중심에 있다. 그래서 이 개정판에서는 교장들과 교육청 행정가들에게 부과되는 복합적 요구에 비추어 장학을 다시 재정의하였다.

주정부와 연방정부로부터의 정책적 요구를 수용하면서도, 우리는 여전히 본질적인 주제 "인간적 관점"을 계속 견지하고 있다. 교수 및 학습 활동은 우리 사회의 미래를 위하여 필수적이다. 단순히 경제적인 미래, 민주주의 미래를 위해서뿐만 아니라, 특별히 인간 미래를 위해 필수적이다. 학교가 관계하는 자연의 세계, 문화의 세계, 사회적 관계의 세계를 이해하는 일은 우리를 세계 시민의 일원이 되게 하며, 그러한 세계를 위한 노력에 참여하게 한다. 장학은 사회 일반의 휴매니티 유지를 위한 인간 활동이다.

세계 동료들에게 한 말씀을 전한다. 미국이 아닌 다른 나라들에 많은 독자들이 있다. 수년 동안 우리 책은 다양한 언어로 번역되었다. 많은 나라를 방문하고 해외 독자들과 대화를 나누면서, 나는 우리의 생각이 각 나라 교육 분야에서 훌륭한 업적을 남기고 있는 많은 외국 교육자들에게 얼마나 제한적일 수 있는가 하는 것을 알게 되었다. 우리의 바람은 그들이 이 책에 지속적으로 관심을 갖게 되는 것이다. 그것은 우리 교육 활동이 훌륭하다는 것을 말하는 것이 아니라, 우리 학교가 더 나아지기를 바라기 때문이다. 이 개정판에서 우리 학생들에 대한 소망이 당신 학생들에 대한 소망으로 메아리 치기를 바란다.

Boston College의 대학원생인 Anggle Sugianto의 도움에 감사를 표한다. 그녀는 중요한 아이디어를 글로 옮기는 데 도움이 되도록, 나처럼 문외한이 그린 그림을 다양하게 시각화하여 주었다.

애석하게도 Tom Sergiovanni가 아홉 번째 개정판 작업의 거의 끝 무렵 별세하였다. 그럼에도 불구하고 그의 정신은 이 책 전체에 흐르고 있다. 우리 모두를 대신하여 Tom Sergiovanni에게 마지막 감사의 말을 전한다. "당신은 교육자들과 우리들의 위대한 대변인이고 격려자였습니다. 당신의 업적은 많은 헌신적인 교육자의 활동에 계속해서 살아있을 것입니다. 당신이 우리에게 남겨준 모든 것에 감사합니다."

2013년 1월
Robert J. Starratt
& Vincent Cho

검토자

Miriam Hirsch, Stern College, Yeshiva University

Suzanne Gilmour, LeMoyne College

Bobbie Greenlee, University of South Florida

Peg Nugent, Argosy University Online

Nell Faucette, University of South Florida

Diane Canino-Rispoli, Syracuse University

차례

Part 3. 장학의 실제

Part 1.

교사 장학과 평가의 현재 상황

제1장

수업 장학의 상황

개요

학교 상황에서 수업 장학이 실제적으로 어떻게 인식되는가를 알아보기 위하여, 중학교 교장의 하루 생활을 기술한 자료를 살펴보자. 이 간단한 자료는 교장의 장학 업무와 변화하는 장학 상황의 예를 보여 준다. 이 장에서는 현재 미국과 여러 나라의 학교 상황에 내재되어 있는 갈등을 드러내고 수업 장학에 관한 몇 가지 시사점을 제시하고자 한다.

교장의 하루 일과

Roosevelt Middle School의 Al Auther 교장은 학교 버스가 도착하기 전 조용한 시간에 그의 일과를 점검하기 위해 첫 커피 잔을 채우면서 그의 책상에 자리를 잡는다. 어린 학생들이 도착할 때 그들과 인사하는 것이 늘 하는 일이다. 그가 해야 할 일이 무엇이며 왜 해야 하는가를 상기하면서 하루를 희망차게 시작하려 한다. 버스 기사로부터 버스에 탑승한 한 학생이 다소 컨디션이 안 좋은 듯하다거나, 다른 학생들에게 문제를 일으켰다는 등의 일상적인 메시지를 전달받기도 한다. Al은 버스 기사가 학생들의 문제 적신호에 대해 믿을 만한 정보 제공자가 된다고 생각한다.

Al은 어제 늦게 퇴근 후 지금까지 어떤 일들이 생겼는가를 알기 위해 이메일을 확인한다. 교감으로부터 독감으로 몸이 아픈 George Brown 선생을 위해 대체 교사를 배정했다는 내용을 담은 이메일을 확인한다. Al은 대체 교사가 어떻게 하고 있는가를 보기 위해 Brown 선생의 교실을 방문할 것이라는 메모를 적는다. 또 하나의 이메일은 교육장 비서가 보낸 메일로, 오후에 교육장이 교사 평가에 대한 주 교육 정책에 대해 협의하기 위해 전체 교장들과 모임이 있음을 알리는 내용이다. Al은 그의 다이어리에 해야 할 일 목록으로, '귀가 전에 정책 자료 검토할 것'을 적는다.

그런 후에 Al은 그의 비서가 어제 퇴근 전에 준비해 둔 스케줄을 들여다본다.

*** 8:30 복합 디지털 교육과정 지원체제를 무선으로 사용하기 위한 전기시설 확충 절차를 검토하기 위해 시설관리 책임자와 만난다.

*** 9:00 4명의 초임 교사가 첫 해에 복잡한 교직생활을 잘 꾸려나가고 있는지에 관해 함께 협의하는 주별 모임에 참석한다. 그 외, 경력교사가 초임 교사를 대상으로 진행 중인 멘토링 프로그램에 대하여, Al은 젊은 초임 교사들이 힘들어할 시기에 자신의 관심과 지원을 보여 주기 원한다. 초임 교사들이 학생들을 더 잘 알게 되면서 수업전략을 다양화하는 데 성공하고 있다고 생각한다. 그의 첫 번째 학급 수업참관은 두 주 후에 있을 것인데, 그들과 함께 멘토링 과정을 점검하기 원한다. 멘토들은 이미 초임 교사 수업참관을 마쳤고, 초임 교사도 경력교사들의 수업을 참관했다. 교장의 수업참관에 대해 어느 정도 준비된 상태이지만 여전히 교장의 수업참관에 대한 걱정이 클 것으로 보인다.

*** 10:15 교사 휴게실에 가서 커피 한잔 하면서 간단한 대화를 나눈다. Al에게는 이런 간단한 대화가 교사들이 질문하거나, 그와 함께 토론할 필요가 있는 사항들을 공유하거나, 학교생활을 잘 하는 학생이나 어려움을 겪는 학생에 대해 대화하는 좋은 기회가 된다. 종종 지방 스포츠 팀의 약점에 대해 이야기하는 기회도 된다.

*** 10:30 학부모와 대화하는 데 미리 관심을 두고 알아야 할 문제를 살펴보기 위해 특수교사와 회합을 갖는다.

*** 11:15 수학과 코치와 회합을 갖는다. 그녀는 Roosevelt Middle School에 연초에 부임해 왔다. 그녀는 유능한 교사로 알려져 있지만 첫 해는 어렵게 보냈다. Al은 연초 교직원 미팅에서 그녀를 학습부진 학생들 지도와 관련하여 교사들을 도와주는 자원인사라고 소개했다. 일부 교사들은 그들이 학습부진 문제에 책임이 있다는 듯한 느낌을 받고 기분이 언짢아졌다. 비록 그 코치가 분명히 중학교 수학 교육과정을 잘 알고 있고, 그 교육과정이 주정부의 핵심 교육과정 기준과 연관되어 있음을 잘 알고 있다 하더라도, 그녀는 교사들과 팀으로 활동하는 데 필요한 팀 조성 기술이 부족했다. 그래서 Al은 학교에 코치가 들어온 것이 다른 교사들에게는 다소 생소한 일이라는 것을 인식하면서, 그녀를 도

와주는 것이 필요했다. Al은 교육청 수준에서 코치들이 훈련을 받는 것이 필요하다고 교육장에게 이야기한 바 있다. 그는 코치와 교사들이 초기에 부자연스러운 분위기를 극복하고 부드럽게 협동하도록 연결해 주는 것이 필요했다.

*** 학생 식당에서 학생들과 점심식사를 한다. 그는 학생들과 함께 앉아서 그들의 이야기 듣기를 좋아했다.

*** 12:40 교육청의 언어학습 담당 부장과 미팅이 있다. 교사들이 교육청 문해 테스트 결과 자료를 분석하고 특히 영어에서 성취도가 낮은 학생들을 어떻게 지도할 것인지를 탐색하는 것을 돕기 위한 미팅이다. Al은 교사들과 심도 있는 협의를 하기 위해서 자신도 자료 분석 기술을 높일 필요가 있다.

*** 1:30 자폐 학생의 학부모와 미팅이 있다. Al과 특수교육 담당 교사와 전날 학생의 파일을 검토하여, 발전이 있는 영역과 지속적인 관심이 필요한 영역을 찾아냈다. 전에도 학부모와 대화를 했었다. 학부모가 협조적이지만 자녀가 별 발전이 없는 분야에 대해서는 실망하고 인내심을 잃곤 했다. 대조적으로 특수교육 담당 교사는 학생이 개별 학습활동에 반응을 보이는 것에 대해 고무되었다. Al은 교사의 학습활동을 지원하고, 학부모에 대해서는 공감하려고 했다. 그러한 미팅은 만약 자신에게 그런 자폐 자녀가 있었다면 어땠을까 생각하면서 힘들여 진행하는 미팅이다. 학부모는 자녀를 사랑하고 최선의 삶을 마련해 주기 원한다.

*** 2:30 Al은 오후 시간의 일부를 할애해서 학교 주변을 산책한다. 오늘은 버스가 출발하기 전에 산책을 한다.

*** 학교 현안, 주로 학생 생활의 여러 측면을 파악하기 위해 교감과 미팅을 갖는다. 두 사람은 주로 이 맘 때에 만나서 어떤 측면이 잘 진행되고 있으며, 어떤 측면이 주의가 필요한가 등에 대해 의견을 교환한다. Al은 다행스럽게도 교감이 조직적이며 긍정적이며, 어려움에 처한 학생들을 잘 다루는 교감이라 생각한다. 교감과 학교 상담사는 둘이 협력하여 사춘기를 지내고 있는 학생들의 돌발적인 문제에 잘 대처하고 있다. 교감은 교사들이 학생들의 문제를 처리해

나가도록 잘 지도하고 있다. 교감은 학부모들이 가정에서 학생들을 적절히 지도하도록 학부모들과 의사소통을 잘 한다. 간단히 말해서 교감은 교내에서 학생들의 발달을 도와주는 좋은 감독자이며 동시에 교외 지역사회로의 학생 참여를 도와주는 교육자이다.

*** 그 밖에는 스케줄이 없는 상태이다. 그래서 Al은 퇴근 전에 교육청의 새 교사 평가 정책을 검토하기로 한다.

*** 스케줄에는 없지만, Al은 항상 퇴근 전 30여 분 정도 교장 직무에 대해 생각해 보고, 진정 중요한 일이 무엇인가, 학교 발전을 위해 어떤 스케줄이 필요한가 생각해 본다. 그는 바쁜 날에는 못하지만, 그가 생각해 본 것들을 기록하여 저널(journal)을 작성해 둔다.

오늘 그는 몇 가지 성찰 시간을 가질 수 있었다. 그는 생각해 볼 두 가지 사안이 있다. 첫째는 학교 분위기의 침제와 관련된 것이다. 학생들이 공부해야 할 학습 자료에 대한 학생들의 이해 부족으로 학생들의 학습 흥미가 낮다는 것과 관련된다. 일부 발전이 있기는 했지만 예외적이다. 4명 혹은 5명의 교사들이 학생들의 이해를 높이는 다양한 방법을 개발해 오기는 했다. 학생들의 이해에 대한 내재적 보상은 보다 높은 수준의 학습을 원하는 학생들의 새로운 학습 흥미를 유발했다. 그 학생들은 그들의 이해에 대한 포트폴리오를 발전시키기 시작했고, 실생활 문제에서 그 포트폴리오 내용들을 어떻게 적용할 것인지 배우게 되었다. 다른 학생들의 경우에는 힘든 학습에의 참여도가 높아져 다소 높은 성적을 받게 되었다. 그러나 여전히 외재적 보상에 의존하는 학습이 이루어졌다. Al은 학습 공동체가 성적이라는 미성숙한 외재적 보상에 안주하는 수준을 넘어서기 원했다. 그와 그의 교사들은 학생들이 세상의 복잡성과 통합성에 대한 진정한 이해라는 내재적 보상에 근거한 학습 활동, 그들의 지식이 어떻게 그들과 세상을 연결하는가를 이해하는 학습 활동이 일어날 수 있는 더 실제적인 방법을 생각해 보고자 했다.

둘째는 그를 계속 힘들게 하는 사안이다. 두 명의 교사와 관련된 사안이다.

그들은 퇴직 전까지 5년 이상 기간이 남아 있는 교사들이다. 그들은 눈치가 빤하여 최소한도 수준의 교직 활동만을 하며, 다양한 수업활동 개선을 위한 교직원 개발 활동에 참여하라는 요청을 무시한다. Al은 그들을 어떻게 다룰까 다양한 접근을 시도했었다. 그들은 수업활동 개선을 시도해 보겠다고 말은 하지만 구체적인 활동이 없다. 그들은 항상 그들의 수업활동이 대다수 학생들에게 좋으며, 나머지 학생들은 게으르거나, 학습 흥미가 없거나, 단지 그날그날 연명하는 수준으로 삶의 의욕이 낮아 학습에 참여하지 못한다고, 늘 하던 소리를 했다. Al은 그들의 현상 유지 타령을 인정할 수 없다. 그들도 Al의 끊임없는 학습 개선 요구에 승복하지 않는다. 이러한 냉담 상태를 해소할 방법은 Al이 그런 비협조적인 교사들과 어떻게 하면 성공적으로 활동할 것인가 방책을 구안하는 것이다. 오늘 오후에 Al은 그 사안에 대해 더 생각해 볼 것이다.

교장의 하루 일과 설명에서 얻게 되는 교훈

교장의 하루 일과 설명이 수업 장학자의 업무 특성에 대해 어떠한 시사점을 주는가? Al의 이야기가 주는 시사점은 다음과 같다.

1. 수업 장학은 교장 업무의 중요한 부분이다. 그러나 수업 장학은 교장이 수행하는 수많은 업무의 하나이다. 그 외 업무에는 학교 건물 관리에 대한 지도감독, 학교 재정 관리에 대한 지도감독, 교통 서비스에 대한 지도감독, 교사 근무 및 대체에 대한 지도감독, 초임 교사의 교직 적응 및 교직생활에 대한 지도감독, 학부모와의 소통에 대한 지도감독, 학교 문화 유지에 대한 지도감독, 학생들의 인성 발달 및 사회적 발달 지원에 대한 지도감독, 학습 공동체의 복합성에 대한 지도감독 등이 포함된다. 이런 다양한 지도감독 활동에 대한 책임으로 인해서 수업 장학은 별로 눈에 띄지 않게 되었다.
2. "장학(supervision)"이라는 용어가 대상 활동에 따라서 다양하게 사용되는

것을 볼 수 있다. 가끔 장학은 건물 관리자, 버스 기사들, 특수교육 부장교사, 초임 교사 멘토, 교과 코치, 학생 생활을 감독하는 교감 등 어떤 활동을 감독해야 할 책임이 있는 사람들을 대상으로 지도감독하는 것을 포함하기도 한다. 수업 장학이라고 불리는 영역에서조차도 그 역할이 Al 이외에 여러 관계자들 간에 나누어져 있는 것을 볼 수 있다. 어떤 의미에서 Al은 감독자 위의 상위 감독자 혹은 조정 감독자가 되는 것이다. 넓게 보면 Al은 수업 전체에 대한 감독자라기보다는 학생들의 학습에 대한 감독자, 교사들의 학습에 대한 감독자라 볼 수 있다. 학생들의 학교생활 전체 중에서 학생들의 학습활동만을 고려한다면, Al의 위치는 학교에서 학습 공동체에 대한 감독자라고 간단히 말할 수 있다.

장학의 역할 혹은 기능 정의의 어려움

장학 실제에 대해 연구한 학자들은 장학 실제가 매우 분산적이고 다양하여 한 가지로 정의 내리기가 어렵다고 한다. Al의 하루 일과 설명 내용이 그것을 보여준다. 『학교 장학 연구 핸드북(Handbook of Research on School Supervision)』(Firth & Pajak, 1998)에서 보면, 수업 장학 현장 경험이 있는 70명의 학자들이 장학에 대해 단일한 정의를 내리려 노력했으나, 모두들 단일의 정의로는 장학 실제의 다양한 측면을 모두 포괄할 수 없다고 결론 내리게 되었다.

Glanz(1988)는 장학 실제가 역사적으로 어떻게 변화해 왔는가를 중심으로 장학의 개념에 대한 관점을 제시했다. 그는 수업 장학이 각 시대의 주된 분위기에 따라서, 권위주의적 검열 장학에서, 교육을 과학으로 보는 유사 과학적 장학으로, 교육을 정치로 보는 민주적 장학으로, 학교를 행동주의적 관점에서 보는 행동주의적 장학으로, 세계 경제시장 시대에 교육을 우월한 경제의 기초로 보는 관점에서 국내 생산성을 높이는 장치로 보는 경제적 장학으로 변해 왔다고 보았다. 현재는 장학을 지식 경제화 및 지식 사회화와 연결된 과학적 평가 중심의 장학으로 보고 있다. 이렇게 교육의 목적에 대한 이데올로기적 역사적 변화

과정에서, 수업 장학 관련 정책은 이데올로기적 변화의 영향을 받으면서 장학 담당자로 하여금 수업과 학습을 그러한 방향으로 이끌어 가도록 했다.

그러나 Carl Glickman(1998)은 공립학교 교육은 토마스 제퍼슨(Thomas Jefferson)이 제시한 공립학교 교육의 근본 목적, 즉 무상 보편교육이 민주주의 사회의 필수 조건이며, 교육은 국민들에게 자유로운 생각과 토론을 가능케 함으로써 자유시민으로서 그들을 위해 공공선에 봉사하는 공적 영역을 형성하고 기능하도록 함으로써 권력 남용을 방지하는 목적을 견지해야 한다고 주장한다.

이 책은 수업 장학을 공립학교 교육에 있어서 사적, 공적 근본 목적과 직업적, 경제적 목적 양측을 연결하는 위치에 놓고 있다. 이 책의 인적 개발, 교육과정, 교수 및 학습, 평가에 관한 파트(chapter)에서 장학담당자들은 국가 및 주 정책으로 제시된 교사에 대한 형성 평가 및 총괄 평가와 공립학교 교육의 목적을 연결해 보게 된다.

이 책에서 학교와 교육구에서의 집단적 교육활동에 대해 장학담당자들이 제시하게 되는 가치와 의미를 살펴본다. 우리는 장학 업무를 담당하게 될 사람들이 학습을 통해 세상을 배워 가며 세상 속에서 자신들을 이해하기 시작하는 학생들의 학습 과정을 잘 이해하길 원한다. 우리는 독자들이 좋은 교수에 대한 지혜와 이해를 얻어서, 교사들이 학생들로 하여금 세상을 이해하고 "아, 그렇구나" 하는 기쁨을 느끼고 탐색하도록 학습을 인식하게 함으로써 높은 만족감을 느끼도록 확인하고 격려할 수 있기를 바란다.

'새로운' 기준 중심 책무성

근래에 기준 중심 책무성 정책(standards-based accountability policies)이 도입되기 전에는 장학에서의 초점이 다소 넓었고 계량적이었다. 예를 들어, Cross(2004)는 초·중등교육법(ESEA: Elementary and Secondary Education Act)과 Johnson 대통령의 "가난과의 전쟁(War on Poverty)" 보고서 안에 있는 그 법의 역할을 언급한다. 1965년 통과된 법은 그 초점이 가난하고 불우한 환경에 있는 학생들로 하여금 배울 수 있는 기회를 갖도록 하는 데 있었다. 그 결과, 연방으로부터 학교에 지급되는 보상 지원금이 학생들의 경제적 인종적 격차를 메우는 주된 재원이 되었다(Cross, 2004; Kantor & Lowe, 1995). ESEA의 한 부분으로서, 학교에 대한 새 재원 투자를 평가하기 위한 표준화 테스트로 흔히 국가보고카드(the nation's report card)라고 불리는 국가수준 학업성취도 평가(NAEP: National Assessment of Educational Progress)가 채택되었다. NAEP는 미국 각 주에서 다양한 학생 집단들을 대표하는 표집을 대상으로 주로 과학, 수학, 읽기, 쓰기의 학업 성취를 평가한다. 그 결과로 각 주의 학생 학업 성취 상황을 개략적으로 알아볼 수 있다.

이런 취지의 평가는 교육에 대한 접근과 기회라는 측면에 근거한 책무성 평가이다. "좋은 학교"는 좋은 교육과정, 좋은 교사, 인종적으로 통합된 학교, 혹은 교육 재원이라는 관점에서 이해된다. 만약 그러한 좋은 교육 기회가 주어졌는데도 학생들이 평가를 통과하지 못하면, 학생 혹은 학부모의 과오라고 판단된다. 교사나 학교가 그 실패에 대해 비난받거나 압력을 받지 않는다.

대조적으로, 오늘날 책무성 정책하에서는 교사들이 표면적, 내면적으로 압력을 느끼게 된다(Ingram, Seashore Louis, & Schroeder, 2004; Spillane, Parise, & Sherer, 2011; Valli & Buese, 2007; Wills & Sandholtz, 2009). 초·중등교육법(ESEA)이 2001년 아동낙오방지법(NCLB: No Child Left Behind Act)으로 개정되었을 때, 불우한 학생들의 학업 성취를 지속적으로 모니터링하기 위한 기준 중심 책무성 정책이 도입되었다(Cross, 2004; Stecher et al., 2003). 이 모니터링 방법으로 주정부 수준의 책무성 시험이 도입되었다. 주정부는 책무성 시험에서 학생들의 학업 성취에 대한 책임을 지게 되었다. 학생들의 학업 성취에 대한 모니터링이 증가되고, 이에 따른 제재로 인해 교사들은 주정부가 정한 목표와 기준에 맞추어 학생들의 학업 성취에 대해 더 신경을 쓰게 되었다(그림 1-1 참조)(Brewer et al., 2008; Figlion & Ladd, 2008; Wohlstertter et al., 2008).

이러한 현상은 학교에 대한 이상적 관점에서 벗어났음을 보여 준다. 학습 목표와 기준에 대한 생각은 새로운 것이 아니지만, 책무성이라는 점에서 보면 교사들과 장학담당자가 처해 있는 상황도 달라진다(그림 1-2 참조). 예를 들어, 교육자들은 학생들의 낮은 학업 성취에 대해 책임에 직면하게 된다. 학교가 주

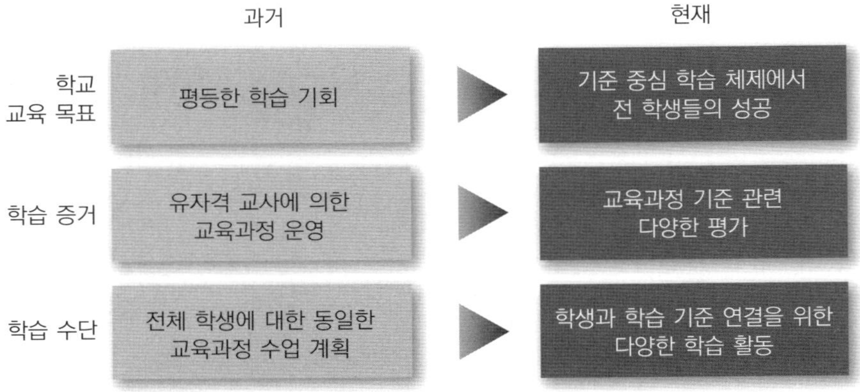

[그림 1-1] 학교 교육 결과의 재정의

정부에 의해 통제를 받게 되는 경우 교직생활이 어려움에 처할 수도 있다. 학업 성취도를 올리지 못하는 교장을 교육청이 해고할 수도 있다. 이러한 사안들은 "성취 근거 보수"와 "성과" 근거 보수 체제로 인해 복잡해지고, 교사들을 시험과 시험 결과에 더 집중하게 한다. 이로 인해 좋은 수업의 증거가 무엇인가, 학습에 있어서 학생들의 역할과 책임은 무엇인가, 학생들의 학습을 도와주기 위해 갖춰야 할 장학담당자들의 기술과 능력은 무엇인가 등에 관한 질문을 제기하게 된다.

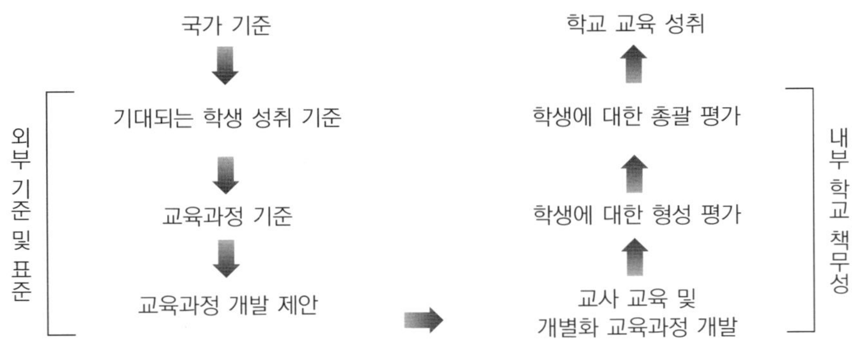

[그림 1-2] 국가 및 주정부 기준에 대한 학교 외부 및 내부 책무성

다양한 정책 의제

그러나 기준을 강조하는 경향만이 장학에 영향을 미치는 상황적 요인은 아니다. 이민자 유입 추세는 학교에서 윤리적 · 인종적 · 종교적 다양성을 증가시키게 되었고, 학생들의 학습에 영향을 주는 언어와 문화적 가치에 대해 민감해져야 한다는 인식을 키워 왔다. 많은 국가에서 이민자 유입 추세는 학교 학생인구 구성에 있어서 다문화와 다중언어 구성에 영향을 미치고 있다.

많은 경우 학교가 문화적 언어적으로 적절한 교육과정 자원 제공 및 교직원들의 전문성 개발에 실패함으로써, 학교내 다양성은 학생들의 낮은 학업 성취 수준과 연결된다. 문화적으로 적절한 교육과정 자원 제공뿐 아니라 교직원들의 전문성 개발에 실패하는 교육구에서는 교사들에게 문화적 언어적 적응 교육을 독려하는 장학담당자가 배치되어 있지 않다. 문화적 언어적 적응 교육을 독려하는 교육구에서는 많은 경력교사들로 하여금 문화적 · 언어적으로 다양한 학생들의 학습요구를 수용할 수 있는 교수 방법들을 갖추라고 하는 것에 어려움을 경험한다. 특별한 교육적 요구가 있는 학생들을 부분적으로라도 정상 학생들의 학급에 수용하라는 법률이 통과된 이후, 특별한 교육적 요구가 있는 학생들을 수용하기 위한 노력이 과거 30년 이상 힘겹게 진행되어 왔다.

변화하는 학생 인구에 대응하기 위해서는 교육청 차원에서 장학담당자의 꾸준한 지원이 필요하다. 장학담당자가 문화적으로 대응하는 교수법 지식이 부족하면 상황이 어려워진다. 미국에서 교사 수준을 높이기 위한 국가적 노력 중에 문화적 언어적 적응 교수법에 대한 분명한 기준이 제시된 것은 없다. 2가지 사례에서만, 즉 "학생들의 관심과 문화적 유산"(Danielson, 1996, p.3), 혹은 "학생들이 교사들이 가르치는 교과목을 배우도록 다양한 통로를 구축한다"(National Board for Professional Teaching Standards, 1989) 경우에만 문화적 언어적 적응 교수법이 필요하다고 해석되는 진술이 있다. 문화적 언어적으로 다양한 학생들을 위한 적응 교수법의 전문성에 대한 특별한 관심이 주어지지는 않았다. 학생들의 문화적 유산에 대해 교사가 인식할 수는 있다 해도 그 교사가 인식한 지식을 학생들이 배우는 교육과정에 대한 이해를 증진시키기 위한 교수법 전략에 포함시키는 것은 아니다.

주고위학교담당관협의회(Council of Chief State School Officers: ELCC, 2008)가 제안한 기준에는 교장과 담당행정가의 책임을 "다양한 공동체의 관심과 요구에 반응한다" 식으로 개괄적으로 밝히고 있다. 그러한 진술이 언어적 문화적 적응 교수법과 교육과정 혹은 그를 위한 장학적 지원이 필요하다고 해석되는 것은 아니다.

특수 교육이 필요한 학생 집단뿐만 아니라 근래에 이민자 학생들과 가족 수가 증가하는 현실은 기준 및 책무성 의제에 또 다른 도전이 된다. 개별화 수업의 요구, 문화적 · 언어적 대응 교수법의 요구, 주정부와 지역 수준의 구속력을 갖는 정책들은 기준 근거 교육과정과 테스트를 통해 학생 학업 성취를 유지하도록 한다.

여러 정책 의제들은 서로 어긋나게 작동하는 듯하다. 비록 수업 장학담당자들이 기준 근거 교육과정과 교수법뿐 아니라 개별화 수업과 문화적 · 언어적 대응 교수법에 정통하다 하더라도, 수업 장학담당자들이 주정부가 제안하는 여러 정책 의제를 모두 만족하는 교수법 전략을 *적절히* 활용하는 것은 힘들 것이다(그림 1-3, 1-4, 1-5 참조). 특수 교육 요구가 있는 학생들의 일부를 수용하여 교육을 시킨다고 한다면, 이러한 교육을 위한 연방정부 지침과 법원 규정에 따른 재정 충당금은 줄어들게 된다.

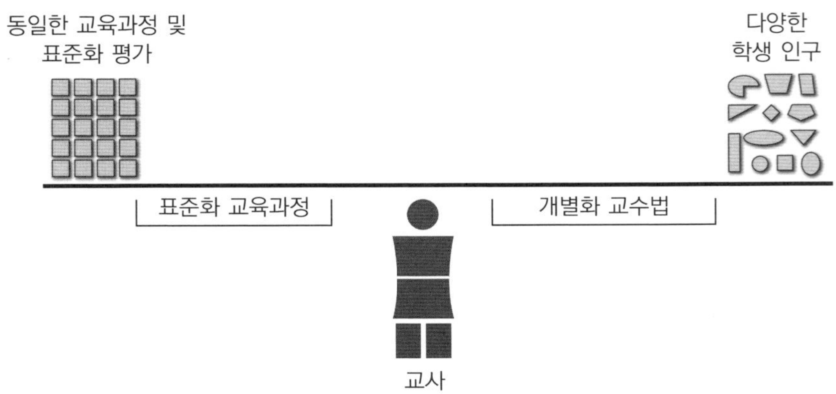

[그림 1-3] 상충되는 2가지 규정 간의 긴장

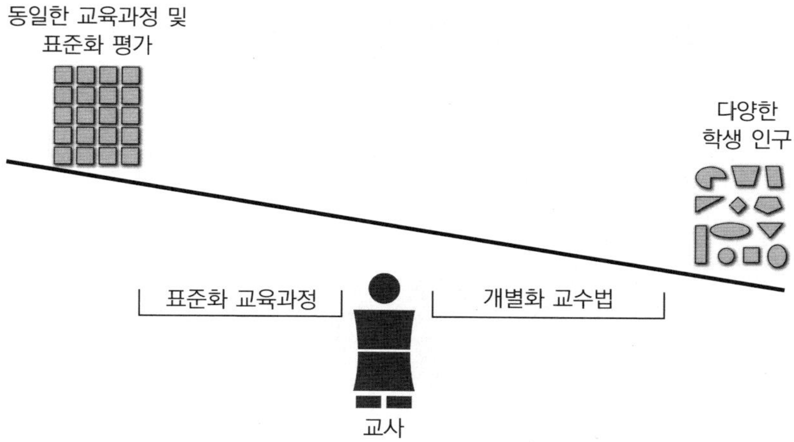

[그림 1-4] 상충되는 2가지 규정 간의 긴장

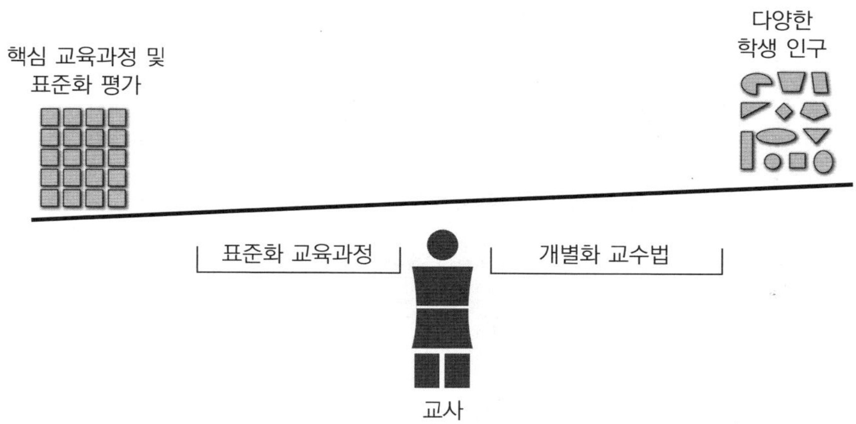

[그림 1-5] 상충되는 2가지 규정 간의 긴장

어떤 경우든지, 학교와 교사의 책무성을 요구하는 주와 지역의 변화하는 정책을 수용하기 위하여, 교육구 장학 지침과 지역 학교 장학 실제는 실질적인 점검이 요구된다. 이러한 변화를 뒤따라서, 교육구는 책무성 충족을 위해 교사들의 전문적 능력을 지원하여 책무성을 충족할 수 있도록 장학담당자들의 전문성 개발을 위한 실질적 투자가 필요하다. 특히 이러한 변화는 수업 장학의 변화를 내포한다(그림 1-6).

구분	으로부터(from)	을 향하여(towards)
초점	교사의 교육활동	학생의 수업활동
교수법 전략	학생들의 실패 인정	모든 학생들의 성공 보장
	수동적인 학생들의 지식 흡수	능동적인 학생들의 지식 구성
	동일한 교수활동	개별화된 교수활동
	비교적 단순한 교수활동과 학습활동	복잡한 교수활동과 학습활동
	개별 교사에게 초점	함께 일하는 교사 팀에게 초점
	문화적 무관심	문화적 관심
	가정과 이웃과 분리된 교수활동	가정과 이웃의 도움을 받는 교수활동
	사회경제적 상황을 현상유지 관점에서 보는 교수활동	사회경제적 상황을 비판적 관점에서 보는 교수활동
	환경 문제에 관심이 없는 교수활동	환경 문제에 관심이 있는 교수활동
장학적 전략	교사들의 전문적 발달과 무관한 장학	교사들의 전문적 발달과 연관된 장학
	교수법 일반론자 수준의 장학담당자	교과내용 지식, 개별화 상황적응적 교수법에 익숙한 장학담당자
	관료적 기능을 수행하는 장학담당자—총괄 평가 지향	학생들과 교사들 입장을 배려하는 장학담당자—형성 평가와 총괄 평가 지향

[그림 1-6] 수업 장학 관련 정책 및 실천에 있어서 요구되는 방향 전환

장학담당자의 기능에 대한 변화는 장학담당자들이 학교 개선과 관련하여 담당하는 직무 역할에 관련된다. 수업에 대한 장학과 평가는 주정부 교육부의 입장에서 학교 개선을 위해 주 정책과 현장 학교 사이에서 매개 기능으로 인식된다. 그래서 주정부는 교사 능력 개발과 학생 학습 증진을 촉진하는 장학담당자들의 효과성에 대한 평가뿐 아니라, 장학담당자들의 전문성 개발도 강조하게 되었다.

이 책에서는 장학활동을 보다 유기체적 관점에서 보고자 한다. 즉 장학담당자의 활동을 교사 활동 및 학생 활동과 연결시켜서 복합적이고, 상호 의존적이고, 공동 작업적이며, 서로 기여하는 바가 있으면서, 종국적으로는 학생들에

게 유익한 활동으로 보는 것이다. 장학담당자와 교사는 촉진자들이며, 학생들이 주도적 학습자이다. 교사들은 학생들에게 인간관계적 자극, 학급 환경과 문화, 다양한 학습활동, 학생 학습활동에 대한 피드백, 학생 노력에 대한 검증 등을 제공하게 된다.

장학담당자들은 교사들과 함께 학습 촉진자로서 교사들의 기술적 인간적 기술을 개선하는 방법을 탐색하게 된다. 장학담당자들은 교사들이 개인적 집단적으로 활동하는 과정을 검증하고, 교육구와 학교에서의 학생들의 학습 증진을 위한 노력과 과정을 확증해야 된다. 장학담당자들은 학교에서 이루어지는 집단적 교육활동이 어떠해야 하는가에 대한 큰 비전을 제시해야 한다. 그들은 학생들과 교사들의 활동을 학습 과정의 세부적 단계에서의 학습 그 이상으로 보아야 한다. 장학담당자들은 학생들과 교사들의 활동을 사회 갱신을 위해 함께하는 집단적 휴먼 드라마를 의미하는 휴먼적 활동으로 본다. 수업활동은 자연 세계, 언어, 양적 질적 척도, 미와 부조화, 민주적 조직체에서 사회적 관계의 복잡성을 이해하기 위해 노력하는 학생 개인들의 활동이다. 수업활동은 한 세대가 불확실한 역사 속에서 자신들의 자리매김을 위한 노력이며, 공동체 생활에 대한 그들의 기여 가능성을 탐색하는 노력이다.

큰 비전을 가지고, 장학담당자들은 교사들과 학생들을 격려하고, 촉구하고, 질문하고, 지원하고, 평가한다. 장학담당자들은 종종 교사들이 수업활동에 도입하는 창의성과 통찰력에 놀라기도 한다. 그들은 교사들의 창의성과 통찰력을 다른 교사들에게 전달하려고 노력한다. 이 책에서는 교사들과 학생들의 활동과 더불어 장학활동을 인간적 활동, 도덕적 활동, 사회적 대응 및 책임 활동, 그리고 변혁적 활동으로 제시하고자 한다. 장학은 기술적 전문적 활동이므로 그 부분도 밝히려 한다. 장학은 어렵고 힘들며, 종종 낙심이 되고 갈등을 초래하는 활동이다. 이 책에서는 장학의 수행에 있어서 부가가치적이고 인간적인 측면을 강조하려고 한다. 그러한 측면에 바로 장학의 가치가 내재되어 있기 때문이다.

후속 활동

1. 주정부 및 교육구의 일반 핵심 교육과정 기준 및 교육구의 교사 평가 프로토콜을 살펴보자. 교육구가 관련 정책이나 교사 평가 프로토콜을 제정하기 시작했는지 확인해 보자.
2. 장학담당자들과(교장 한 사람과 한두 명의 다른 장학담당자) 그들의 학교에서 장학 실제가 어떠한지 대화해 보자—장학 실제가 어떤가? 교장들은 그 장학에 대해 좋게 생각하는가? 실제적으로 실천할 만한가? 교사들에게 도움이 되는가? 학생들 테스트 점수에 영향을 주는가? 당신의 학교는 교육구 및 주정부와 보조를 맞추고 있는지 알아보자.
3. 학교에서 교사들과 장학담당자들은 교육구 및 주정부가 요구하는 시험과 특수 교육이 필요한 학생 교육과 다른 언어문화 집단 학생들에 대한 일반 언어 교육을 규정하는 정책들 사이에서 갈등을 발견하는가?

참고문헌

Brewer, D. J., Hentschke, G. C., Eide, E. R., Kuzin, A., & Nayfack, M. B. (2008). The role of economics in education policy research. *Handbook of Research in Education Finance and Policy* (pp.23-41). New York, NY: Routledge.

Cross, C. T. (2004). *Political education: National policy comes of age*. New York, NY: Teachers College Press.

Danielson, C. (1996). *Enhancing professional practice: A framework for teaching. Alexandria,* VA: Association for Supervision and Curriculum Development.

Figlio, D. N., & Ladd, H. F. (2008). School accountability and student achievement. *Handbook of Research in Education Finance and Policy* (pp.166-182). New York, NY: Routledge.

Firth, G. R. & Pajak, E. J. (Eds.) (1998). *Handbook of Research on School Supervision.* New York: Simon & Schuster Macmillan.

Glanz, J. (1998). Histories, antecedents, and legacies of school supervision. In G. R. Firth & E. J. Pajak (Eds.), *Handbook of Research on School Supervision* (pp. 39-79). New York: Simon & Schuster Macmillan.

Glickman, C. D. & Kanawati, D. G. (1998). Future directions for school supervision. In G. R. Firth & E. J. Pajak, (Eds.), *Handbook of Research on School Supervision* (pp. 1248-1257). New York: Simon & Schuster Macmillan.

Ingram, D., Seashore Louis, K., & Schroeder, R. G. (2004). Accountability policies and teacher decision making: Barriers to the use of data to improve practice. *Teachers College Record,* 106(6).

Kantor, H., & Lowe, R. (1995). Class, race, and the emergence of federal education policy: From the New Deal to the Great Society. *Educational Research,* 24(4), 4-21.

National Board for Professional Teaching Standards (1989). *What teachers should know and be able to do. Arlington,* VA: Author

Spillane, J. P., Parise, L. M., & Sherer, J. Z. (2011). Organizational routines as coupling mechanisms: Policy, school administration, and the technical core. *American Educational Research Journal,* 48(3), 586-619.

Stecher, B., Hamilton, L., & Gonzalez, G. (2003). Working smarter to leave no child behind: Practical insights for school leaders. Retrieved from http://www.rand. org/pubs/white_papers/2005/WP138.pdf

Valli, L., & Buese, D. (2007). The changing roles of teachers in an era of high-stakes accountability. *American Educational Research Journal,* 44(3), 519-558.

Wills, J. S., & Sandholtz, J. H. (2009). Constrained professionalism: Dilemmas of teaching in the face of test-based accountability. *Teachers College Record,* 111(4). 1065-1114.

Wohlstetter, P., Datnow, A., & Park, V. (2008). Creating a system for data-driven decision-making: Applying the principal-agent framework. *School effectiveness and school improvement,* 19(3), 239-259.

제2장

장학의 공정성과 관련된 주요 이슈

개요

1장에서 학교에 서로 다른 방향으로 상당한 영향을 주고 있는 2개의 연방정부와 주정부의 정책 의제에 대해 살펴보았다. 이러한 정책 의제는 정도의 차이는 있지만 미국의 교육뿐 아니라 세계적으로도 교육 시스템에 영향을 미치고 있다. 첫 번째 의제는 학생의 학습 결과에 대한 준거지향 평가인데, 이 평가의 결과에 대해 학교와 학교구(school district)에 책무성을 부여하는 것이다. 지속적으로 낮은 평가 결과가 나올 경우에는 교사뿐 아니라 교장과 교육장도 처벌을 받게 된다. 두 번째 의제는 교육적 약자 집단에 속하는 학생들에 대한 지원이다. 교육적 약자 집단을 세 종류로 구분해 보면, 다양한 장애를 갖고 있는 학생들, 국어에 능숙하지 않은 이민자 가정의 학생들, 저소득층과 무직자의 자녀나 가정이 해체된 학생들이다. 첫 번째 의제는 시장지향적인 정치 · 경제학을 기반으로 효율성을 추구하는 방식으로 유사-과학적인 접근(quasi-scientific approach)을 통해 이루어지고 있다. 반면에 두 번째 의제는 다문화 정치 · 경제학을 기반으로 기회의 형평성을 추구하는 방식으로 역시 유사-과학적인 접근을 통해 이루어지고 있다.

두 의제는 모두 유사-과학적인 접근을 취하고 있는데 이를 위해 교수-학습과 교육과정 운영의 우수사례 모델을 찾는 방식의 연구기반 접근을 활용하고 있다. John Hattie(2012)는 교사들의 전략적인 노력이 학생의 학습 성과를 높이는지에 대한 많은 선행연구를 요약 정리했는데, 그 결과에 의하면 교사가 활용하는 어떤 하나의 교수 전략이나 방법은 적은 효과를 나타내는 반면에 다양한 교수 전략과 방법을 활용하는 교사의 노력이 학생의 학습 성과에 통계적으로 더 의미 있는 영향을 미치는 것으로 나타났다. 바꾸어 말하면 다양한 과학적 연구 결과를 종합해 볼 때, 모든 학생, 모든 교과, 모든 교사가 활용할 수 있는 가장 좋은 교수 전략과 방법을 예측하기 어렵다는 것이다. 연구 결과는 어떤 교수 학습 전략이 일정한 상황에서는 매우 효과적이지만 다양한 유형의 학생들의 학습 성과에 절대적으로 긍정적인 영향을 미치지는 못한다는 것이다. 한 연구는 특정한 상황에서만 유용한 것이고 일반화시키기에는 한계가 있기 때문에 이러한 연구들에 대해 교수활동에 대한 '유사-과학적인 접근'이라고 명명한 것이다.

두 의제는 학교구나 학교들에서 이루어지고 있는 교사의 활동에 대한 장학과 평가에 새로운 변화를 초래한다. 두 의제는 모두 교사의 책무성을 요구한다. 미국의 대부분 주에서는 단순하게 외부 학업 성취도 평가 결과에만 의존하여 교사를 평가하는 것을 금지하고 있지만 평가 결과는 언론에서 책무성의 지표로 활용되고 있는 가장 눈에 띄는 수치이다.

교사의 장학과 평가에 있어서 두 의제는 학교구의 내부적 책무성을 주정부의 외부적 책무성 요구에 맞추기 위한 목적으로 활용되고 있다. 이 책에서는 주정부와 학교구에서 새로운 교사 장학과 평가 전략과 도구를 기획하고 실행할 때 교수활동의 공정성과 관련하여 고려해야 함을 제안하고자 한다.

현재 미국의 정치적 상황에서 언론은 외부 평가에 대한 낮은 성과에 대해 쉽게 교사와 교원 노조, 학교장 등을 비난하는 경향이 있다. 정책입안자와 집행자들은 학생의 낮은 외부 평가 결과에 대해 교사나 학교장을 비난하기에 앞서서 학생의 학업 성취도 평가 결과에 긍정적, 부정적 영향을 미치는 다양한 요인들에 대해 고려해야 한다는 점을 강조하고자 한다. 교사의 책무성을 넘어서서 학생의 학업 성취도에 영향을 미치는 세 가지 주요 요인을 살펴보면 다음과 같다. 첫째, 학교가 거의 영향을 미칠 수 없거나 불가능한 외부 영향이다. 예를 들면 학생들에게 영향을 미치는 가정의 경제적 배경, 영어를 거의 구사하지 못하는 상황을 유발하는 이민자 자녀, 학교에서의 학습에 영향을 미치는 장애 등이다. 둘째, 외부 평가와 관련하여 교사가 가르칠 기회나 학생이 학습할 기회를 갖지 못하게 만드는 학교의 내부적 운영 절차와 조직 구조이다. 셋째, 평가의 특성 때문에 일부 학생들에게는 불리할 수밖에 없는 경우나 평가 결과 '미달'이라고 판단할 수 있는 근거가 불명확하다는 등 학업 성취도 평가가 자체적으로 갖고 있는 문제이다. 결과적으로 교사를 불공평하게 대하는 불공정한 장학의 과정을 지속적으로 운영하고 있다는 것이다.

주정부와 학교구 평가 결과에 영향을 미치는 외부 요인

저소득층 가정의 학생들은 학교의 학습과 평가 결과가 좋지 않다는 연구가 지속적으로 발표되어 왔다(Anyon, 1997; Book, 2004; Coleman et al., 1966; Darling-Hammond, 2010; Kozol, 1991, 2005; Rothstein, 2004). 가정의 경제적 어려움은 아이들에게 다양하게 영향을 미친다. 건강과 관련하여 낮은 시력과 청력, 천식, 당뇨 등의 문제를 유발한다. 집세를 못내 주거가 불안정한 경우에는 전학, 잦은 결석 등의 문제를 유발한다(Rothstein, 2004). Book(2004: 135)은 가정의 빈곤과 관련하여 "저소득층 자녀들은 지속적으로 폭력에 노출되어 공격성이 높고, 항상 배고프고 신체적으로 지쳐 있고, 치료를 받지 못하여 귓병이나 치과 질환이 있고, 뇌병변이 있거나 발생할 위험에 있고, 저임금과 지속된 노동으로 인한 경제적 어려움으로 가정 해체의 위기 속에서 살고 있는 경우가 많이 있다"라고 설명했다. Darling-Hammond(2010: 37)는 저소득층 자녀들이 거주하는 학교의 특징에 대해서 "이러한 학교들은 일반적으로 자격증이 없거나 경험이 많지 않은 교사들과 적은 학습자원을 갖고 있을 뿐 아니라 또래 집단의 도움이나 경쟁이 부족하고 도전적인 수준의 교육과정을 운영하는 데 한계가 있으며, 건강과 안전에 문제가 있고, 학생과 가정의 이동이 빈번하며, 다른 심각한 문제들이 학업 성취도 평가 결과에 영향을 미치고 있다"라고 표현했다.

그렇지만 대법원과 주의회, 연방의회에서는 소득의 분배, 건강과 사회 서비스에 대한 접근 가능성, 인종이나 사회경제적 지위에 따른 사실상의 분리 교육, 주거와 지역사회 이웃, 학교와 교실에서의 분리 교육 등 학업 성취도에 영향을 미치는 요인들에 대한 재구조화의 노력이 없이 인종, 민족, 사회경제적 지위가 낮은 학생들 사이에 학업 성취도 격차를 줄이거나 없애야 한다고 주장하고 있다. 사실상 사법부와 입법부, 정치권에서는 인종이나 가난, 그리고 그러한 불리함은 전혀 고려하지 않는다. 그들의 대답은 한결같이 "예외는 없다"라는 것이다.

학생들의 학습에 영향을 미치는 명확하게 제한적인 요인들이 있음이 밝혀졌지만, 많은 저소득층 가정의 학생들이 재학하고 있는 학교들이 이러한 영향을 줄이기 위한 노력의 과정은 예외로 인정되지 않고 있다. 실제로 많은 성공적인 학교 사례들이 인용되고 있다(Darling-Hammond, 2010). Book(2004: 134)은 "수십 년의 연구, 실험, 상식에 의해 가난이 학습에 부정적인 영향을 미친다는 것이 밝혀졌는데도 그 사실을 부인하는 것은 상당히 의도적으로 연구 결과를 무시하는 것이다"라고 언급했다.

미국에서 학교의 책무성에 대한 주정부와 연방정부의 정책으로 인해 교사, 교원노조, 학교 행정가들은 학생들의 낮은 학업 성취도로 인해 비난을 받아 왔고, 학업 성취도 결과가 높아지지 않으면 학교 폐쇄나 교사 해고의 위협을 받았다. 주정부에서는 교사들의 평가 준거를 주정부의 표준화된 학업 성취도 평가 결과의 향상도를 반영하도록 바꾸고 있다. 실제로 교사의 평가를 실시하는 장학담당자들은 학생들의 학업 성취도 평가 결과에 영향을 미치는 외부적인 요인들에 대해 고려할 필요가 있다. 90%의 학생들이 무상 급식에 해당하고, 80~90%의 학생들이 소수 인종이고 많은 학생들이 영어 이외의 모국어를 쓰는 상황에 있는 교사들이, 모든 학생이 중산층 이상인 교외의 똑똑한 백인 학생들만을 가르치는 교사와 달리, 상당히 심각하게 도전적인 상황에 있다는 것은 명확한 사실이다. 한 학년이 지난 후에 변화 수치나 향상도를 측정하고 이를 학기 초에 측정한 학생들의 준비도와 비교하여 교사 평가에 반영하는 부가가치적 접근방법은 도움이 될 수 있다. 그러나 이러한 부가가치적 접근방법을 활용하는 과정에서도 장학담당자는 상당히 심각한 문제를 안고 있는 일부 학생의 경우 성적을 일정 수준으로 향상시키는 것이 쉽지 않다는 것도 인식해야 한다.

2014년까지 모든 학생들이 영어, 수학, 과학 교과에서 기준에 미달하지 않도록 하는 미국 연방정부의 정책은 주정부에서 평가의 기준을 낮추는 속임수를 쓰지 않는 한 학교로서는 일반적으로 달성하기 불가능한 목표라고 할 수 있다. 연방정부의 목표를 달성하기 위해서 장학담당자는 성적이 미달인 학생들의 학습을 지원하도록 교사들을 강력히 독려해야 한다.

학교의 상황을 고려할 때 장학담당자는 교사를 평가하는 과정에서 책무성 의제를 공정하게 해석할 필요가 있다. 교사의 노력으로 교수활동과 교육과정 계획 등이 지속적으로 개선되고 있지만, 일부 어려운 환경에 있는 학생들이 학급에서 낮은 학업 성취도 결과가 나왔다고 해서 그 결과에 대한 모든 비난을 교사가 받도록 해서는 안 된다. 탁월한 교사라도 어려운 환경의 학생이 많이 있는 특정한 학급을 담당할 경우에 "연간 학업 성취 향상도(annual yearly progress)" 목표를 달성하지 못할 수 있다. 그럼에도 불구하고 장학담당자는 2~3년의 기간에 걸쳐서 모든 학생들이 더 많은 교과에서 학업 성취도 달성 기준을 충족할 수 있도록 교사들과 함께 지속적인 개선 방안을 만들어 가야 한다. 요약해서 말하자면 장학담당자는 발달적 관점(developmental framework)에서 학생들의 학습이 제대로 이루어질 수 있도록 교사와 함께 개선해 가야 한다.

주정부와 학교구 평가 결과에 영향을 미치는 내부 요인

교사에 대한 공정성을 논의할 때, 장학담당자는 얼마나 많은 학교의 활동과 구조가 어려움을 겪고 있는 학생들뿐만 아니라 총명한 많은 학생들의 학업 성취도를 저해하는 요인이 되는지에 대해 고려해야만 한다. 우리는 학생들의 특성과 관계없이 널리 적용되는 학교의 활동과 구조에 대해 살펴보았다. 교사들은 학생들이 서로 다른 준비도를 가지고 학교의 하루 일과, 한 주의 일과, 한 해의 일정에 따라 학습해야 한다는 것을 이미 알고 있다. 학교 시스템은 모든 학생들에게 각 교과에 대해 동일한 시간표를 적용하고 있다. 모든 교과에 대해서 동일한 교과서를 통해 학습하고 이해할 수 있다고 가정하고 있으며, 능력이나, 문화, 동기, 선수학습의 성취도 등이 다름에도 불구하고 대부분 유사한 규모의 학급당 학생수를 유지하고 있어서 교사에게는 이러한 차이가 큰 도전으로 부여되고 있다. 학생과 교사가 학업 성취도가 낮은 부분에 초점을 맞추어야 함에도 불구하고, 학생의 강점과 약점에 대한 고려 없이 동일한 평가기준을 적용하고 있다.

동일한 시간표를 적용하는 것은 모든 학생들이 시간표에 따라 배워야 할 내용에 대해 모두 만족스러운 수준으로 학습을 할 수 있을 것이라는 가정에 기반하고 있다. 그렇지만 이러한 가정은 일반적으로 이루어지지 않고 있다. 매 시간 기대하는 학습목표에 대해 학생들의 퀴즈나 숙제의 결과를 볼 때 학생별 편차가 얼마나 크게 나타나는지를 쉽게 이해할 수 있다. 예를 들어 한 학생이 어느 수학시간에 목표로 하는 점수를 받지 못했다면 전날 모든 학생들이 학습목표를 성취했다고 가정하고 이루어지는 다음 날의 수학시간에 대한 준비는 되어 있지 않은 상태이다. 이 학생은 다음 날 이루어지는 새로운 학습내용을 이해하는 데 많은 어려움을 겪게 될 것이다. 이 학생의 누적된 학습 결손은 그 다음에 이루어지는 수학시간에 지속적으로 영향을 미치게 될 것이다.

학교에서 동일한 시간표를 적용하는 것은 다른 학생들에 비해 학습 속도가 빠른 학생에게는 또 다른 문제가 될 수 있다. 어떤 학생은 영어는 매우 잘하지만 수학을 잘 못할 수가 있는데, 이 경우에는 영어시간이 학습에 필요한 시간보다 너무 길어서 불필요하게 시간을 보낼 수도 있다. 반면에 수학시간에는 학습을 위해 더 많은 시간이 필요함에도 불구하고 진도가 너무 빨리 나가는 상황이 된다. 반대로 다른 학생의 경우에는 수학시간은 너무 쉽고, 영어시간이 매일 악몽같이 어려운 시간이 될 수도 있다. 두 가지 상황에서 모두 학교의 고정된 시간표는 학생들의 학습을 가로막는 걸림돌이 되는 것이다. 마찬가지로 학교의 시간표는 교사가 학생들의 학습을 위해 필요로 하는 시간을 추가로 확보하고 조정하는 데에도 걸림돌이 될 수 있다.

학교에서 매일 활용하고 있는 수업 시간표는 모든 학생들에게 주요 교과에 대해서 매주 동일한 시간의 수업을 해야 한다는 것을 가정하고 있다. 일주일에 미술과 음악은 한 시간씩, 체육은 두 시간씩 배정하는 것에 대해서는 매우 익숙하여 문제가 없다. 하지만 다른 교과에 대해서는 변화가 필요하다. 만약에 학교에서 일주일 동안 학생의 개별적인 특성을 반영하여 필요로 하는 학습 성과목표에 따라 학습을 위해 시간을 어떻게 활용할 것인가를 적용한 "학습을 위한 시간표(time for learning)"를 적용한다면, 이 시간표는 교사들이 학생별로 매주 수행해야 하는 학습목표에 따라 더 효율적으로 학습을 지도하는 "가르치는 시간표(time for teaching)"가 될 수 있다. 학생의 특성에 따라 시간을 활용하게 된다면 어떤 학생들은 일부 교과를 위해 다른 교과보다 더 많은 시간을 활용할 수 있고, 어떤 학생들은 팀 활동을 통해 그들의 학습성과를 더 높일 수 있고, 어떤 학생들은 교사의 수업 이후에 또래 튜터링을 진행하게 할 수도 있다. 학교의 시간표를 학습을 위한 시간표와 가르치는 시간표로 만들어서 적용하기 위해서는 뛰어난 기술적 능력이 필요하지만 불가능한 것은 아니다. 현재에도 교육과정과 평가의 디지털 모형의 활용을 통해서 학생이 다양하게 학습하고 학습 결과를 표현하도록 하는 것이 가능하다. 학생들이 중등교육 단계로 올라가게 되면 학생들의 학습시간은 학교에서만 이루어지는 것이 아니라 학교 밖의 다양한 프로젝트와 인턴십 등으로 더 다양화될 수 있다.

교수활동과 학습활동에 동일하게 적용하는 방식의 또 다른 사례는 학교의 성적 평가 시스템이다. 일부 학교에서는 절대기준 평가 방식을 적용하여 개별 학생들의 강점과 약점에 대해 서술형으로 평가해 주는 경우도 있지만, 여전히 많은 학교에서는 학생들의 성적에 대한 근거나 내용을 전혀 언급하지 않고 단순한 수치로 된 성적이나 등급별로 부여된 성적만을 기재한 성적표를 활용하고 있다. 학교에서 학생이 높은 성적을 받았을 경우에 그 학생의 강점이 무엇인지, 그리고 학생이 낮은 성적을 받았을 경우에 그 학생의 취약점이 무엇인지를 설명해 주지 않는 성적표를 제공한다면, 학부모와 학생들은 부족한 부분의 학습 성과를 높이기 위해 어떤 노력을 더 해야 하는지 이해하기 어렵게 된다.

학교에서의 평가와 피드백은 학습 과정의 통합적 부분을 고려해야 한다. "학습의 평가(assessment of learning)"를 대체하는 "학습을 위한 평가(assessment for learning)"는 교사와 학생들이 그들이 수행하는 평가의 절차에 대해 이해하는 과정이 되어야 한다. 평가과정에서 학생의 강점에 대한 피드백 시 학생이 성취한 결과를 위해 노력한 것은 인정받을 만한 수준이고 가치 있다는 것을 명확하게 표현해 주어야 한다. 이러한 긍정적 피드백은 교과에 대한 학생의 자아정체성을 높여 주고, 일반적인 자아존중감도 강화시켜 주며, 학생이 학습을 위해 더 많은 노력을 기울일 수 있도록 동기 부여를 해 주게 된다. 반면에 학생의 학업 성취도가 부족한 부분에 대한 피드백은 교과의 논리와 학생의 이해 수준, 학생이 이해한 것을 표현하는 방법 등에서 어떠한 개선이 필요한 지에 대해 새로운 인식을 갖게 해 준다. 더욱이 평가를 통한 형성적 피드백은, 학교에서의 학습 과정은 Freire(2007)가 언급한 것처럼 단순히 학점을 따기 위한 것이라는 고정관념을 깨뜨리고, 학교에서의 학습이 개인의 성장에 있어서 세상이 어떻게 움직이는지를 이해하고 세상에 의미 있게 참여하기 위한 가능성을 높이는 매우 가치 있는 과정이라는 것을 보여 주는 것이다.

학교에서 이루어지는 모든 활동들은 의미 있는 학습의 가능성에 한계를 긋는 대신에, 주정부와 학교구에서 실시하는 평가 결과에 높은 성과를 내는 방향으로 수렴되고 있다. 언론이나 행정과정에서는 다양한 학생의 상황이 고려되지 않고 교사들은 성적이 낮은 학생들에 대한 비난의 대상이 된다. 장학담당자는 학생들의 학습이 방해받지 않고 지원되는 방향으로 학교의 시간과 자원이 활용되고 있는지에 대해 평가할 필요가 있다. 장학담당자가 교사들과 함께 학생들의 학습과 교사의 수업에 부정적인 영향을 미치고 있는 학교 내부의 요인들을 제거하거나 줄이지 않는다면 학생들의 평가 결과에 대해 전적으로 교사가 책임지도록 하는 교사 평가는 공정하지 않고 긍정적인 변화를 가져오기도 어려울 것이다.

주정부 평가 결과의 한계와 잘못된 활용

주정부의 표준화된 평가 결과가 낮은 경우에 그 책임을 교사들에게 강하게 묻고 있음에도 불구하고, 평가 자체가 갖고 있는 한계에 대해서는 거의 알려져 있지 않다. 평가가 갖고 있는 다양한 한계 중에서 특히 다음의 내용들을 강조하여 제시하고자 한다. 적성과 성취도를 묻는 평가 유형과 문항에 대한 혼란, 절대평가와 상대평가 및 문항에 대한 혼란, 무엇을 평가할 것인가와 무엇을 가르칠 것인가 사이의 정합성 결여, 평가 결과를 활용하여 특정 교육과정의 내용에 대해 수업의 문제가 무엇인지 교정해 주는 가이드라인을 제공해 주는 지원 부족, 핵심적인 내용과 중요하지 않은 주제를 구분한 문항 선정, 임의로 결정하는 등급 커트라인, 평가 결과의 신뢰도를 높이기 위해 문항의 난이도를 조정하는 데에서 초래되는 평가 결과의 왜곡, 사회경제적 지위가 낮은 학생들이 정확한 정답을 선택하기 어려운 지문이 포함된 선택형 문항의 문장과 내용들, 친숙하지 않은 어휘와 문화적 내용을 담은 문항으로 인해 나타나는 낮은 영어 성적, 그리고 마지막으로 다른 모든 영역에서 기준 이상의 성적을 받아도 하나의 영역에서 미달되는 성적이 있는 경우에 학교를 실패했다고 왜곡된 낙인을 찍는 것 등이다. Jim Popham(2004)은 현재 활용되고 있는 표준화된 평가의 상당히 많은 부분이 마치 숟가락으로 온도를 측정하는 것과 같다고 냉담하게 비판했다.

Popham(2001)이 표준화된 평가를 분석한 결과에 의하면 상당히 많은 문항이 성취도 평가라기보다는 적성검사에 가깝다고 제시했다. 미국 연방정부에 의해 시행되도록 하고 있는 성취도평가는 표준화된 교육과정 중에서 어떤 부분이 잘 가르쳐지고 어떤 부분이 그렇지 않은지를 가려내는 것을 의미한다. 적성검사는 SAT나 ACT와 같이 특정한 직무나 프로그램에서 성공할 것인지를 예측하기 위해 역량과 지식을 밝혀내기 위해 시행되는 것이다. 적성검사의 점수는 상대평가에 가까워서 특정 기준을 넘는 피평가자와 그렇지 않은 피평가자의 비율을 강조하게 된다. 절대평가는 피평가자가 지식을 알고 그 지식을 활용하는 수준에 대해 피평가자의 수행의 결과가 고정된 절대 기준에 비추어 볼 때 기준 이상이거나 매우 능숙한 수준이라는 것을 보여 주는 것이다. 그리고 그 평가자료는 학교에서 잘 학습되고 가르쳐진 것이어야 한다. 수행의 결과가 “개선 필요” 또는 “기준 미달”일 경우에는 그 내용이 학교에서 잘 가르쳐지지 않았다는 것을 의미한다. 하지만 많은 평가 결과들은 학교에서 학생들을 잘 가르쳤는지를 측정하는 것이 아니라 학생들이 가정에서 학교로 얼마나 많은 지식을 갖고 왔는지를 보여 주고 있다(Popham, 2001: 18).

많은 주(州)에서 학교에서 가르쳐야 할 학문적 지식과 기술의 범위를 정하는 표준 교육과정을 설정하기 위해서 교육과정 전문가, 교사, 대학 교수, 학자들이 참여하는 위원회를 구성했다. 하지만 이렇게 설정된 표준 교육과정은 학교에서 1년이나 학기 단위로 가르치기에는 너무 과도한 양을 담고 있다. 학교는 표준 교육과정 중에서 제한된 시간동안 가르쳐야 할 핵심적인 학습내용을 선정해야 하고, 이 과정에서 시간이 있다면 바람직한 학습이 되었을 상당히 많은 부분들과 신중하게 선택된 학문적 통합성을 갖는 표준 교육과정의 내용들 중에서 많은 내용이 제외된다. 평가 문항을 개발하는 담당자는 한 과목에 1~2시간 정도 배당되는 시간에 맞추기 위해 표준 교육과정 중에서 일 부분의 내용을 평가에 반영할 수 있다. 평가문항의 선정 과정에서 교사가 잘 가르쳐 왔던 표준이 평가에서 제외되고, 교사와 학생이 시간이 부족하여 제외했던 내용들이 평가의 중요한 부분으로 포함되는 경우가 생기게 된다.

더욱이 평가 문항들은 학생들의 정답 비율에 따라 제외되기도 한다. 대다수의 학생들이 정답을 맞춘 문항들은 다음 번 평가에서는 제외되고 학생들의 응답이 정답과 오답으로 나누어질 수 있는 새로운 문항들이 추가된다. 새롭게 추가되는 문항들은 교사가 가르쳐 주었음에도 불구하고 저소득층, 소수 인종의 학생들 대다수가 틀리기 쉬운 문항들이다. 그러나 학생의 가정배경 때문에 어떤 교과에서 실패할 가능성이 높은 것은 결코 아니다. 평가를 통해서 평가자를 구분해야 하는 필요성은 "능숙함"과 "개선 필요" 등급을 나누는 "커트라인(cut scores)"에도 영향을 미치게 된다. 대규모 학생이 참여하는 평가에서 커트라인 점수가 1점만 차이가 나더라도 수천 명의 학생들에게 임의로 부여되는 등급의 수준이 바뀌고 학교의 평균 점수에 따른 학업 부실학교 지정 여부도 변하게 된다.

표준화된 평가의 결과는 교사들에게 수업에서 개선해야 할 부분을 정확하게 알아낼 수 있도록 진단해 주는 도움을 줄 수 있다. 그렇지만 대부분의 주에서 표준화된 평가의 결과를 내용에 따른 평가 결과가 아니라 수학, 읽기, 과학 등의 과목별 총점으로 발표하기 때문에 특별히 부족한 부분에 대해 교사가 결과를 활용할 수 있게 해 주는 정보가 부족하다.

표준화 평가가 갖고 있는 한계에도 불구하고 언론매체 등에서는 평가 결과로 학교나 교사가 기준 목표를 달성하는 데 실패했다는 것을 해석하기도 하고, 평가 점수를 활용하여 낮은 점수의 문제를 즉시 해결할 수 있을 것이라고 가정한다.

장학담당자들은 평가 결과에 영향을 미치는 다른 중요한 변인들도 민감하게 고려할 필요가 있다. 장학담당자들은 교사와 함께 일반적인 교실에서의 평가와 주정부의 평가 결과가 낮은 학생들의 문제를 확인하고, 성적이 기준에 미달하는 원인을 정확하게 파악하고, 성적 미달의 원인이 가정의 문제인지, 학교나 교실의 문제인지, 아니면 복합적인 것인지를 밝혀내야 한다. 여기서 중요한 부분은 교사와의 토론을 통해 문제를 발견해 내는 것이다. 토론을 통하여 학생의 성적 미달 원인이 되는 문제들을 명확하게 확인하는 것으로 시작하여, 부모나 보호자와 직접 상담이 필요한 것인지를 확인하고, 학교의 상담가와 상담이 필요한 문제인지, 학생의 잘못된 학습 방법에 대한 교정이 필요한 것인지, 언어의 문제인지, 동기의 문제인지 등을 찾아내야 한다. 장학담당자는 이러한 토론을 거쳐 학교 내에서의 평가를 통해 학생의 학급 과정에서 강점과 약점을 정확하게 파악해 낼 수 있으며, 학생, 학부모, 교사들에게 교수-학습 과정의 개선 방안에 대해 도움이 되는 정보를 제공해 줄 수 있다.

장학 과정 자체의 공정성 이슈

Danielson과 McGreal(2000: 3)은 많은 학교구에서 이루어지고 있는 많은 장학의 과정은 자체적으로 "결함이 있는 체제(flawed system)"라고 지적했다. 장학활동에서 활용되고 있는 교사 평가도구들은 3점 또는 5점 척도로 되어 있는 학생들의 학습에 영향을 미치는 것으로 가정되는 일반적인 교사 행동 리스트를 담고 있다. 예를 들어 "교사는 오늘 수업에서 다루는 학습목표를 칠판에 적어 두고 수업을 시작할 때 학생들과 함께 살펴본다" 등이다. 몇 개의 항목은 교사가 학생들에게 질문하는 방법과 교사가 숙제나 이전 수업에서 제시한 정보를 기억하여 학생들이 문제를 해결할 수 있는 충분한 시간을 주는지에 관한 것이다. 교사를 평가하는 이러한 항목들은 대부분 효과적인 수업에 대한 연구결과를 반영하여 모든 교과에서 공통적으로 적용할 수 있다고 가정하고 있는 것이다. 이러한 평가도구들은 대부분 교사 평가와 장학의 과정에서 효과적인 수업을 위한 만병통치약처럼 활용되기 쉽다.

교사 평가의 절차는 교육청과 교사가 자의적으로 수업을 하는 것과 우연하게 이루어지는 평가를 예방하고, 교육청이 교실 수업의 질에 대해 모니터링해야 하는 필요를 충족시키기 위해 교원노조 간 협상의 결과로 정해진 것이다. 그렇지만 교사에 대한 장학과 평가 제도는 여러 가지 결함을 갖고 있다. 첫째, 평가 내용은 상당히 복잡한 교실의 활동들을 평가하기에는 너무 제한적인 평가 영역을 담고 있다. 둘째, 총체적인 수업의 과정에서 가장 중요하다고 보이는 것을 강조해야 함에도 불구하고 모든 평가 항목은 지극히 단순한 수치적 척도에 의해 질을 평가해야 한다는 한계를 갖고 있다. 셋째, 각 평가 항목에 대해 평가 결과를 서술할 수 있는 기술적인 평가척도가 부족하다. 넷째, 평가척도는 장학과 평가에 대해 일방적인 의사소통 방식과 상명하달식의 관료적인 통제 활동을 가정하고 있다.

많은 장학의 과정들이 오래 전에 만들어진 것이라는 문제 이외에도 도덕성과 전문성의 통합 측면에서 "기본적인 문제"들을 갖고 있다. 이미 40여 년 전에 Arthur Blumberg(1974)는 교사와 장학담당자 사이의 관계를 "개인적인 냉전(private cold war)" 상태로 묘사했다. 교사의 관점에서 보면 장학의 과정은 장학담당자가 교사를 관료적 관점에서 대하고 있는 것이다. 장학담당자는 가장 잘 아는 사람이어서 정확한 판단을 할 수 있을 것으로 가정하고 있다. 여기에 만병통치약처럼 활용되는 교사 평가 지표들은 교사의 활동이 만족스러운지 부족한지를 판단하는 근거가 된다. 결과적으로 장학담당자는 시종일관 교사의 생계에 대해 결정권을 가진 채 교사의 활동을 개선할 것인지에 대해 진부한 조언을 해준다.

장학의 과정은 장학담당자와 교사의 관계에서 권력 관계 이외에도 차이로 인한 문제를 안고 있다. 때때로 장학담당자는 교사보다 훨씬 더 젊은 경우가 있는데, 경력이 많은 교사는 장학을 많이 겪어 봤고, 그 과정에서 장학은 관행을 따르는 무의미한 과정이었던 경우가 많다. 그래서 예정되어 있는 장학에 대해 기대하는 바가 거의 없는 경우가 많고, 그저 재미없는 공연을 견뎌야 하는 상황이다. 반대로 초임 교사에게 매우 유능한 장학담당자가 수업 개선에 의미 있는 10가지 조언을 해 주는 경우가 있더라도, 초임 교사들에게는 그 중요한 조언들이 하찮은 것으로 여겨지기도 한다. 때때로 남성 장학담당자와 여교사 사이에서나 여성 장학담당자와 남교사 사이에는 의사소통 과정에서 불필요한 민감한 문제들이 발생하기도 한다. 인종이나 문화적 차이가 있는 장학담당자와 교사 사이에서도 불신을 조장하거나 의사소통을 저해하는 문제가 발생하기도 한다.

장학활동에 부정적인 영향을 미치는 여러 가지 변수들은 장학의 과정에서 유의미한 성과를 만드는 가능성을 낮추게 될 수 있다(Starratt, 1992). 여러 가지 변수들은 교사가 수행하는 일들을 종합적으로 대표하여 평가받는 데 불공평하게 불리한 평가를 받도록 만들 수도 있다. 그래서 장학담당자는 모든 장학의 상황에서 교사들이 스스로 본인들의 통합된 성과에 대한 대화에 참여할 수 있도록 신뢰, 개방, 유연한 대화의 기회를 만들도록 노력해야 한다. 장학 과정에서 의사소통은 교사와 학생에게 도움이 될 수 있는 부분에 대해 솔직하게 대화를 나누는 것으로 시작해야 한다. 가능하다면 장학의 과정은 학생의 학습이 개선되도록 노력할 수 있는 방법을 찾도록 교사와 장학담당자가 함께 계획을 세우는 과정이 되도록 해야 한다. 교사와 장학담당자는 장학의 목표, 개선의 절차에 대해 토론하고, 장학의 규칙에 대해 협의하고, 기대되는 성과에 대해서도 협의해야 한다. 이러한 장학의 과정들은 협력적으로 교사들이 해야 할 업무로 규정되어 장학담당자와 교사가 모두 확인할 수 있는 교사의 업무 핸드북에 문서화되어 있어야 한다. 장학활동이 상호작용의 과정에서 전문적인 노력이 필요한 과정일 뿐 아니라 인간관계의 민감한 부분들이 고려되어야 하는 복잡한 과정임을 인지하고 있어야 한다. 통합적인 장학활동을 할 수 있도록 교사들을 참여시키는 것은 교사에게 공정성을 보장해 주는 방법이라고 할 수 있다.

요약

이 장에서는 학교와 장학담당자들이 매우 많은 노력을 기울이더라도 교사에 대한 장학과 평가에 있어서 학생들의 학습을 보장하는 학교와 교사의 노력을 정확하게 파악하기 힘들다는 점에 대해 살펴보았다. 교사는 마주하는 자원의 부족, 지역사회가 안고 있는 사회경제적 문제점에도 불구하고 모든 학생들의 수준 높은 학습을 위해 지속적인 노력을 하고 있다는 것을 솔직하게 설명하고, 학교와 지역사회는 교사들이 자신 있게 업무를 수행할 수 있도록 교사의 뒤에서 적극적으로 지원해야 한다. 그것이 교사들이 자신의 업무를 통합적으로 수행하고, 전문성을 신장할 수 있도록 노력하도록 하는 방법이 될 수 있다.

후속 활동

1. 3명의 교사에게 그들이 소속한 학교나 교육청에서 이루어지고 있는 교사 평가의 과정에 대해 평가하도록 질문을 해 보자. 평가자들의 평가 결과는 공정한가? 평가자들이 학생의 학습에 도움이 되는 개선방안을 제시한 경우는 언제인가?
2. 교사들에게 질문하여 학생에게 수업하는 과정에서 저성취 학생들의 학습을 어렵게 만드는 요인이 무엇인지 파악해 보자. 교사들은 장학담당자에게 이러한 어려움을 어떻게 말할 것인가?
3. 수업 장학을 위해 교육청에서 활용하고 있는 가이드라인이나 장학 관련 자료를 구해 보자. 다양한 평가를 위해 질적인 평가를 할 수 있는 평가지표가 설정되어 있는가? 장학의 자료는 공통된 핵심 교육과정의 성취기준들과 연계되어 있는가? 평가지표가 학생들의 학습 경험과 연계되어 있는가? 그렇다면 학생들의 학습경험과 어떻게 연계되어 있는가?

참고문헌

Blumberg, A. (1974). *Supervisors and teachers: A private cold war.* Berkeley, CA: McCutchan Publishing.

Book, S. (2004). *Poverty and schooling in the U.S.: Contexts and consequences.* Mahwah, NJ: Lawrence Erlbaum.

Darling-Hammond, L. (2010). *The flat world and education: How America's commitment to equity will determine our future.* New York: Teachers College Press.

Freire, P. (1970). *Pedagogy of the oppressed.* New York: Continuum.

Hattie, J. (2012). *Visible learning for teachers: Maximizing Impact on Learning.* London: Routledge.

Popham, W. J. (2004). *America's "failing" schools.* New York: Routledge-Falmer.

Popham, W. J. (2001). *The truth about testing : An educator's call to action.* Alexandria, VA: Association of Supervision and Curriculum Development.

Rothstein, R. (2004). *Class and schools: Using social, economic, and educational reform to close the Black-White achievement gap.* New York: Teachers College Press.

Starratt, R. J. (1992). After supervision. *Journal of Curriculum and Supervision,* 8 (1), 77–86.

제3장

장학에서 '데이터 기반' 의사결정 이슈

앞선 장에서는 고부담 평가의 시행과 책무성에 대한 이슈들을 다루었다. 이러한 외부적 압력에 직면하여 교사들이 좀 더 "데이터 기반" 의사결정을 해야 하는 요구가 높아지고 있다. 교육적 결정은 매우 복잡하고 다양하며, 이러한 의사결정에 필요한 "올바른 데이터"가 준비되지 않은 경우가 많기 때문에 장학에 활용할 수 있는 올바른 목표는 데이터를 활용한 심사숙고의 과정을 더 많이 거쳐야 한다는 것을 제시하고자 한다.

이 장의 목적은 학교에서의 데이터와 의사결정에 대한 최근의 이슈들에 대해 설명하는 것이다. 이러한 이슈들은 장학의 과정에서 이루어지는 것이다. 먼저 데이터와 그 활용에 대한 전통적인 입장에 대해 간단히 살펴보고자 한다. 하지만 우리의 입장은 이러한 전통적인 입장을 학습 공동체(learning community)와 지식 경영(knowledge management)의 관점을 추가하여 확장함으로써 장학을 좀 더 의미 있는 과정으로 만들어야 한다는 것이다. 이러한 방식으로 교사에게 다양한 데이터 자료들을 활용하여 그들의 실전 지식과 활동에 중요한 요소가 되는 부분들을 포함하여 의사결정을 정교화할 수 있음을 이해시킬 수 있을 것이다.

데이터 관련 이슈

데이터는 무엇인가? "데이터 활용"이라는 것은 무슨 의미인가? 이러한 질문들에 접근하는 방법에 따라 세상과 의사결정, 인간의 경험에 대해 어떻게 이해하는지가 결정될 수 있다. 여기에서는 이러한 이슈들을 이해하는 방식에 대해 살펴보고자 한다.

데이터

학교에는 많은 데이터가 있다. 많은 사람들이 활용하는 데이터의 정의는 학생과 관련된 숫자, 관찰, 가공물 등이며, 이러한 데이터를 이용하여 학생의 지식 수준과 향상도에 대한 불확실성을 줄일 수 있다고 기대한다. 그래서 시험 성적, 상담자의 기록, 전년도의 성적 등급 등은 학년 초에 교사들에게 활용된다. 학생과 관련된 다른 데이터들은 퀴즈 성적, 학생의 과제물, 가정 생활에 대한 정보, 매년 주정부에서 시행하는 평가 결과이다.

이렇게 편의상 활용하고 있는 데이터의 정의에는 교사가 시간을 들여 해석하여 지식을 생성해야만 의미를 갖게 된다는 가정이 포함되어 있다. 인간은 올바른 데이터를 갖고 있어야만 세상에 대해 이해할 수 있고, 올바른 결정을 할 수 있게 된다. 하지만 올바른 데이터를 갖게 되는 것이 문제이다. 교사들은 데이터가 무엇이 중요하고 왜 중요한지에 대해 다양한 견해를 갖고 있다(Cho, 2011). 일부 데이터들은 다른 것에 비해 우월하거나 우선적으로 활용되고 있고, 어떤 데이터들은 고부담 책무성 정책에 의해 강조되고 있다(Shepard, 2002). 일부 교사들은 연말에 시행하는 표준화된 평가 결과를 강조하고, 어떤 교사들은 격주로 실시되는 과목별 평가 결과가 중요하다고 한다. 교사들은 학생과 관련하여 의사결정을 할 때 도움이 될 만한 다양한 데이터를 손에 갖고 있지만 어떤 데이터에 주목해야 하고 활용해야 하는지에 대해서는 합의에 이르지 못한 상황이다.

장학담당자들은 데이터의 정의에 대해 당연시하게 되면 여러 가지 문제에 직면할 수 있다. 장학담당자는 어떤 종류의 의사결정을 할 때 무슨 데이터를 활용할 것인지와 구체적인 교수-학습 상황에서 어떤 데이터를 활용해야 할 것인지에 대해 교사와 긴밀한 의사소통이 필요하다. 어떤 데이터에 관심을 기울여야 하는지와 관련된 대화를 통해서 데이터를 어떻게 활용해야 할 것인지에 대해 교사에게 안내할 수 있을 것이다.

데이터 활용

만약 데이터마다 다른 종류의 강점과 약점을 갖고 있다면 이러한 차이점을 인식하고 활용하는 것이 논리적이다. 한 걸음 더 들어가서 학교가 많은 종류의 데이터를 갖고 있다면 하나의 데이터를 활용하는 것보다는 다양한 데이터를 종합적으로 활용하는 것이 학생의 필요를 잘 드러낼 수 있을 것이다. Wayman과 Stringfield(2006)는 교사들이 다양한 데이터를 종합적으로 활용할 때 학생에 대해 더 잘 이해할 수 있다는 것을 밝혀냈다. 학생에 대해 더 잘 이해한다는 목표가 데이터 활용의 핵심이라고 할 수 있다.

교사가 컴퓨터 시스템을 활용하지 않는다면 오늘날 쏟아지는 많은 데이터를 관리하고 분석하는 것은 매우 어려운 일이다(Wayman, Cho, & Richards, 2010). 예를 들면 현재 교사들은 컴퓨터를 활용하여 다음과 같은 일들을 할 수 있다.

- 학부모와 다른 사람들을 위해 맞춤형 보고서 만들기
- 개별 학생들의 강점과 연도별 향상도 평가하기
- 소집단이나 학급 수준의 교수 계획 개발하기
- 특수교육, 영재교육, ELL(English Language Learner) 프로그램 모니터링

이러한 방식으로 컴퓨터 데이터 시스템은 교사들에게 좀 더 긴장하도록 만든다. 성적이 좋거나 그렇지 않은 모든 학생들이 좀 더 적합한 수업을 받을 수 있도록 해 준다. 이러한 시스템이 적용되는 학교들에서는 학생의 전학과 관련하여 발생하는 여러 가지 문제들에 대해 교사들이 훨씬 쉽게 자료를 찾을 수 있다(Wayman, Connoly, Gasko, & Springfield, 2008).

이러한 방식의 데이터 활용은 교실과 학교 수준에서 모두 형성 평가의 관점으로 활용될 수 있다. 예를 들어 Black과 Wiliam(1998)은 형성 평가가 교사가 교수활동을 개선하고 학생의 학습을 지원할 수 있는 피드백을 제공해 주는 데 매우 유용하게 활용될 수 있다고 설명한다. 적합한 데이터를 활용하여 교사들은 수업 계획을 개선하고, 학생들의 학습 집단을 구성하고, 학부모와 지원 인력을 어떻게 활용할 것인지를 결정할 수 있다. 이와 유사하게 방과후 활동, 개인 정보, 장래 희망 등의 데이터는 수업을 지도하고 프로그램을 계획하는 데 유용하게 활용될 수 있다.

이 절에서는 "데이터 활용(data use)"이라는 용어를 활용하여 다양한 과정을

설명했지만 '데이터에 기반한 의사결정(data-driven decision making, data-based decision making)'이나 'evidence use'라는 용어가 더 친근하게 활용되기도 한다. 이러한 용어들은 처음에는 학생 자료의 중요성을 강조하기 위해 활용되지만 실제로는 의사결정의 측면에서 활용되는 것의 중요성을 가리는 경우가 있다. 예를 들어 데이터는 단순하게 활용되는 것이 아니고, 데이터가 단순히 의사결정을 유도하는 것도 아니다. 데이터의 수단적 가치에 대한 과도한 신뢰는 의사결정 과정에서 필요한 창의성, 직관, 경험, 윤리, 전문적 판단의 중요성을 퇴색시킬 수 있다. 이러한 추가적인 고려 등을 활용하면 데이터를 조화롭게 활용할 수 있다.

실제로 많은 교육적 결정들은 측정하기 어려운 다양한 목표와 성과들을 포함하고 있다. 때때로 데이터는 문제들과 직접 관련이 없을 수도 있고, 사람들이 올바른 데이터를 무시하기도 하고, 사건이 발생하고 나서야 관련된 데이터의 중요성이 부각되기도 한다(Coburn, Honig, & Stein, 2009; Weick, 1998). 그러나 교사들이 학생들에게 가장 좋은 것이 무엇인지 찾으려는 노력을 멈추어서는 안 된다. 오히려 교사들은 다양한 정보에 의존하고 있는데 이 정보들이 항상 측정되거나 기록되어 있는 것은 아니다. 다음에서는 의사결정의 지원을 위해 활용되는 학교의 학습 공동체와 교사들의 실제적인 지식에 대해 살펴보고자 한다.

학습 공동체의 맥락

현재 데이터에 기반한 의사결정의 관점이 갖고 있는 한계는 의사결정이 진공의 상태에서 이루어지는 것을 가정하고 있다는 것이다. 이 관점에서는 데이터가 활동을 지배한다면 혼자서 실행하든 공동으로 실행하든 문제가 되지 않는다. 반면에 데이터를 해석하고 활동에 활용하는 것을 공동으로 수행하는 것은 데이터를 성공적으로 활용하는 데 중요한 요인인 것으로 나타나고 있다. Wayman과 Stringfield(2006)는 교사들이 교수와 학습활동에서 다른 학생들의 자료를 활용하여 등급의 급간을 나누는 공통의 언어를 개발하는 과정을 발견했다. 더 나아가 문제를 공동으로 출제하는 교사들 사이에는 강력한 리더십 역할과 책임이 부여되는 과정이 진행되는 것으로 나타났다(Copland, 2003). 공동으로 데이터를 활용하는 방식은 교사들 사이에 전문성이 계발되는 과정과 함께 이루어진다고 할 수 있다. 이러한 과정은 데이터 기반 의사결정과 실행의 과정에서 간과한 부분이다.

한 발 물러서서 더욱 보수적인 관점에서 데이터 활용을 살펴보면 학교의 학습 공동체가 더욱 우선적으로 고려될 필요가 있다. 학습 공동체가 강조되지 않는 학교에서는 하나의 독립된 교실이 다른 교실들과는 독립적으로 운영된다. 여러 해 동안, 수업이 진행되고 교사는 자신의 교실 앞에 서서 바로 옆에 있는 교실에서 이루어지는 수업의 가치와 교수활동과 성과에 대해 이해하려고 하지 않는다. 이런 학교에서는 교사들이나 행정직원들이 고립되어 있는 것이 자연스럽게 보인다. Putnam(2000)은 미국 학교에 대한 관찰 결과 많은 교사들이 홀로 볼링을 치는 것과 같이 고립되어 있다고 보고했다.

장학담당자가 이러한 점에 대해 왜 관심을 기울여야 할까? 기본적인 수준에서 연계에 대한 인식은 학교, 교직원, 학생들 모두의 건강을 유지시켜 준다. 이러한 건강은 물리적, 정신적, 감성적, 이성적 부분을 모두 포함하고 있다. 장학담당자는 학교의 구성원들 사이의 연계성을 높이는 데 관심을 갖고, 이러한 연계성의 기반을 강력하게 구축할 수 있도록 해야 한다. 더 나아가 학교 구성원의 연계성은 어떤 데이터가 가장 우선적으로 고려되어야 하는지와 자료를 어떻게 해석하고 실행에 활용해야 하는지에 대해 갖고 있는 교사들의 어려움을 해결하는 데 활용되어야 한다.

Day와 Harris(2002), Lieberman과 Miller(1992)의 연구는 교사들 사이의 고립은 아주 흔하게 나타나는 현상으로 교사의 능력 계발에 매우 부정적인 영향을 미치는 것으로 보고 있다. 고립된 교사의 학습기회는 무계획적이고, 파편적이며, 분절적으로 이루어질 수 있다. 교사들은 본인들이 직면한 문제를 해결하기 위해서 항상 방법을 생각해 내고 있다. 고립은 교사들이 서로 질문하는 것을 방해하고, 교수활동 중에 어떤 것이 더 효과적인지를 알아내는 데 장애요인이 될 수 있다. 고립된 교사들은 교육과정, 학생들, 교수방법에 대해 본인이 알고 있는 하나의 관점만을 이해하게 된다. 반면에 공동의 작업으로 함께 반성적인 활동을 하게 되면 문제를 이해하고 해결하는 방법을 찾게 되는데 심지어 본인이 보거나 경험하지 못한 문제에 대해서도 해결 방법을 이해할 수 있게 된다(Brown & Duguid, 1991).

학교에서는 지속적으로 개선해야 할 문제들이 있기 때문에 건강한 학습 공동체가 운영될 필요가 있다. 학교와 교육청은 교수 방법, 교육과정, 학생 훈육, 주정부의 성취 평가 기준, 특수한 교육 수요에 대한 지원과 관련된 전문가들을 보유하고 있다. 그렇지만 이들 전문가들이 숨겨져 있다는 것이 문제라고 할 수 있다. 일상적인 학교교육 운영 과정은 전문가들의 전문성이 집단적으로 공유될 수 있는 기회를 차단하고 있다. 한 분야의 전문가가 아파서 출근을 못 하거나 방과후에 퇴근하게 되면 전체적인 학교의 지식 수준이 급격하게 낮아지게 된다. 만약 전문성을 갖춘 한 교사가 이직하게 되면 그 학교는 심각한 위기에 직면하게 되고, 문제를 이해하고 해결하는 데 많은 비용을 지불해야 하는 상황에 빠지게 된다.

지식 경영의 관점

지식 경영의 관점은 학습 공동체의 개념을 실천하는 하나의 방법이라고 할 수 있다. 다음에서는 특수한 지적인 자산과 함께 조직 수준의 지식이 중요하다는 점에 대해 설명하고자 한다.

조직 수준의 지식

학습 공동체 내에서 조직 수준의 지식이 중요하다는 것은 지식 경영(Knowledge Management, KM)의 중요성을 시사한다. 이미 언급했듯이 지식은 조직에서 중요한 자원이 된다. 물리적 자본, 인적 자본, 조직의 구조 등도 조직의 중요한 자원에 해당한다(Barney, 1991). 자원은 조직이 장점을 부각시키고, 약점을 보완하며, 환경 변화에 대응하는 데 활용된다. 지식 경영은 조직이 어떻게 하면 조직 수준의 지식을 가장 잘 활용할 것인가에 대한 것이다.

이 문제는 간단한 것이 아니다. 예를 들어 Pfeffer와 Sutton(2000)은 "지식-수행의 격차"의 문제로 설명한다. 이것은 조직의 구성원들이 수행해야 하는 과정을 알고는 있지만 그 지식을 수행에 옮기는 것에는 실패하는 상황을 의미한다. 이러한 상황은 지성의 문제나 지식 부족의 문제라기보다는 지식의 적용 과정에서 발생하는 문제이다. Davenport(2005)는 지식 노동자들의 관리와 지휘에 관련된 문제라고 제시한다. 지식 노동자들은 눈앞에 있는 문제에 대해서 관리자들보다 더 많은 것을 알고 있다. 지식 노동자들의 과업은 창의성, 전문화된 훈련, 힘든 경험을 요구하는 것들이다. 그래서 지식 관리의 실패는 많은 비용을 초래한다. 잘못 설계된 장학의 과정은 창의성을 제한하고, 효과적인 문제 해결을 방해하며, 잘못된 업무 수행을 초래할 수 있다.

많은 교사들이 지식이 제대로 관리되지 못하는 곳에서 일하고 있다. 학생의 훈육 문제와 관련된 예를 들어 보자. 교장실 앞에는 훈육을 기다리는 학생들이 줄을 서서 대기하고 있다. 이 학교의 교직원들은 어떤 교실에서 훈육이 필요한 학생이 한 명도 없이 하루를 보냈다는 사실을 알고 있지만 아무도 왜 그런지 질문하지 않는다. 교직원들은 한 교실에서 발생한 일들이 다른 교실에 적용될 수 있는 것인지에 대해서 궁금해하지 않는다. 이것은 "훈육의 문제"가 무시되고 있다는 것을 의미하지는 않는다.

반대로 교직원들이 근원적인 문제를 파악하려 하지 않고 그저 훈육의 과정에만 초점을 맞추는 경우도 있다. 예를 들어 줄지어 발생하는 훈육과 관련하여 그저 반복적인 문서작업과 학생을 어렵게 잡아 오는 것은 근본적으로 문제가 언제, 어디서 왜, 발생하게 되었는지에 대해 데이터를 수집하고 토론하는 것과는 전혀 다른 상황을 의미한다. 만약 싸움과 관련된 문제가 발생했다면 언제부터 문제가 시작되었고 교사와 학생들의 가치 체계의 갈등이 있었는지에 대한 데이터를 수집하는 것은 문제를 밝히는 중요한 과정이 된다. 심지어 어떤 교사들은 교실에서 발생하는 학생들의 행동적 문제 중 일부가 교사들의 구조적 문제에 기인한다는 사실을 알고 있다. 하지만 교사들은 그러한 사실에 대해 나서서 얘기하지 않고 그저 방관하는 경우가 많이 있다.

모든 학교에는 전문성을 갖춘 교사들이 있기 때문에 학교 차원의 문제들에 대해서는 해결방안을 모색해 갈 수 있다. 교수활동, 학생 발달, 학부모와 지역사회 파트너십, 데이터를 활용한 다양한 활동들에 적용할 수 있다. 직면한 문제의 종류에 상관없이 조직 수준의 지식을 활용하는 활동은 네 가지 영역으로 구분할 수 있다. 우리가 알고 있는 것을 공유하는 것(지식 분배), 우리가 아는 것을 실천하는 것(지식 적용), 우리가 아는 것을 떠올리는 것(조직 기억), 그리고 피드백을 통한 학습(지식 창출)이다. 지식 경영의 관점이 강조하는 것은 관계를 통해 좀 더 정보를 풍성하게 활용하여 의사결정하는 과정을 통해 학습 공동체의 개념을 명확하게 하는 것이다. 교사들은 단순히 데이터를 고립적으로 활용하는 것이 아니라 다른 교사의 전문성을 통해 데이터를 해석하고 이전의 경험을 활용하는 것이 필요하다. 지식 경영의 관점에서는 특정 분야의 지적 자산 활용을 검토하는 과정에서 다른 교사의 경험과 실제적인 지식의 진가가 발휘될 수 있다.

독특한 지적 자산

지식 경영은 지식에 대한 개념 규정을 새로운 방식으로 제시한다. 특히 지식 경영에서는 *암묵지(tacit knowledge)*와 *형식지(explicit knowledge)*를 구분한다(Nonaka, 1994). 이것은 동전의 양면에 비유할 수 있다. 형식지는 우리가 조작할 수 있는 지식이다. 형식지는 문서화하고, 저장하고, 전달하기 쉬운 지식이다. 예를 들어 학생의 시험 성적을 프린트하고, 교육과정의 자료들을 문서철로 만들고, 학과장으로부터 이메일을 받는 것 등은 형식지의 대표적인 것들이다. 반면에 암묵지는 우리가 조작할 수 없는 지식이다. 암묵지에는 스키마, 직관, 기술적 역량 등이 포함된다. 예를 들어 많은 교사들이 소심한 학생들을 격려하거나 상황에 맞추어 수업을 진행하는 독특한 재능이 있는 경우가 이에 해당한다. 이러한 활동의 순간들에서 교사들이 활용하는 지식은 말로 표현하기 어려운 것이 많다. 이러한 이유들 때문에 가르치는 일은 책이나 강의에서 배우기 어려운 예술이나 공예에 비유되기도 한다.

암묵지와 형식지의 차이를 구분하는 것은 지식이 생성되고, 저장되고, 공유되는 과정을 이해하는 데 도움이 된다. 예를 들어 하나의 이슈는 지식의 상태가 변화하는가이다. 지식의 형식이 항상 동일하게 유지되는가? 암묵지는 형식지에서 만들어질 수 있는가? 형식지는 암묵지에서 만들어질 수 있는가? 그림 3-1은 가능성을 보여 주고 있다. 점선은 지식의 상태가 변화하는 것을 의미하고, 실선은 지식의 형태가 유지되는 것을 의미한다. 학교와 다른 조직의 지식은 항상 이러한 방식으로 순환하고 있다. 지식의 변환, 전달, 저장이 잘 되도록 하는 것은 관리자의 중요한 과업이 될 수 있다. 또한 이러한 노력의 상황은 지식의 종류에 따라 그 수준이 매우 다양하게 이루어질 수 있다.

예를 들어 많은 일터에서 앉아서 하는 회의와 끊임없이 오가는 수많은 이메일은 매우 친숙하다. 많은 경우에 조직들은 이러한 활동들을 지식을 전달하는 중요한 방법으로 활용하고 있는데 이들은 조직의 지식이 형식지를 벗어나지 않는다고 생각하기 때문이다. 만약 조직의 모든 지식이 형식지로 존재한다면 형식지를 활용하여 모든 일을 처리할 수 있을 것이다. 이러한 경우가 위 그림에서는 결합의 형태로 이루어진다. 사실 많은 교사들은 새로운 학년을 시작할 때 수많은 이야기를 듣고 유인물을 받는 데 익숙하다. 더욱이 많은 교육자들은 이러

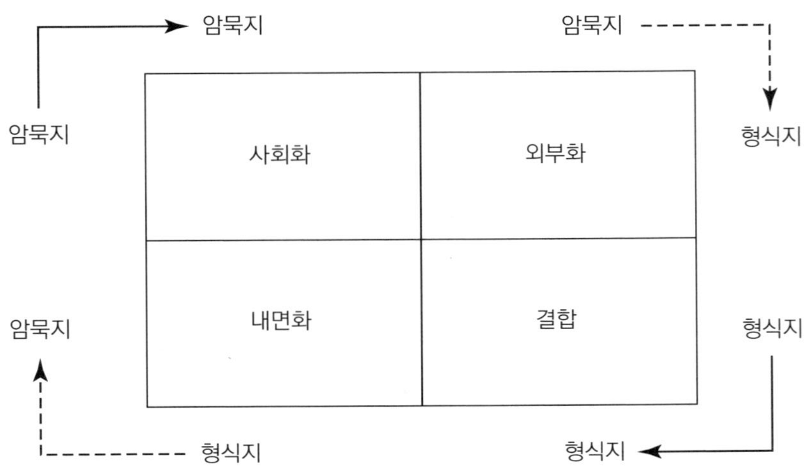

[그림 3-1] Nonaka, Umemoto, & Sasaki(1998)에서 인용

한 이야기들과 유인물들이 큰 의미가 없다는 것을 알고 있다. 때때로 사람들은 형식지를 그저 실행하기 이전에 개인적인 상호작용과 관심을 필요로 한다.

새로운 기술을 활용해야 하는 상황을 예로 들어 보자. 교사들은 새로운 컴퓨터 시스템을 접하게 되었을 때, 이 시스템을 일상적인 일과에 적용할 수 있는 내면화된 지식을 갖고 있지 않다. 지식은 형식지로 있다고 하더라도 이 형식지를 자신의 암묵지 형태로 만드는 내면화가 필요한 것이다. 장학담당자가 컴퓨터 시스템을 이론적으로 이해하고 있는 교사를 보았다면, 그 이론을 일상적인 교육 활동에서 활용할 수 있도록 내면화하는 과정에서 도움을 줄 필요가 있다. 그래야 교사들은 새로운 지식을 활용하여 학생의 학습을 위한 지원과 기회를 새롭게 구성해 나갈 수 있다. 많은 경우에 학교에서는 교사들 스스로 새로운 컴퓨터 시스템을 연습하여 기술을 습득하기를 기대하고 있다. 고립된 상태에서 실패를 통해 스스로 학습하도록 하는 상황은 교사들에게 업무 과중과 불만을 느끼게 만든다. 반면에 훌륭한 직원이 있다면 교사들에게 시스템 사용법에 대한 강의를 제공하고, 사용법 매뉴얼을 배포하고, 슬라이드쇼를 만들어 제공할 수 있을 것이다. 하지만 이런 방식으로 이루어지는 형식지 형태의 지식 전달은 교사들이 제대로 지식을 습득하도록 유도하는 데 한계가 있다.

암묵지는 다른 방식으로 발달하게 된다. 예를 들어 교사들은 새로운 시스템을 잘 다루는 동료 교사와 함께 지켜보고 연습하면서 잘 배울 수 있다. 때로는 서로 대화가 필요 없을 수도 있고, 가장 막혔던 부분의 문제가 해결되면 쉽게 배우게 될 수 있다. 멘토링이나 모델링을 통해서 지식이 전달되는 방식은 주로 암묵지의 경우에 해당하게 되는데 이것은 사회화의 일반적인 형태이다. 교실에서 학생들의 행동을 효과적으로 관리하고 학생들의 감정적 필요를 파악해 나가야 하는지에 대한 지식이나 기술은 사회화를 통해 학습하는 것이 효과적이다. 사회화의 경우에 지식은 말로 설명하거나 조작하기 어려운 형태로 전달될 수 있다. 사회화의 기회는 멘토링과 같이 형식화될 수도 있지만, 상당수 비형식적인 방법으로 이루어진다. 업무에 대한 태도, 가치, 의미 등은 교사들의 라운지에서 교환되는데 그 때 업무가 대화의 직접적인 주제가 아닌 경우가 많다. 이러한 대화의 과정에서 교환되는 다양한 메시지가 예견되거나 반드시 따라야 하는 지시는 아니지만 많은 교사들은 동료 교사나 학교장과의 공식적, 비공식적인 사회화 기회를 통해서 지식을 습득하게 된다.

결론적으로 많은 교사들은 그들이 가르치는 것 이상의 지식을 갖추기를 요구받고 있다. 이러한 현상은 경력 교사나 초임 교사 모두에게 요구되는 상황이다. 암묵지를 형식지로 전환하는 외부화는 매우 어렵지만 수행하는 역량을 향상시키는 데 도움이 된다. 외부화의 예를 살펴보면 워크숍이나 컨퍼런스에서 본인의 암묵지를 발표하는 것, 교수활동에 대해서 인터넷 블로그에 올리는 것 등이 해당된다. 이 경우에 창의적으로 활동하면서 대화에 참여하는 것은 교사들에게 내면적인 보상이 될 수 있다. 더 나아가 이러한 외부화의 노력들은 다른 교사들이 암묵지를 이해하는 데 도움이 될 수 있다. 학교에서는 초임 교사가 부임하게 되면 교수법, 교육청 평가의 효과적인 활용법, 업무처리 방법에 대해 가이드를 제공하게 된다. 이러한 정보는 전통적 방식인 핸드북이나 온라인 비디오 형태로 제공되는데 이런 내용들도 외부화의 산물이라고 할 수 있다. 이러한 자료들은 지식이 그저 산출물로만 존재하는 것이 아니라 대화를 통해서 전달될 수도 있다는 것을 반영한다.

요약

이 장에서는 학교에서 이루어지는 데이터 활용과 의사결정의 과정에 초점을 맞추어 장학의 맥락을 설명했다. 학교는 의사결정을 위한 많은 데이터를 갖고 있지만 교사들은 어떤 데이터를 우선적으로 활용할 것인지에 대해 의견이 일치하지 않는다. 학생에게 필요한 맞춤형 지원을 위해 데이터를 활용하기 위해서는 교사들이 컴퓨터 데이터 시스템을 활용할 필요가 있다.

학생에 대한 지식을 제대로 활용하기 위해서는 학교의 학습 공동체를 통해 다른 교사들이 갖고 있는 현장 기술과 암묵지를 활용하는 것이 필요하다. 이것은 데이터 활용의 전통적인 장학이라고 할 수 있다. 데이터를 활용하는 것은 경험, 실행, 사회적 관계를 통해 전문성 계발에 도움이 될 수 있다. 학습 공동체와 지식 경영의 개념은 장학담당자들이 데이터와 교사들의 의사결정에 도움이 되는 정보를 광범위하게 이해해야 한다는 것을 강조한다. 데이터는 의사결정을 촉진하는 것을 넘어서 사람들의 사고과정을 좌우하는 원천이 된다는 것이 더욱 중요하다는 점을 이해해야 한다.

현재 학교에서 선호하는 많은 데이터는 형식지의 형태이다. 다른 학년들에서 적용되는 교육과정의 기준에 대한 지식과 같이 다른 형태의 형식지들도 교사의 의사결정에 매우 도움이 될 수 있다. 이러한 것들은 학생의 필요를 이해하는 데 도움이 되는 하나의 관점이 될 수 있다. 경험과 사회화 과정을 통해 얻게 되는 암묵지도 교사가 업무를 수행하는 관점을 형성하는 데 중요한 영향을 미친다. 교사 간 협력을 통해 암묵적 지식을 갖게 될 수 있고, 학생들의 독특한 관심을 파악하여 수업의 내용을 개발할 수도 있다. 이러한 활동에서 단원의 내용과 학생의 평가 결과에 대한 형식지만이 아니라 어떤 내용을 통해 수업을 할 것인지와 어떤 획기적인 수업을 할 것인지에 대한 직관적인 암묵지도 중요하다.

데이터에 의한 의사결정에서 데이터를 활용한 의사결정으로 전환하는 것은 표현 이상의 변화를 의미한다. 다양한 정보의 원천을 활용하여 의미 있게 결합함으로써 데이터를 활용한 의사결정을 할 수 있다. 평가 결과, 상담자들의 기록, 학생의 수행 평가를 포함하여 학생의 학습적 필요를 정확하게 파악하는 것이 중요하다. 학생을 지원할 수 있는 다양한 방법을 선택할 수 있기 위해서는 문제를 정확하게 분석하는 것이 필요하다. 수업에서 한 번도 학생이 성공적인 학습을 해 보지 않았다면 방과후 수업도 효과적이지 않을 수 있다. 영재성을 띤 학생에 대해서도 마찬가지라고 할 수 있다. 또한 학생을 상, 중, 하 집단으로 나누어서 수업을 진행하는 것은 학교의 전반적인 프로그램 운영에 방해가 될 수 있다. 요약하자면 데이터를 활용한 의사결정에는 지식, 학습, 반성적 사고에 대한 새로운 방향 설정이 필요하다. 활동의 과정에서 데이터를 활용하더라도 진정한 평가는 학생의 성장이 진행되는지와 왜 상황이 그런지에 대해 지속적으로 점검하는 것을 의미한다(Weick, 1993).

후속 활동

1. 교사를 도와서 학생들이 제출한 과제물의 등급을 나누는 것을 수행해 보자. 학생이 과제물을 완성한 이후에 학생의 이름을 가리고 교사의 평가 결과 중에서 샘플을 선택해 보자. 그러고 나서 선택된 샘플들의 등급을 매겨보자. 평가된 등급이 비슷한가? 어떤 문제들의 평가 결과가 유사하게 나오는가? 교사가 어떤 수준의 답안에 대해서 “B”를 매기는지 살펴보자. 샘플에 기초하여 특정 집단이나 학생에 대해 교수 방법을 바꾸거나 지원을 해야 하는지 판단해 보자. 특수 교육 대상자, 표준화 평가 결과, 학생의 개인 특성 등 다양한 데이터를 활용하여 새로운 교수 전략을 수립해 보자.
2. 인류학자가 되어 보자. 교사와 직원들이 학교에서 일과시간과 방과후에 어떤 방식으로 사회화를 하는지 알아보자. 직원회의 때 누가 함께 앉는지 살펴보자. 교사들은 비공식적으로 언제, 어디서 상호작용을 하는가? 교사들은 얼마나 자주 특별한 재능을 발휘하거나 긍정적인 태도로 교류하는가? 직원이나 장학담당자가 돌아다닐 때 교사들의 태도나 교육활동은 어떻게 변화되는가? 관찰 자료들을 학교의 학습 공동체를 개선하는 데 어떻게 활용할 수 있을지 설명해 보라.
3. 소속된 학교에서 활용하는 데이터의 형식과 컴퓨터 시스템의 목록을 작성해 보라. 교사들은 얼마나 많은 종류의 학생 데이터에 접근하는가? 교사들은 얼마나 많은 곳에서 학생들의 데이터에 접근하는가? 교사들은 어떤 데이터를 선호하는가? 교사들은 언제, 어디서 교수활동 개선을 위해 학생들에 대한 암묵지를 공유하는가? 교사들은 언제, 어떤 환경에서 반성적 사고를 하는가? 이러한 이슈들을 고려하여, 학생들의 학습 개선을 위해 학교 차원에서 다양한 지식을 활용할 수 있는지에 대해 평가해 보자.
4. 과학과에 전입온 새로운 교사가 다른 교사들에 비해 학업 성취도가 낮다고 가정해 보자. 대상 학생 중에서 영어에 미숙한 학생들이나 저소득층 가정의 자녀가 많이 있다고 할 때, 본인이 장학담당자라면 어떤 데이터가 학업 성취도가 낮은 학생을 설명해 줄 수 있다고 생각하는가? 새로 온 과학 교사와의

상담 계획을 수립해 보라. 단순히 학업 성취도 미달 학생 비율을 줄여 보자고 할 수는 없을 것이다. 이 장의 내용을 활용하여 신임 과학교사를 돕는 방법을 찾아보자.

참고문헌

Barney, J. B. (1991). Firm resources and sustained competitive advantage. *Journal of Management*, 17 (1), 99–120.

Black, P., & Wiliam, D. (1998). Inside the black box: Raising standards through classroom assessment. *Phi Delta Kappan*, 80 (2), 139–148.

Brown, J. S., & Duguid, P. (1991). Organizational learning and communities-of-practice: Toward a unifi ed view of working, learning, and innovation. *Organization Science*, 2 (1), 40–57.

Cho, V. (2011). *Educational Data Use and Computer Data Systems: Policies, Plans, and the Enactment of Practice. Doctoral dissertation*, The University of Texas at Austin.

Coburn, C. E., Honig, M. I., & Stein, M. K. (2009). What's the evidence on districts' use of evidence? In L. J. Bransford, D. J. Stipek, N. J. Vye, L. M. Gomez, & D. Lam (Eds.), *The role of research in educational improvement* (pp. 67–88). Cambridge: Harvard Education Press.

Copland, M. A. (2003). Leadership of inquiry: Building and sustaining capacity for school improvement. *Educational Evaluation and Policy Analysis*, 25 (4), 375–395.

Day, C., & Harris, A. (2002). Teacher leadership, refl ective practice, and school improvement. In K. Leithwood & P. Hallinger (Eds.), *Second International Handbook of Educational Leadership and Administration*, Springer International Handbooks of Education (Vol. 8, pp. 957–977). Springer Netherlands. Retrieved from http://www.springerlink.com/content/r476116436050226/abstract/

Davenport, T. H. (2005). Thinking for a living: How to get better performance and results from knowledge workers. Boston, MA: Harvard Business School Press.

Lieberman, A., & Miller, L. (1992). *Teachers, their world and their work*, New York: Teachers College Press.

Nonaka, I. (1994). A dynamic theory of organizational knowledge creation. *Organization Science*, 5(1), 14–37.

Nonaka, I., Umemoto, K., & Sasaki, K. (1998). Three tales of knowledge-creating companies. *Knowing in Firms: Understanding, Managing, and Measuring Knowledge* (pp. 146–172). Thousand Oaks, CA: SAGE.

Pfeffer, J., & Sutton, R. I. (2000). *The knowing-doing gap*. Boston, MA: Harvard Business School Press.

Putnam. R. (2000). *Bowling Alone: The Collapse of Renewal of American Community*, New York: Simon & Schuster.

Shepard, L. A. (2002). The contest between large-scale accountability testing and assessment in the service of learning: 1970–2001. Presented at the The Spencer Foundation's 30th

Anniversary Conference, Chicago, IL.

Wayman, J. C., & Stringfi eld, S. (2006). Technology-supported involvement of entire faculties in examination of student data for instructional improvement. *American Journal of Education*, 112(August), 549–571.

Wayman, J. C., Conoly, K., Gasko, J., Stringfi eld, S. (2008). Supporting equity inquiry withstudent data systems. In Mandinach, E. B, & Honey M. (Eds.), *Linking data and learning*(pp. 171–190). New York: Teachers College Press.

Wayman, J. C., Cho, V., & Richards, M. P. (2010). Student data systems and their use for educational improvement. In P. L. Peterson, E. Baker, & B. McGraw (Eds.), *International Encyclopedia of Education* (Vol. 8, pp. 14–20). Oxford: Elsevier.

Weick, K. E. (1993). The collapse of sense making in organizations: *The Mann Gulch disaster. Administrative Science Quarterly*, 12 (38), 628–652.

Weick, K. E. (1998). Improvisation as a mindset for organizational analysis. *Organization Science*, 9 (5), 543–555.

제4장

문화반응과 관련된 이슈

이 나라 전역의 학교들은 단지 서로 수마일 떨어져 있을 뿐이지만 재원과 학생 인구통계(예, 인종, 민족성, 모국어, 또는 가정 소득 수준)는 크게 다를 수 있다. 이 학교들의 방문객은 이들 학교의 학교구가 교사들에게 지급하는 방식과 일부 교사들이 이직하는 이유에 관해 다른 이야기를 듣게 될 것이다. 방문객은 학부모, 양육, 지역사회 참여에 관한 교육자들의 다른 태도를 목격할 것이다. 빈곤, 이민, 언어, 민족성 및 인종에 대한 태도 역시 상황의 복잡함을 더한다. 일반적으로 이 요인들은 교육자들이 학생들의 요구를 얼마나 잘 충족하는지뿐만 아니라, 학교의 외관과 느낌에 상당한 영향을 끼친다.

이 장에서는 문화반응교육(culturally responsive pedagogy)이 학생들을 더욱 잘 돌보며 학교들 간의 불평등을 다룰 수 있는 방법을 제공하고자 한다. 따라서 우리는 모든 학생을 돌볼 필요성과 함께 문화반응교육이 이를 촉진하는 방식에 대한 논의로 시작한다. 그 다음 문화반응교육에 대한 오해를 분석할 것이다. 빈곤, 문화, 그리고 학교 간 불평등 원인에 관한 오해를 다루면서, 문화반응교육이 모든 학교 및 지역사회에 이로울 수 있음을 보여 줄 것이다. 그것이 부분적으로 학교와 지역사회들이 사회정치적으로 관계 맺고 있는 방식을 반영하기 때문이다. 마지막으로, 이러한 프레임워크가 장학담당자들의 직무에 어떻게 영향을 미치는지 설명하고자 한다.

전인적 돌봄(cura personalis)

일반적으로 교육 이슈에 대해 말할 때, 일반적으로 학생들은 비슷하고, 학습을 받아들이거나 학습하는 방식에 있어 단지 수동적 역할을 한다고 생각하기 쉽다. Cook-Sather(2002)는 이러한 가정의 이면에 있는 철학적 기원에 대해 탐색하였다. 그는 학생들은 주로 길들여야 할 야생의 영혼일 뿐만 아니라, 채워지길 기다리는 텅 빈 그릇으로 간주하였다.

그러나 많은 학생들은 개별적 존재로 인정받기를 바란다. Poplin과 Weeres (1992)는 학생들의 학교교육 경험을 바라보는 유용한 창을 제공한다. 이들의 연구에 따르면 학생들은 그들을 돌보며, 경청하고, 정직하며, 개방적이고, 민감한 교사를 간절히 원한다고 한다. 하지만 유색인 학생들, 특히 나이든 학생들은 종종 학교 내 성인과 다른 학생들이 자신들을 좋아하지 않았고 이해하지도 못했다고 느낀다고 보고했다. 동시에, 학교들은 인종, 문화 또는 계급에 관한 의미 있는 대화를 할 때 이의제기를 받는 것처럼 보였다. 개인적 가치에 관한 의미 있는 대화를 할 때도 이와 유사한 이슈들이 불거진다. 또한 가정 문화를 대표하는 음식을 먹는 것이나 깨끗하고 편안한 공간을 갖는 것과 같은 물리적 환경 측면이 학생과 교육을 우선시하는 정도를 반영하는 것으로 간주했다. 이런 면에서, 빈곤지역 내 사람들은 특히 낙담했다.

이러한 고려사항은 *cura personalis*의 중요성을 강조한다. 이 라틴어 어구는 "전인적 돌봄"을 의미한다. 일부 교육자들에게 전인적 돌봄은 학생들의 지적 발달뿐만 아니라, 신체, 정신 및 정서 발달을 포함한다. 하지만 우리는 이것이 두 가지 방식으로 한 걸음 더 나아갈 수 있다. 첫째, 문화반응교육은 교육자들이 학생들의 문화 · 언어적 배경에 주의를 기울여야 한다. 이는 모든 개인을 바라보고 지지할 수 있는 문을 열어 준다. 둘째, 전인으로서 발달은 세계와의 대화를 포함하기 때문에, 교육자들은 학교와 지역사회의 사회 · 정치적 역학에 더 잘 정통하게 될 수 있다. 이런 방법으로 교육자와 학생 모두 문화반응교육의 기본 원리 중 하나인 사회정치적 행위에 참여할 준비를 더 잘 할 수 있게 될 것이다.

문화반응교육의 요소들

문화반응교육의 특징은 명확하고 강력하다. 이는 인종과 민족성을 포함한 다양한 배경을 가진 모든 학생들에게 도움이 될 수 있다. 본질적으로 문화반응성은 학생들의 개인적 · 문화적 강점, 지적 능력과 사전 성취를 "지향하며 이를 통한" 교육을 포함한다(Gay, 2010). 우리는 학생들에 대한 이러한 강점 기반의 관점(strengths-based view)을 가르치고 장학하는 것에서 오는 생산적 긴장감(productive terision)을 소개하면서 살펴보고자 한다. Ladson-Billings(1995)를 따라 우리는 세 가지 주된 요소로 문화반응교육을 설명한다.

첫 번째 요소는 학생들의 사회정치적 의식 개발인데(Ladson-Billings, 1995), 우리는 이를 학생들을 세상과의 대화로 유인하는 것과 같다고 생각한다. 여기서 사회적 불평등을 양산하는 규범, 가치 및 제도는 비평과 문제 해결에 결정적인 것이 된다. Gay(2010)는 문화반응교육은 변혁적이며 자유를 주며 해방적이라고 주장한다: 학생들의 문화유산을 존중함으로써 그들이 새로운 학업적 위험을 감수하고 이전의 강점들을 발판으로 삼도록 돕는다. 이는 유색인 학생들이 그들의 경험을 불신하지 않고 오히려 높이 평가하도록 돕고 부정적 고정관념이나 편견과 분투하며 동시에 다양한 문화를 존중하는 방식을 학습하도록 돕는다. 이러한 방식으로 학생들은 불의에 맞서 저항할 뿐만 아니라 지역사회를 개선하는 방법을 학습한다. 이 장의 후반부에서는 개인과 관련된 교육의 사회정치적 역학에 대해 설명한다.

문화반응교육의 두 번째 요소는 학생들의 문화적 능력 개발과 유지이다(Ladson-Billings, 1995). 즉 학생들이 수업 내용을 이해하기 위한 수단으로 문화적 프레임을 이용할 수 있도록 유도해야 한다. Gay(2010)는 문화유산에 대한 합법성 부여가 학생들의 이익과 관련하여 가정과 학교를 어떻게 연결하는지에 대해 설명한다. 한편으로 이는 유색인 학생들이 정체성을 유지하고, 학습을 통해 그들에게 공동체 의식을 부여하는 것들로 구성하도록 돕는다. 다른 한편으로 다양한 문화적 만남은 학생들에게 다른 사람들의 관점을 이해하고 상호작용할 수 있는 긍정적인 기회를 제공하기도 한다. 문화 체제를 조사하는 것은 학생들에게 주류 이상에 대한 심층적인 질문을 할 수 있는 분석틀을 제공하는 것이다. 이것의 일반적인 사례 중 하나는 문학 개념을 가르치기 위해 학생들의 배경에서 음악을 가져와 사용하는 것이다. 또 다른 사례로는 부모들이 예술가나 장인(匠人)으로 일하게 하는 것이다(Ladson-Billings, 1995).

세 번째 요소는 앞의 두 요소에 의해 뒷받침된다고 볼 수 있다. 학생들은 학업을 성취할 수 있도록 지원받아야 한다. Ladson-Billings(1995)의 설명처럼, 학업 성취는 단지 학교에 대해 "좋다고 느끼는" 정도의 정서적인 것이 아니다. 오히려 학업 성취는 학생들 간의, 특히 더 공정하고 민주적인 사회에 기여할 수 있는 진정한 역량을 키우는 것이다. 이런 관점에서 사회·정치적 능력은 문해, 수리 능력 또는 기술 능력과 동등하다. 이에 대한 한 가지 예가 학생들의 리더십을 학업 성취에 활용하는 것이다. 이와 유사하게, 문화반응성(cultural responsiveness)은 교육자가 학생들의 언어 다양성을 문화의 일부이자 교육과정의 진입로로 수용함으로써 학생들의 학업 성취를 높일 수 있도록 도와준다(Gay, 2010). 언어 다양성을 수용하는 것은 가정에서 영어 이외의 언어를 말하는 학생들뿐만 아니라 아프리카계 미국인 학생들에게도 유익할 수 있다. Gay는 의사소통의 패턴이 어떻게 다차원적으로 문화에 내재될 수 있는지 설명한다. 예를 들어, 학생들이 담론을 조직하고, 대화에 참여하며, 질문에 대답하는 경향을 포함한다.

또한 우리는 기술이 많은 학생들이 사회적 또는 정치적 활동을 하게 하는 문화적 실천의 한 양상이라고 제시한다. 소셜 미디어는 이미 학업성취를 높이는 방법으로 검토되고 있으며(Greenhow, Robelia, & Hughes, 2009; Hughes & Narayan, 2009), 이러한 에너지의 일부를 문화, 사회적 또는 정치적 활동 방식으로 이끌어 가는 것은 자연스러운 다음 단계가 될 수 있다. Google Science Fair의 사례(Kuchment, 2012)는 본질적으로 정치적인 것은 아니지만, 젊은 사람들이 그들의 학업과 관련되는 기술(skill), 기술(technology)과 관련되는 능력, 그리고 다른 사람들의 삶을 개선하는 것에 대한 관심을 결합할 때 나타날 수 있는 상황에 대한 영감을 주는 그림을 제공한다. 예를 들면, 14세의 Jonah Kohn은 청각장애인에게 도움이 될 방법을 발견했다. 기타와 떠들썩한 교실 소음을 포함한 교실 환경에서의 장난은 촉각 소리로 알려진 현상을 발견하게 했으며, 그로 인해 달팽이관을 95% 이상 개선한 장치를 설계하게 되었다. 또한 17세의 Brittany Wenger는 유방암 진단 문제를 다룰 수 있는 방법을 발견했다. 그녀는 사람의 뇌를 모조한 컴퓨터 프로그램을 제작하고, 복잡한 패턴들을 감지하며, 심지어 시간이 지남에 따라 프로그램을 개선해 나갔다(The Takeaway, 2012). 그녀의 프로그램은 믿을 수 없을 만큼 정확할 뿐만 아니라(악성 유방 종양의 99% 이상을 탐지할 수 있을 뿐만 아니라) 이전에 사용한 방법들보다 덜 고통스럽고 침해적이었다. 다음 절은 학교와 관련된 사회정치적 이슈들에 중점을 두고 있다.

문화반응교육에 관한 잠재적 오해

이 절에서는 문화반응교육에 관한 두 가지 잠재적 오해를 다루고자 한다. 첫 번째 오해는 빈곤, 문화, 그리고 이들의 학교교육과의 관계에 대한 가설이다. 두 번째 오해는 문화반응교육이 단지 특정 학교의 인구통계에 도움이 된다는(또는 부유하거나 다수가 백인인 학교에는 '중요하지 않다'는) 가설이다.

문화, 빈곤, 그리고 학교

많은 학교와 학구는 인구통계학적 변화의 한가운데 있다. 2장에서 설명한 것처럼, 많은 학교와 학구는 가난한 학생 및 다양한 민족적 · 언어적 배경을 가진 학생들의 학업성취도 향상에 대한 압력을 받고 있다. 따라서 많은 학교와 학구들은 친숙하지 않은 민족적 · 사회경제적 배경의 학생들에게 도움이 될 방법에 대한 자문을 찾고 있다. 불행하게도 교육자들에게 대중적인 일부 연구들은 부정적인 고정관념이나 입증되지 않은 주장에 근거할 수 있다. 이러한 연구의 핵심 사례는 Ruby Payne(2005)의 「Framework for Understanding Poverty」이다. 2005년 4판 발행 이후, 이는 미국 전역의 많은 학구들과 전 세계에서 인기를 얻게 되었다.

Payne(2005)이 "빈곤 문화"의 사람들을 다루는 방법에 대해 논거를 주장한다 할지라도, 그녀의 많은 논거들이 실제로 문화반응교육과 대립된다는 점을 강조하는 것은 중요하다. 그녀의 관점에 따르면, 가난한 자들이 빈곤에서 벗어나기 위해 "숨겨진 규칙들"을 인식하는 것을 막는 "빈곤 근성(poverty mindset)"이 존재한다. 즉, 빈곤은 교사와의 상호작용을 방해하는 말하기, 사회화, 사고, 문제해결로의 접근으로 귀결된다. 이러한 패턴은 중산층으로 올라갈 수 있는 능력을 더 저해한다. Payne은 빈곤을 사고방식과 선택과 관련지어 재정의하며 빈곤은 말 그대로 돈이 부족한 것이라는 식으로 모호화한다(Bomer, Dworin, May, & Semingson, 2008).

Payne(2005)은 이러한 숨겨진 규칙에 대한 수많은 실례들을 제공한다. 그 중에는 "빈곤에서 살아남을 수 있는가?"라는 제목의 체크리스트가 있다(p. 38). 이 목록에 있는 기술에는 버려진 음식을 얻기 위해 쓰레기통에 접근하는 방법, 몸싸움 및 방어 방법, 개성과 스토리로 친구를 사로잡는 방법, 전과자가 총을 얻는 방법 등을 아는 것이 포함된다. 중산층 생존을 위한 유사한 체크리스트(p. 39)에는 아이들과 대학에 대해 대화하는 방법, 도서관 카드를 만드는 방법, 고급 레스토랑에서 주문하는 방법, 자동차 대출 시 최고의 금리를 받는 방법 등이 있다. 부유층에서 생존하기 위한 기술(p. 40)에는 휴가 동안 개인 소유 비행기를 타고 여행하면서 실내 장식가를 고용하는 방법, 적어도 두 곳의 자선단체 위원회에서 봉사하는 방법이 포함된다. Payne의 다양한 이미지들에서 가난한 사람들은 더 육체의 감각을 추구하고, 충동적이며, 어휘가 부족하고, 인과관계에 약하며, 범죄 행동의 경향이 있는 것으로 묘사된다(Bomer et al., 2008).

Payne의 연구는 많은 수준에서 문제가 있다. 학문에 대한 Payne의 그릇된 설명도 문제이지만(Bomer et al., 2008), 특히 이 장과 관련이 있는 것은 Payne의 빈곤과 문화에 대한 논의이다. 사실상 백인이 최대 빈곤 그룹이지만(Iceland, 2006), Payne은 유색인에 대한 가정과 소득에 대한 가정을 혼합하고 있다(Bomer et al., 2008). 인종, 민족성, 빈곤을 동일한 것으로 상정한다. 그녀의 주장 중 일부는 이를 읽는 사람들에게 유익한 것처럼 보일 수 있지만, 우리는 학교와 중앙정부가 무엇에 의존해야 할지 확신할 수 없게 만든다고 생각한다. 우리는 문화반응교육이 더 좋은 선택지를 제시한다고 본다. 이는 학생들의 강점, 관점, 독자적인 문화유산을 수용하며, 문화 및 빈곤에 대해 단순히 외적으로 드러난 특징이 아니라 전인을 보기 위해 노력함으로써 교육자들이 전인을 돌보도록 돕는다. 이에 못지않게 중요한 것으로 사회정치적 의식에 관한 강조는 교육자들과 학생들이 학교 내 불평등의 구조적 원천으로 눈을 향하도록 한다.

누가 문화반응교육의 도움을 받는가?

우리의 입장은 문화반응교육이 모든 학교에 이롭다는 것이다. 교사들이 그들 학생들의 문화나 생활 환경에 대해 거의 고려하지 않는 학교에서조차도 말이다. 이 책의 기본 가정들 중 하나는 교육이 세상과의 대화로 청년들을 유인해야 한다는 것이다. 개인의 지식과 재능을 사회정치적 문제들을 다루는 데 적용함으로써 사람들은 더 전인격적이 되며 세상은 더 공정해진다. 한 개인의 학교가 국가 내 가장 부유한 학구의 중심지(*24/7 Wall St.*, 2012), 뉴욕, 스카즈데일에 위치하는지 여부는 중요하지 않다. 학교가 시카고 남부 아니면 미국과 멕시코의 국경지대에 위치하는지 여부도 중요하지 않다. 학교 교육이 세상을 더 좋은 곳으로 만드는 데 도움을 주며, 학교가 미래 학자와 지도자를 배출하는 데 도움을 준다는 것을 믿는다면, 우리는 반드시 학교의 사회정치적 환경에 관심을 두어야 한다 — 그것이 무엇이든 간에. 다음과 같이 모든 학교 환경에 문화반응성이 유익한 이유를 설명할 수 있다.

모든 학교는 문화를 가진다

Gay(2010)의 설명처럼, 문화적 관행(cultural practice)에 내재된 문화 가치가 그것을 실행하는 사람들에게 즉각적으로 감지되지 않을지라도, 모든 교육은 문화적 관행을 반영한다. 눈맞춤과 제스처 같은 일부 단서들은 교사와 학생들 간에 미묘한 방식으로 주고받지만, 이는 지성 또는 상호존중에 대한 인식을 형성한다(Suarez-Orozco & Suarez-Orozco, 2001). Hatt(2011)는 “영리함(smartness)”에 대한 교사들의 뿌리 깊은 개념들이 어떻게 문화적으로 편향되며 실제적인 교실 학습이 아니라 학생의 가정 내 조건들과 연결될 수 있는지에 대한 상세한 창을 제공한다. 교육자들이 학생들을 바라보고 알아차리는 것은 학생들이 결국 선택하게 될 가치와 생애 과정에 중요한 영향을 미친다. 그러므로 Howard(2006)는 비록 전통적으로 당연시해 왔을지라도 개인의 문화 정체성에 대한 의식의 개발은 다문화 환경에서 개인의 위치를 이해하는 출발점이라고 제안한다.

모든 학교는 사회정치적 환경을 가진다

학교 내의 상대적인 인종의 다양성이나 경제적 특권에 초점을 맞추는 대신 개인의 지리학적 지역의 패턴을 고찰하는 것이 더 현명할 수 있다. 사실 인종·경제적 분리의 본질 그 자체는 그의 직접적인 위치를 넘어 바라보지 않는다면 알아차리기 어렵다. Massey와 Denton(1998)의 설명처럼, 미국에서 아프리카계 미국인의 거의 1/3은 초분리정책(1998) 조건하에 살고 있다. 즉 지역사회 간 분리는 여러 차원에서 측정가능하지만 초분리 지역사회들은 거의 이 모두를 동시에 목격한다. 또한 Strauss(2012)는 미국의 분리 수준은 상승 중이며 많은 아프리카계 미국인 및 라틴계 학생들은 현재 "아파르트헤이트 스쿨(apartheid school)"에 재학 중이라고 하였다. 이 학교들에서 백인은 재적 학생의 0~1%를 차지한다. 국가 재적 학생의 절반 이상이 백인일지라도, 대부분은 주로 백인 학교에 다닌다.

하지만 인종 분리 문제는 종종 경제 분리 문제들과 겹치기도 한다. 주요 도시들과 그 도시들의 여러 교외에 거주하는 사람들이 항상 알아차리는 것은 아니지만, 한 지역사회의 경제 건전성은 지역 내 다른 지역사회와의 연관성에 의존한다(Dreier, Mollenkopf, & Swanstrom, 2004; M. Orfield, 2002). 성공적인 지역에는 협력하에 운영할 수 있는 산업, 조직, 그리고 교육기관이 있다. 첨단기술, 엔터테인먼트, 그리고 정부(정부 싱크탱크를 포함해)는 모두 지역 경제에 영향을 미치는 분야의 예로 볼 수 있다. 그러므로 각 지역사회는 전 지역의 경제적 번영을 지원하며 산업 및 인재 유치를 위해 공조함으로써 가장 잘 충족된다. 이는 개인의 즉각적이며 명확한 환경과 관계없이 인종·경제적 분리를 중요한 이슈로 만든다.

지역적 패턴은 학교 조건에 영향을 미친다

학교의 순위가 재산 가치에 영향을 미칠 수 있는 것처럼, 지역 경제는 학교 조건에 영향을 미칠 수 있다. 지역 차원에서 이슈를 고찰해 보면, 일부 교외 학구들은 "도시화" 문제로 어려움을 겪고 있는 반면(Strauss, 2012), 그들의 인근 교외 학구들은 풍요로움의 수준이 높아졌음에도 불구하고 신설 학교 비용을 지불하는 데 어려움을 겪을 수 있다(M. Orfield, 2002).

지역에 대한 이해는 사람들이 거주할 곳을 선택해야 하고, 고소득자는 다른 사람들보다 더 많은 선택권을 가진다는 것을 상기하는 데에서 시작된다. Dreier, Mollenkopf, 그리고 Swanstrom(2004)은 다음과 같이 설명한다.

> 주거 생활 패턴과 관련하여, 부자는 어느 곳이든 입찰할 수 있는 반면 빈곤한

> 가족은 입찰할 수 있는 장소가 한정되는 과정에서 비롯된다. … 노면 전차 및 지하철에서 자동차, 고속도로로의 교통망의 발달은 사람들이 직장에서 멀리 떨어진 곳에서 살 수 있도록, 따라서 그들 자신과 그들이 열등하다고 생각하는 사람들 간에 더 먼 거리를 둘 수 있도록 했다(p. 39).

즉 독특한 미국 생활 방식은 많은 거주자들이 실제적이고 유익한 혜택을 위해 교외로 둘러싸인 주요 도시들로 이동하게 한다. 어떤 가정은 특정 교외 지역으로 이사함으로써 "한 단계 올라가려는(a step up)" 시도를 하지만, 다른 가정은 그들이 생각하는 인근의 하향추세를 고려하여 피할 수도 있다. 따라서 Myron Orfield(2002)의 상세한 설명처럼, 많은 "위험에 처한 교외(at-risk suburbs)"가 중산층 지위를 잃어 가고 있으며, 주요 도시의 연장선이 되고 있다.

Holme과 Snodgrass Rangel(2011)은 이러한 지역 패턴이 학교수준의 성과와 결과에 어떻게 영향을 미치는지 설명했다. 예를 들어, 그들이 연구한 세 개 학교는 특히 교외 확장의 영향을 많이 받은 곳이었다. 비록 과거에 이 학교들이 중산층 가정에 서비스를 제공했더라도, 이 가정들은 교외로 이주했고 중하류층 또는 저소득층 가정들이 그 자리를 대신했다. 이 가정들 중 대다수가 유색인이거나 이주민이었다. 따라서 이 학교들은 교사와 학교 지도자들을 확보하는 데 어려움이 있었다. 한 행정가는 인근의 많은 지역사회들에서 그것이 "제2군(farm team)"(p. 268)과 유사했다고 탄식했다. 즉 대도시의 환경은 학교의 인구통계, 교원보수, 교직경력, 교사들 간 관계의 풍부함을 형성하고 있다. Holme과 Snodgrass Rangel은 이러한 상태를 "끝없이 새는 양동이, 시간, 자원, 지적 자본의 지속적인 고갈"(p. 271)이라고 묘사하였다.

많은 부유한 교외 역시 지역의 경제적 격차, 성장, 그리고 스프롤(sprawl) 현상에서 압박을 느끼고 있다(M. Orfield, 2002). 예를 들어, 일부 교외는 유입 인구가 너무 빨리 증가해 조세 수입이 따라갈 수 없다. 이로 인해 예산을 지나치게 늘려 서비스를 제공하게 된다. 이런 서비스에는 도로 공사나 하수 설비뿐만 아니라 학교 건축과 지원도 포함된다. 또한 일부 교외 거주자들은 부동산 입찰 경쟁, 오랜 통근시간으로 가족과 지역사회를 위한 시간 유실, 운전사고로 인한 사망 위험성 증가, 전반적인 교통 정체, 녹지공간의 상실을 겪어야 한다(Dreier et al., 2004). 마지막으로 지역사회에 미치는 경제·인종 분리의 대가는 전반적인 시민참여 약화로 측정될 수 있다(Massey & Denton, 1998; M. Orfield, 2002). 경제·인종 분리 지역사회들에서는 종종 시민 참여를 유도하는 논의 및 협업이 부족하다. 이는 이 모든 지역사회들에서 성장하는 청년들에게 민주주의의 엄격한 적용에 준비할 기회가 부족함을 의미한다.

문화반응교육의 실천

앞서 설명한 것처럼, 문화반응교육은 개별 학생과 이들의 지역사회 요구 충족을 목적으로 한다. 다음에서 우리는 이 프레임워크를 이용해 다룰 수 있는 특정 요구들의 사례를 제공한다.

이주 아동의 요구

이주와 이주 아동에 대한 서비스 제공 관련 이슈들은 학교 상황에서 더욱 중요한 부분이 되고 있다. 지역사회에 서비스를 제공하는 학교들에서 문화반응의 실천은 언어적 다양성의 인식이나 영어 학습의 촉진뿐만 아니라, 단 하나의 획일적인 이주 이야기가 없다는 사실을 인식해야 한다—국가, 민족 또는 언어적 배경을 공유할 수 있는 이들조차.

Suarez-Orozco와 Suarez-Orozco(2001)는 이주민과 그 자녀들이 경험한 다양한 차원을 설명한다. 이들은 이주 이유가 중요한 구분이 될 수 있다고 보고한다. 어떤 사람들은 난민이거나 망명 신청자이다. 일부는 미국을 새로운 영주지로 만들고자 하는 반면, 다른 이들은 체류하면서 충분한 돈을 저축하거나 고국으로 보낸 후 모국으로 돌아가고자 한다. 하지만 다른 이들은 한시적 체류자이며 종종 농촌 지역의 계절 주기 노동자이다. 검증되지 않은 이주민들에 대한 고정관념과 반대로, 많은 이들은 교육을 받았고, 기술이 있으며, 국제공항을 통해 입국했고 비자 기간보다 더 오래 머물며, 대부분은 캐나다인이다.

이러한 차이는 부모와 자녀가 학교와 상호작용하는 방식이 어떻게 다른지를 구분하기도 한다. Dorner(2011)는 자녀를 위한 교육 프로그램을 선정할 때 부모가 해야 하는 몇 가지 해석적인 일을 제시했다. 부모는 자녀의 혜택을 위해 좋은 결정을 해야 하는데 이 때 관련된 정보에 접근하는 것은 중요한 일이다. 정보 채널은 교회, 직장 또는 이웃도 포함하지만, 이는 가정에 따라 다를 수 있다. 가족이 접촉하는 이들, 이들과의 관계가 원만함, 그리고 어떤 정보가 공유되는지는 부모의 의사 결정에 영향을 미칠 수 있지만, 이러한 관심사가 학교의 우선순위에는 거의 영향을 미치지 않는다.

학교에서 학생들 간의 상호작용 또한 이주에 의해서 형성될 수 있다. Suarez-Orozco와 Suarez-Orozco(2001)는 많은 이들이 경험할 수 있는 스트레스와 트라우마에 대해 설명했다. 연구에 따르면, 많은 이들이 부모와의 오랜 별거를 견딘다. 연구에서 나타난 표본 내 아동의 단지 20%만이 가족 단위로 함께 이주했다. 이주는 조부모나 친구들과의 이별뿐만 아니라, 새로운 국가와 지역사회 환경에 있는 동안 부모와의 관계의 재조정을 의미할 수도 있다. Nazario(2007)는 이러한 이야기에 초점을 맞추어 독특한 상황을 보여 준다. 그녀는 부모와의 재결합을 추구하는 온두라스 아동들이 직면한 위험과 비통함에 대해 이야기한다. 이 아동들은 기차 지붕에 얹혀 여행하며 미국에서 부모들을 찾고 새로운 상황에 적응해야 하는 문제에 직면하기도 한다.

경제와 인종분리의 지역적 패턴 다루기

이전 절들에서 우리는 경제와 인종분리의 지역 패턴 내 사회정치적 고려사항을 설명했다. 문화반응교육의 프레임워크는 교육자와 학생들이 변화를 촉진하고자 할 때 이러한 역학에 더 익숙해질 필요가 있다고 제시한다. 아래에서 우리는 분리로 인해 빈곤 지역사회가 직면한 구조적 도전과 관련된 문제, 그리고 지역사회 주도의 구조적 대응에 의해 이를 다룰 수 있는 방식을 설명한다.

구조적 문제

단지 일시적으로 빈곤 수준에 들어선 미국의 대부분의 빈곤층과 함께, 많은 빈곤층이 일을 할지라도(Iceland, 2006), 경제 분리 지역에서 성공하기는 어렵다. 빈곤 수준에 들어선 이들은 보통보다 더 추락한다. 웨이트리스, 주택 청소부, 백화점 근로자 같은 일을 하게 되는데, Ehrenreich(2001)는 저소득 직업자의 삶 중 노동 및 은폐된 희생에 관한 직접적인 설명을 제공한다. 동일한 자격과 인구통계학적 특징을 가진 동일인이 빈곤 인근지역에서 산다면 사실상 23% 적은 돈을 벌게 될 것이다(Dreier et al., 2004).

이는 빈곤 인근지역에 역효과를 미치는 많은 불균형과 구조적 문제를 만드는 경제적 분리의 지역 패턴 때문이다(Dreier et al., 2004). 예를 들어, 가난한 지역은 식료품점, 은행, 그리고 의료 서비스의 공급이 부족한 경향이 있다. 이용 가능한 식료품점은 더 비싼 경향이 있다. 이와 유사하게 일반 은행들의 최소 잔고는 일부에게 이용 가능하지 않을 수 있으며, 반면 수표 교환소(check-cashing outlets)는 시간이 지나면 비용이 많이 들 수 있다. 이러한 인근지역들은 의사도 적고 환경 내 오염물질 관련 질병도 더 많다.

구조적 반응

이와 같은 구조적 문제는 구조적 대응이 필요하기 때문에 처음에는 해결하기 어려울 수 있다. 그러나 구조적 대응에 대한 전문가적 지식과 사회정치적 통찰력을 발전시키는 것은 문화반응교육의 초석이 될 수 있다. 예를 들면, 지역 하우징 패턴과 관련한 또 하나의 구조적 문제는 집으로부터 직장까지의 접근성이다. 새로운 일자리의 2/3가 교외에 위치할지라도, 복지수급자의 3/4은 주요 도시나 농촌에서 직장으로부터 떨어져 살고 있다(Dreier et al., 2004). 이 문제를 복잡하게 하는 요인 중 하나는 교통이다. 자동차는 비싸고 유지하기가 어렵다. 대중교통을 이용한 통행은 많은 교외에서 신뢰하기 어렵고, 느리거나 불가능하다. 자녀가 있는 가정은 자녀를 돌보는 사람의 접근 가능성과 근접성까지도 고려해야 한다. 그 중 많은 문제가 가난한 가정에 영향을 미치지만, 중산층 가정도 이와 비슷한 방식으로 어려움을 겪을 수 있다.

문화적으로 반응하는 행동은 문화뿐만 아니라 개인이 속한 지역사회에 대한 상세한 지식에 관한 것이기도 하다. 따라서 구조적 문제를 해결할 수 있는 이니셔티브는 지역사회 환경에 따라 다를 수 있다. 예를 들어, 일부 지역사회는 대중교통 서비스 변화를 체계화할 수 있으며, 또 다른 지역사회는 복합용도개발(mixed-use development)과 같은 지역제 정책(zoning policies) 변화를 통해 정비할 수도 있다. 많은 복합용도개발의 목표는 생활, 노동, 여가를 즐길 수 있는 통합 공간을 제공함으로써 지역사회를 활성화하는 것이다. 새로운 사업과 고용주는 지역사회의 수익을 증가시킬 뿐만 아니라 교통 인프라 요구와 관련되는 지역사회 비용도 절감시켜 준다. 이러한 개발은 다양한 소득수준과 인종 배경을 가진 가정을 유인할 수 있다. 이렇듯 다양한 개발은 이들을 통합하기 위한 정책이나 프로그램을 제정할 수 있게 한다. 예를 들어, 녹지 공간은 아동의 교육, 저녁 요가, 또는 문화 축제를 위해 사용될 수 있다. 신선한 농산물의 이용 가능성을 사회 정의와 공정성 이슈로 다루면서, 많은 농산물 직판장(farmer's market)은 정부 지원(예를 들어, SNAP(Supplemental Nutrition Assistance Program))을 통한 식품 구입을 허용하기 시작했다. 이외에도 보건교육, 지역사회 또는 뒷마당 공유 프로그램(backyard garden programs), 그리고 성인 ESL 과정 모두 지역사회가 구조적인 빈곤 문제를 해결하기 위해 제정할 수 있는 계획의 실례이다. 이는 지역사회 공간이 어떻게 사용되는지에 따라 크게 달라질 수 있지만, 이에 의존하지 않는다.

이에 못지않게 중요한 것으로, 지역적인 문제는 지역의 반응을 필요로 한다. 예를 들어, 고등교육의 이용 가능성과 적정한 비용은 주(state)와 지역 건전성에 영향을 미친다. 2년제 학위와 자격증은 특히 중산층 소득과 기타 대학 학위를 받기 위한 디딤돌이 된다. Von Eschenbach와 Cho(2008)에 따르면, 특히 간호사, 형사사법, 비상대응 관련 자격증 소지자에 대한 수요가 높다고 보았다. 이들은 산업, 고등교육기관, 공립학교 간의 지역 협업 증진을 통해 지역의 요구를 해결할 수 있는 방식을 설명해 준다. 예를 들어, Texas A&M University의 Nuclear Power Institute는 주(state)의 원자력 기술자 수 증가를 위한 지역의 계획을 주도했다. 한편으로 이 계획은 공립학교 교사의 전문성 개발과 지역 전문대학(community college) 지원 같은 구조적 교육 이슈들에 초점을 맞추었다. 다른 한편으로는, 과학 분야에서 역사적으로 잘 드러나지 않은 사람들(즉, 여성과 유색인)에게 봉사하는 것을 목표로 하는 등 형평성 문제에 초점을 맞추었다.

장기적 변화

궁극적으로 지역사회와 지역 간 구조적 문제를 다루는 것은 장기 프로젝트이다. 많은 지역사회들이 직면한 문제는 시간이 흐름에 따라 서서히, 그리고 많은 이들이 알아차릴 수 없는 방식들로 증가해 왔다. Massey와 Denton(1998)은 1900년 이전의 미국인 생활 풍경을 제시했다.

> 내전의 여파로 도시 흑인들이 온갖 불이익을 겪어 왔지만, 이들과 백인들의 주거지역의 분리는 없었다. 두 인종 집단은 공동의 사회세계 안에서 이동했고, 공용어를 사용했으며, 같은 문화를 공유했고, 정기적으로 개인적 상호작용을 했다. 북부에서 특히 선도적인 아프리카계 미국 시민들은 종종 유사한 사회적 지위를 가진 백인들과 상당한 신뢰, 존중, 그리고 우정의 관계를 향유했다(p. 17-18).

이들은 과거에 흑인들이 백인 인근지역이나 골목길에서 살며 남북부 전역에서 어떻게 백인과 함께 생활했는지를 기술하고 있다. 이들은 궁극적으로 오늘날의 불평등과 분리로 이끈 지역제, 부동산, 고용 관행을 설명하고 있다. 또한 Gary Orfield(1988)는 1960년대에 어떻게 이 이슈들에 대해 정치적 개선이 이루어졌으며, 곧이어 그 근거와 기반을 잃었는지를 알려 준다.

결국 중요한 것은 오늘날 많은 지역사회에 영향을 미치는 도전적인 문제들이 시간이 흐르면서 사람들에 의해 생성되었다는 것을 인식하는 것이다. 그러므로 이 문제들 역시 시간의 흐름에 따라 사람들에 의해 개선될 수밖에 없다. 이런 점에서 우리는 학교와 교사가 함께 대화를 시작하며 이 도전적인 문제를 해결할 수 있는 유일한 가능성을 가진 이들로 장학담당자를 간주한다. 다음에서 장학에 대한 구체적 함의를 설명하고자 한다.

장학에 대한 함의

문화반응교육은 사회적·문화적 배경에 관계없이 모든 학생들이 자신의 세계와 대화하고 자신이 발견한 불평등에 이의를 제기하도록 한다. 학생들은 문화를 통해 지역사회와 교육과정이 연결됨으로써 보다 사회정치적으로 의식 있고, 학업적으로 뛰어나며, 따라서 더 훌륭한 인간이 될 수 있다. 이러한 과정에서 교사들의 영향력은 크며 장학담당자들도 마찬가지이다.

첫째, 장학담당자들은 자신의 사회정치적·문화적 의식을 개발할 필요가 있다. 이 장에서 설명한 것처럼 사회정치적 의식은 이들의 학교 환경에 영향을 미치는 맥락적 이슈와 역학 관계를 학습하는 것과 함께 시작된다. 이는 공공 지식인(public intellectual)으로 교육 관련 이슈들에 참여함으로써 한 걸음 더 나아갈 수 있다(Johnson, 2006). 이 분야의 일반적인 활동으로는 지역사회 포럼을 조직하거나 신문 칼럼을 작성하는 것이 있다. 또한 오늘날의 기술 발전은 이와 관련하여 새로운 문을 열었다. 블로그와 트위터 계정을 개설하는 데에는 불과 몇 분밖에 걸리지 않는다. 이는 장학담당자들에게 지역사회와 학교 관련 이슈에 있어 공개적으로 참여할 수 있는 공간을 제공할 수 있다. 또한 장학담당자들이 교사와 학생뿐만 아니라 서로에게 지혜와 격려를 공유할 수 있는 장을 제공하기도 한다. 주제의 예로는 학부모와 훈육 및 아동 발달을 논의하는 방법에 대한 조언에서부터 교직원이 인종, 성 또는 성 정체성 관련 이슈에 더욱 민감하도록 돕는 방법에 이르기까지 다양하다.

또한 장학담당자의 문화에 대한 인식은 학생과 교사 모두의 문화 관점으로 표현하도록 해야 한다. 교사가 학생들이 문화적 역량을 학습으로 바꾸는 데 도움을 줄 수 있는 방법을 찾는 것과 같이, 장학담당자들도 교직원들이 그들 자신의 문화적 틀을 인정하도록 도와야 한다. 이는 교사들이 학생들의 문화적·민족적 배경을 공유하는지 여부와 관계없이 중요한 일이 될 수 있다. 그렇게 함으로써 교사는 자신의 강점을 인식하고, 학생의 장점에 접근할 수 있는 수단을 제공한다. 그래야만 교사는 "문화적 중재자(cultural mediators)"와 "사회 맥락의 조정자(orchestrators of social contexts)"로 역할을 할 수 있다(Gay, 2010).

둘째, 장학담당자들은 문화반응성을 위한 학교 수준의 지원을 개발할 필요가 있다. 예를 들어, Johnson(2007)은 학교에서 문화반응과 관련하여 이를 실천하고자 하는 교장들의 세 가지 예를 제시했다. 모두 학업에 대한 기대가 높았으며, 학부모와 가정과의 관계 개선을 위한 조치를 취했다. 예를 들어, 한 교장은 학부모들에게 워크숍을 제공하기 위해 학부모 연락 담당자를 별도로 고용하는가 하면, 다른 교장은 부모들의 지역사회 활동가 구성을 도왔다. 그 결과 학교의 건널목 안전 당번을 마련하는 것에서부터 인근 지역 마약거래 문제에 이르기까지 다양한 논의를 했다. 하지만 Johnson은 이러한 종류의 학교 차원의 지원에도 불구하고 교육 프로그램에 대해 문화적으로 대응한 변화는 거의 없었다고 덧붙였다.

셋째, 장학담당자들은 교육 프로그램에 대한 문화반응적 변화를 촉진할 필요가 있다. 이는 학교가 문화적으로 그리고 언어학적으로도 의미 있는 자료를 확보하게 하고, 학생들의 앉는 방식이나 상호작용하는 문화 양식을 고려하며, 학생과 교사의 권위에 대한 접근이 원활하게 이루어지도록 협상하는 것을 포함한다(Suarez-Orozco & Suarez-Orozco, 2001). Johnson(2006)은 교수 프로그램 변화 주도에 있어 Gertrude Ayer의 고무적인 활동에 대해 이야기하고 있다. Ayer는 1930년대와 1940년대 할렘에서 일한 뉴욕의 최초 아프리카계 미국인 여성 교장이었다. 그녀는 교사들이 학생들의 자아존중감을 계발하고, 그들의 역사와 유산에 대해 감사하며, 그리고 국가와 사회에 대한 기여를 돕도록 했다. 이러한 관심은 여러 종류의 수업 프로젝트, 지역사회 구성원과의 관계, 그리고 학생들을 위한 교육과정 변화에서 나타났다.

Ayer의 업적은 오늘날에도 지속해야 할 일에 대한 본보기가 되고 있지만, 오늘날 일부 도전 과제의 경우 그녀의 시대에는 전례가 없던 것도 있다. 예를 들어, 오늘날의 기준 중심 책무성(standards-based accountability)에 대한 압력은 전례가 없다. 이런 면에서 장학담당자들은 그들의 책임에 대한 대응 방식에 문화반응실천을 통합할 방법을 찾는 것이 중요하다. 그러나 Johnson(2007)은 이것이 어떻게 많은 장학담당자들에게 도전 과제일 수 있는지를 설명한다. 우리는 이들을 상호배타적 목표들로 바라보는 것이 문제의 일부라고 생각한다. 이들을 개별적인 문제로 다룰 때, 각각은 다른 문제에 주의를 산만하게 하는 것으로 나타난다. 대신, 우리는 문화반응교육이 학생들의 성취를 지원할 수 있는 경로일 수 있다고 제시한다. 이는 교사들이 좀 더 개별화된 방식으로 활동하도록 돕고, 학생들에게 교육과정을 이해할 수 있는 보다 확실한 방법을 제공한다. 표준화된 시험이라 할지라도 이는 문화 준거, 차이, 그리고 편향을 논의하기 위한 장이 될 수 있다. 즉, 문화반응교육은 교사와 학생들이 학업과 성공에 있어 필수적인 방식으로 그 기준을 넘도록 도울 수 있는 가능성을 지니고 있다.

요약

결국, 다른 사람들의 발전을 위해 개인의 독특한 재능을 알아보고 적용하는 것은 인간 경험의 가장 중요한 부분 중 하나이다. 이 장에서는 문화반응교육이 학생과 교육자에게 주어진 문화의 강점을 어떻게 평가하며, 이로 인한 사회정치적 불평등에 어떻게 대처할지에 대해 설명하고 있다. 구체적으로 경제적 · 인종적 분리가 학교에 미치는 부정적 영향을 설명했다. 그러나 학교와 공동체 역시 그것에 영향을 주기 위해 행동할 수 있다. 장학담당자들에게 이는 사회정치적 행위에 참여하는 것을 배우고, 교사들 사이에서 문화반응실천을 지원하는 방법을 배우는 것을 의미한다.

후속 활동

1. 문화 정체성과 학교 문화를 탐구해 보자. 그 중 어떤 이야기, 관습 또는 전통을 가장 소중하게 생각하는가? 이들은 특정한 신념, 가치관, 혹은 세상을 바라보는 방식을 어떻게 나타내는가? 이러한 문화적 강점을 학생들의 학습 지원을 위해 어떻게 활용할 수 있는가?
2. 학교의 사회정치적 환경에 대한 그림을 그려 보자. 당신이 소속한 학교의 인

종과 사회경제적 인구 현황은 어떠한가? 학교 주변 지역사회의 안정성이나 변화가 학교생활에 어떠한 영향을 미쳤는가? 학생들은 다른 문화적 배경을 가진 사람들과 어느 정도 상호작용할 수 있는가? 최소한 대학 또는 전문 자격을 요구하는 영역들에서 일하는 사람들은 어떠한가?

3. 당신이 소속한 학교와 다른 지역사회의 학교에 대한 사례 연구를 수행해 보자. 당신의 목표는 시간의 흐름에 따른 인구 현황 및 기타 변화를 탐색하는 것이다. 신문 기사, 학생 연감, 또는 기타 학교 정보를 조사해 보자. 전직 학생이나 오랜 지역사회 구성원과 대화해 보자. 지역 정치, 시민권 투쟁, 경제적 · 인종적 분포 경향, 기회구조에 대한 지역 접근성 등이 시간의 흐름에 따라 학교 환경을 어떻게 형성했는지 주의깊게 살펴보자.
4. 공공 지식인으로 교육 관련 이슈들에 참여하자. 이를 위해 트위터 계정을 개설하자. 방법을 모르는 경우, 동료, 친구 또는 검색창을 활용하여 도움을 받자. 다른 교육자들을 팔로우하기 위해 당신의 계정, 교육 뉴스의 출처, 그리고 #edchat, #satchat, #cpchat 같은 해시태그를 이용하자. 당신이 팔로우하는 이들에게 추가적인 권장사항을 요청하는 것이 좋다. 준비가 되면: (a) 관심 주제에 관한 트윗에 반응하자, (b) 트위터를 통해 읽은 블로그에 의견을 게시하자.

참고문헌

24/7 Wall St. (2012, June 6). America's richest school districts. *24/7 Wall St.* Retrieved September 17, 2012, from http://247wallst.com/2012/06/06/americas-richest-school-districts/

Bomer, R., Dworin, J. E., May, L., & Semingson, P. (2008). Miseducating teachers about the poor: A critical analysis of Ruby Payne's claims about poverty. *Teachers College Record, 110*(12), 2497–2531.

Cook-Sather, A. (2002). Authorizing Students' Perspectives: Toward Trust, Dialogue, and Change in Education. *Educational Researcher, 31*(4), 3–14. doi:10.3102/0013189X031004003

Dorner, L. M. (2011). The life course and sense-making: Immigrant families' journeys toward understanding educational policies and choosing bilingual programs. *American Educational Research Journal.* doi:10.3102/0002831211415089

Dreier, P., Mollenkopf, J., & Swanstrom, T. (2004). *Place matters: Metropolitics for the twentyfirst century*(Vol. 2nd, Revised). Lawrence, KS: University Press of Kansas.

Ehrenreich, B. (2001). *Nickel and dimed: On (not) getting by in America.* New York, NY: Holt.

Gay, G. (2010). *Culturally responsive teaching: Theory, research, and practice.* New York, NY: Teachers College Press.

Greenhow, C., Robelia, B., & Hughes, J. E. (2009). Web 2.0 and classroom research: What path should we take now? *Educational Researcher, 38*(4), 246–259. doi:10.3102/0013189X09336671

Hatt, B. (2011). Smartness as a cultural practice in schools. *American Educational Research Journal.* doi:10.3102/0002831211415661

Holme, J. J., & Snodgrass Rangel, V. (2011). Putting school reform in its place: Social geography, organizational social capital, and school performance. *American Educational Research Journal.* doi:10.3102/0002831211423316

Howard, G. R. (2006). *We can't teach what we don't know: White teachers, multiracial schools.* Multicultural Education Series(2nd ed.). New York, NY: Teachers College Press.

Hughes, J. E., & Narayan, R. (2009). Collaboration and learning with wikis in post-secondary classrooms. *Journal of Interactive Online Learning, 8*(1), 63–81.

Iceland, J. (2006). *Poverty in America: A handbook.* Berkeley, CA: University of California Press.

Johnson, L. (2006). "Making her community a better place to live": Culturally responsive urban school leadership in historical context. *Leadership and Policy in Schools, 5*(1), 19–36.

Johnson, L. (2007). Rethinking successful school leadership in challenging U.S. schools: Culturally responsive practices in school-community relationships. *International Studies in International Education, 35*(3), 49–57.

Kuchment, A. (2012, July 24). Google Science Fair: Winners tackle breast cancer, hearing loss and water quality. *Scientific American.* Retrieved September 19, 2012, from http://blogs.scientificamerican.com/budding-scientist/2012/07/24/google-recognizes-teens-for-tackling-hearing-loss-breast-cancer-and-water-quality/

Ladson-Billings, G. (1995). But that is just good teaching! The case for culturally relevant pedagogy. *Theory into Practice, 34*(3), 159–165.

Massey, D. S., & Denton, N. A. (1998). *American apartheid.* Boston, MA: Harvard University Press.

Nazario, S. (2007). *Enrique's journey.* New York, NY: Random House.

Orfi eld, G. (1988). Race and the liberal agenda: The loss of the integrationist dream, 1965–1974. In M. Weir, A. S. Orloff, & T. Skocpol(Eds.), *The politics of social policy in the United States*(pp. 313–356). Princeton, NJ: Princeton University Press.

Orfi eld, M. (2002). *American metropolitics: The new suburban reality.* Washington, DC: Brookings Institution Press.

Payne, R. K. (2005). *A Framework for understanding poverty*(4th ed.). Highlands, TX: Aha Process, Inc.

Poplin, M., & Weeres, J. (1992). *Voices from the inside: A report on schooling from inside the classroom.* Claremont, CA: Claremont Graduate School, Institute of Education in Transformation.

Strauss, V. (2012, September 22). School segregation sharply increasing, studies show. *The Washington Post—Blogs.* Retrieved from http://www.washingtonpost.com/blogs/answer-sheet/post/school-segregation-sharply-increasing-studies-show/2012/09/22/5b34111a-04c6-11e2-91e7-2962c74e7738_blog.html

Suarez-Orozco, C., & Suarez-Orozco, M. M. (2001). *Children of immigration*. Cambridge, MA: Harvard University Press.

The Takeaway. (2012, August 7). High school student creates computer app for diagnosing breast cancer. *Public Radio International*. Retrieved August 13, 2012, from http://www.pri.org/stories/health/tt-high-school-student-creates-computer-app-for-diagnosing-breast-cancer-10988.html

von Eschenbach, W., & Cho, V. (2008). *Senate Higher Education Subcommittee report: December 2008*. Austin, TX: The Senate of Texas. Retrieved from http://www.senate.state.tx.us/75r/Senate/commit/c535/c535.InterimReport80.pdf

Part 2.

장학담당자의 기초

제5장

인간 발달에 대한 장학담당자의 관점

개요

교사 및 수업에 대한 장학의 과제는 교사들의 지속적인 성장을 촉진하는 것에 관련되어야 한다. 종종 교사들의 성장은 교사들이 가르치는 교과목에 대한 지식과 교수법에 있어서 전문적 발달에 초점이 맞추어진다. 그러나 교사들의 전문적 발달의 기저에는 교사가 보다 성숙한 사람으로 성장해 가는 인간 발달의 과정이 있다. 장학담당자들의 직무는 교사들의 전문적 성장과 발달을 촉진하는 교사들의 인간 발달 과정과도 관계가 된다. 이 장에서는 교사들의 전문적 성장뿐 아니라 인간 발달에 대해 장학담당자들이 주의해야 할 관점을 제시한다.

Erikson의 인간 발달 모델

Erik Erikson은 장학담당자들이 교사들을 대상으로 과제를 수행하는 데 도움이 될 생애 인간 발달 관점을 제시했다. Erikson의 인간 발달 관점은 건전한 인간 발달에 관심을 두므로 교육자들에게 중요하다. 그는 근본적으로 인간이 어떻게 *건강한* 성인으로 성장하는가 하는 질문에 유념했다. Erikson의 인간 발달 이론은 전문직들을 도와주는 데 관심을 끈다. 근래에 과거 50여 년간 Erikson의 광범위한 연구결과에 대한 학자들의 평가는 인간 발달에 대한 그의 사고의 복잡성과 통찰력을 지적하고 있다(Arnett, 2004; Conn, 1977; Cote & Levine, 2002; Freidman, 1999; Hoare, 2002; Hoover, 2004; Knowles, 1986; Stevens, 2008; Wallerstein & Goldberger, 1998).

Erikson은 인간 발달을 자신에 대한 책임감을 확대해 가는 과정에서 자신의 성장을 어떻게 관리할 것인가를 배우는 학습의 과정으로 보았다. 그러한 학습은 연령 단계에 따라 유아기에 시작하여 젊은 성인기를 거쳐서 성숙한 성인기, 부모기, 경력기, 중년기, 노년기를 거치며 진행된다. 인간은 중요하고 새로운 도전으로의 변화, 예를 들면 집을 떠남, 새 직업을 구함, 결혼 상대를 구함 등 연령 단계에 따른 변화 경험을 새로운 상황에서 해석하게 된다.

인간은 보다 성숙한 존재로 발달해 가기 위해 적절한 도전 혹은 위기를 경험한다. 경험하는 도전은 적절한 수준의 성공을 경험해야 한다. 도전 혹은 실패의 강도는 개인의 신체적 및 정신적 자질뿐 아니라 가정 문화적 환경의 융통성 혹은 엄격성, 그리고 개인이 발달 과정에서 초기 도전을 얼마나 잘 대응해 왔느냐와 관련이 있다.

유아의 기본 욕구에 대한 어머니의 배려와 주의에 대해 신뢰할 수 있는가 하는 도전은 유아기 동안 시작된다. 어머니에 대한 신뢰는 타인들에 대한 신뢰와 세상에 대한 신뢰의 토대가 된다. 어머니에 대한 신뢰는 건강하고 만족스런 삶을 위해서 자신의 삶이 타인들과 관계 의존적이라는 것을 이해하는 토대가 된다. 그러나 관계에 있어서 불안감은 아동 자신의 능력 발휘의 어려움과 굴곡 있는 삶과 타인들과의 관계에 대한 실망감 때문에 극복하기 어렵다.

그림 5-1에서 보는 바와 같이, 각 단계는 건강하거나 건강하지 않은 자아 발달 결과, 혹은 비교적 만족스럽거나 불만족스러운 자아 발달 결과를 보여 준다. 그러나 이러한 발달의 결과가 반드시 고정적인 것은 아니다. 후기 발달 단계에서 긍정적인 경험을 하는 경우 전기 발달 단계에서 생긴 상처가 치유될 수 있다. 마찬가지로 한 발달 단계에서 성공이 다음 단계에서 계속적인 성공을 보장하는 것은 아니다. 그림 5-1은 언제 그러한 위기나 도전이 처음으로 발생하는가를 보여 준다. 많은 부모들은 자녀가 종종 곤욕스럽거나 예측 불가한 방법으로 자신의 자율성을 주장하기 시작하는 까다로운 2세 시기를 경험한다. 자녀의 가장 흔한 반응은 "싫어"이다. 자녀의 신체적 유동성과 언어 숙달성이 발달하면서, 상대적으로 자율적인 아이는 자신의 환경에서 제한과 한계를 탐색하기 시작한다. 아이는 주도적으로 자신을 둘러싼 환경 속에서 자신의 정체성 그리고 가족 및 공동체로부터 자신에 대한 사회적 기대에 대한 정보를 소통해 주는 다양한 관계성을 탐색하게 된다.

단계	자아 발달 결과	결과적으로 생기는 힘
유아기	신뢰: 불신	추진력, 희망
아동 초기	자율: 부끄러움	절제, 용기, 의지
놀이기	주도성: 죄책감	목적, 상상력
학령기	근면감: 열등감	방법, 능력
청년기	정체성: 역할 혼란	일관성, 성실
성인 전기	친밀감, 단결: 소외	소속감, 사랑
성인 중기	생성력: 자기도취 혹은 침체	생산성, 배려
성인 후기	성실: 절망	지혜

[그림 5-1] 생애 주기 도전과 발달되는 힘

아이가 잠재기에 초중등학교를 경험하면서, 아이는 정교한 기술(컴퓨터 게임, 블로그 및 트위터, 인터넷 검색), 공예 혹은 예술적 기술(피아노 연주 혹은 스텝 춤 배우기), 운동적 기술(축구공이나 농구공 드리블하기, 사방치기 놀이, 줄넘기), 혹은 취미활동(체스, 보이스카우트, 걸스카우트, 학교 특별활동) 등을 포함해 다양한 도구를 사용하려 노력한다. 이 시기에 아이는 자신이 무엇을 잘할 수 있는지, 무슨 재능이나 흥미가 있는지를 발견한다. 이러한 학습은 아이의 자아 의식과 그가 공동체 생활에 참여할 수 있는 다양한 방법에 대한 의식을 넓혀 준다.

10대 시기에는 아이들이 성인이 되어 무엇이 될 것인지에 대해 선택을 탐색하게 된다. 직업 탐색은 그들이 다양한 성인 역할을 접하는 데 도움이 된다. 역할 모델에 대한 강한 애착이 생기게 되며, 빠른 신체적 성숙으로 성과 성적 매력을 이해하게 되면서 성 정체성이 확고해지게 된다.

청년기를 지나 성인전기가 되면서 정체성 탐색은 성숙하게 되어 자신의 생애를 위한 정체성 궤도를 선택하게 된다. 젊은 성인기에 진행되는 이러한 발달은 젊은이들이 그들의 전 생애 중 1/3 기간 동안에, 진정한 자아와 일관성이 있고 합리적으로 예측가능한 자아의 구축을 위한 분투 노력을 완성하게 한다. 젊은이들이 이타적인 관용의 의미를 이해할 수 있고, 자신이 영웅적인 삶을 사는 그림을 그려 볼 수 있는 동안, 초점은 자기 자신과 영웅적인 자신이 다른 사람들의 눈에 얼마나 좋게 비쳐질까에 관심을 두게 된다. 이타적인 명분을 중시하는 것은 청년기 자기 이미지를 뚜렷하게 하는 고차원적 원칙의 합인 이데올로기를 형성하게 한다. 어엿한 사람이 되기 위해서는 건강한 젊은이들에게 있어서도 자기 중심적이 되는 것이 필요하다.

이러한 노력은 궁극적으로 젊은이들을 그의 생애에서 직업 경력과 관계 면에서 자기 극복이 가능하도록 한다. 자신에 대해 합리적으로 분명한 이해를 함으로써 어엿한 사람이 되어 가는 데 전념하도록 하는 것이 가능하다. 깊어지는 관계성을 토대로 정체성이 보다 명확해지는 것이 가능하다.

자신 중심으로부터 자신을 넘어서며 자신을 포기하는 능력, 간단히 말해서 다른 사람들과 관계를 맺도록 자신을 극복하거나 혹은 좋은 명분을 추구하도록 자신을 극복하는 능력을 키우는 것이 가능하다.

그러나 흔한 이혼, 빈번한 이사, 민족 · 인종 · 종교 간 결혼, 성인기의 직종 내 혹은 타 직종으로 전환, 복합적인 세계화의 영향 등 근래에 현대적 풍조들이 전통적인 자아 정체성 확립기제를 약화시키고 있다. Giddens(1991)가 주장하듯이 인간은 보다 능동적으로 의도적인 자기 형성에 참여해야 한다. 변함 없는 가치체계를 중심으로 자기 정체성을 확립하는 데는 더 긴 시간이 걸린다. Erikson이 20세기 중반 미국에서 청년기에 확인했었던 자기 정체성 추구가 오늘날에는 더 오랜 시간 걸리는 것으로 보인다. Arnett의 연구(2004)에서는 많은 젊은 성인들이 20대 후반 혹은 30대 초반까지 결혼을 늦추고 평생 직종 선택을 늦추는 것으로 나타났다. 20대들은 다양한 정체성, 다양한 인생 배우자, 다양한 직종 선택에 많은 시간을 보내는 것 같다. Erikson이 제시한 바와 같이 인생에서 선택을 위한 노력은, 오늘날 결혼하는 것과 평생 직종을 선택하는 것 등 특히 세계적으로 발달한 국가들에서 더 오랜 시간이 걸리지만, 동일한 추세로 나타나는 것 같다.

Erikson이 제안한 인간 발달 이론은 젊은 성인기 이전 단계인 "도덕적"(어른들이 설정한 규칙을 따름) 혹은 전도덕적 단계와, 성숙한 친밀감 및 생성력이 포함되는 자기 극복 선택이 나타나는 윤리적 단계를 분명하게 묘사한다고

Conn(1977)은 지적했다. 초기 단계에서 사람들은 우선적으로 자기 자신에게 초점을 맞춘다. 상대와의 관계가 어떤가 하는 점을 생각해 보아야겠지만, 우선적으로 "그것이 나에게 어떤가?"에 초점이 맞추어진다. 사람에게 친밀감과 생성력이 생길 때, 자연적으로 덕스럽고 윤리적인 인간 행동의 형태라고 볼 수 있는 타인 배려와 타인 유익을 위한 행동이 나타난다.

성숙한 성인기를 향한 도전은 친밀감 형성 노력이다. 이 단계에서 자기 극복이 생기는 것을 볼 수 있다. 친밀감은 자율적이고 성숙한 두 성인이 삶을 공유하도록 하는 서로 간의 만남을 의미한다. 친밀감이 의미하는 바와 같이, 자아는 타아와의 관계가 어떤가에 따라 문화적 관습을 벗어 버리고, 사회생활에서 불안정한 표출을 감추고 자기 보호를 위해 쓰고 있는 사회적 가면과 위장을 벗어 버리기 쉬워진다. 친밀한 관계 속에서 사람은 점차 심리적으로 꾸밈없게 될 수 있다. 즉 자신의 두려움과 걱정, 자신의 부족한 일상, 현실 회피 등을 다른 사람과 나눌 수 있게 된다. 간단히 말해서 자신의 인간적 취약성을 노출할 수 있게 된다. 그러한 인간적 취약성의 노출은 서로에게 더 애정을 느끼게 하며, 서로의 부드러운 사랑을 유발하게 한다. 어린 시기에는, 사랑하기 위해서는 충분히 성장해야 하고 다른 사람의 사랑을 받을 만큼 능력 있는 자신이 되어야 한다고 생각한다. 그러나 이제는 그 반대로, 사랑은 부족한 자신에게 충만한 생명감과 존귀감을 준다고 생각하게 된다. 전에는 사랑하기 전에 자기 존재가 선행되었으나, 이제는 사랑하기가 자기 존재를 이룬다고 생각하게 된다. 사랑하기는 가까운 관계에서뿐 아니라 삶의 다른 영역에서도 자유로운 자기 존재를 이루어 가게 한다. 이러한 벗어 버림과 자유로움은, 상호 신뢰가 깊어질수록, 타인의 진정성이 잘 표현될수록, 각자 내면의 여정 탐색에서 각자 삶의 정체성을 유지하면서 함께하는 여정 탐색으로 발전할수록 점진적으로 일어난다. 친밀감은 자기 걱정, 자기 방어, 타인에 의한 상처 의식, 사소한 이견으로 인한 불화 등을 배제하지는 않는다. 그러나 사랑하는 사람과의 그러한 고통스런 경험은, 사랑이 상처를 치유하고 상대의 약점에 대한 깊은 상호 동정심을 불러올 때, 용서를 동반한다. 인간 관계가 어렵다는 것을 깨닫게 됨으로써 점차 사랑은 용서의 원인이 된다.

결혼 생활에서 함께 공유한다는 것은 가능하다. 상대를 선택하고 그에게 충실하려는 분명한 정체성 의식은 성숙한 인간, 성인이 되게 한다. 이제 자신의 복잡성과 선택한 사람의 복잡성을 친밀감 속에서 공유하며 생활할 수 있다. 그러나 오랜 우정 및 교우 관계에서 함께 공유한다는 것이 반드시 자녀양육 책임을 포함해 일상생활을 함께 한다는 것은 아니다.

자아 발달 단계에서 생성력 단계로 진입하면, 자신이 소속된 공익 및 직업 공동체 내에서의 새 생활에 기여하도록 하기 위해 자기 이해관계를 극복해야 하는 요구가 발생한다. 가장 기본적인 수준에서, 생성력은 부모로서 자녀들을 양육하는 데 자기 이해관계 및 자기 만족의 희생을 요구한다. 직업상으로 사람들이 하는 일은 최저 수준의 노력을 요구하는 것이 아니라 훨씬 많은 노력을 요구한다. 생성력 단계의 직업인은 자신의 일을 다른 사람들과 협력해서 해야 함을 인정한다. 사람의 인간적 기술적 한계는 팀을 이루어 함께 일해야 하는 다양한 사람들과의 협력과 협동을 필요로 한다. 생성력은 혁신, 새 정책, 작품 제작, 학술서 집필, 학교 학생 교육, 질병 치료, 교량 건설, 범죄인 재판, 새 기기에 대한 연구, 영감 있는 설교, 능숙한 양부모 되기 등을 포함한다. 생성력은 사람의 인생 중 후반부 반 혹은 2/3 기간까지 걸쳐서, 혹은 은퇴 기간까지도 발휘되는 인간 덕목의 실행이며, 다양한 사회적 문화적 역할을 수행하는 동일한 사람에 의해서 다양한 방법으로 실행될 수도 있다.

끝으로 인생의 황혼기에 자신의 생활을 통합된 전체로 모아 가는 인생 도전의 단계가 있다. 그 도전은 실망뿐 아니라 기쁨, 좌절뿐 아니라 승리, 만족뿐 아니라 실수까지를 포함하여 자신의 인생 전체를 수용하는 것이다. 사람의 모든 경험들은 인생이 가르쳐 주는 많은 교훈을 배우는 데, 자신에 대해 진실을 담은 인생 여정을 마치는 데 필요한 것으로 보인다. 이러한 인생 도전은 생성력의 최종적인 모양새인 지혜를 이루어 간다.

그림 5-2는 생애 전체 과정에서, 이전 단계들에서 결정된 것들이 다음 단계로 계속적으로 연결되어 감을 시각적으로 보여 준다. 모든 이전 단계들에서 활동은 점차 보다 성숙되고 복잡한 활동으로 변해 간다. 예를 들어, 사람이 친밀감 단계로 진입할 때 주도성을 발휘하는 능력은, 그 전의 정체성 형성 단계에서

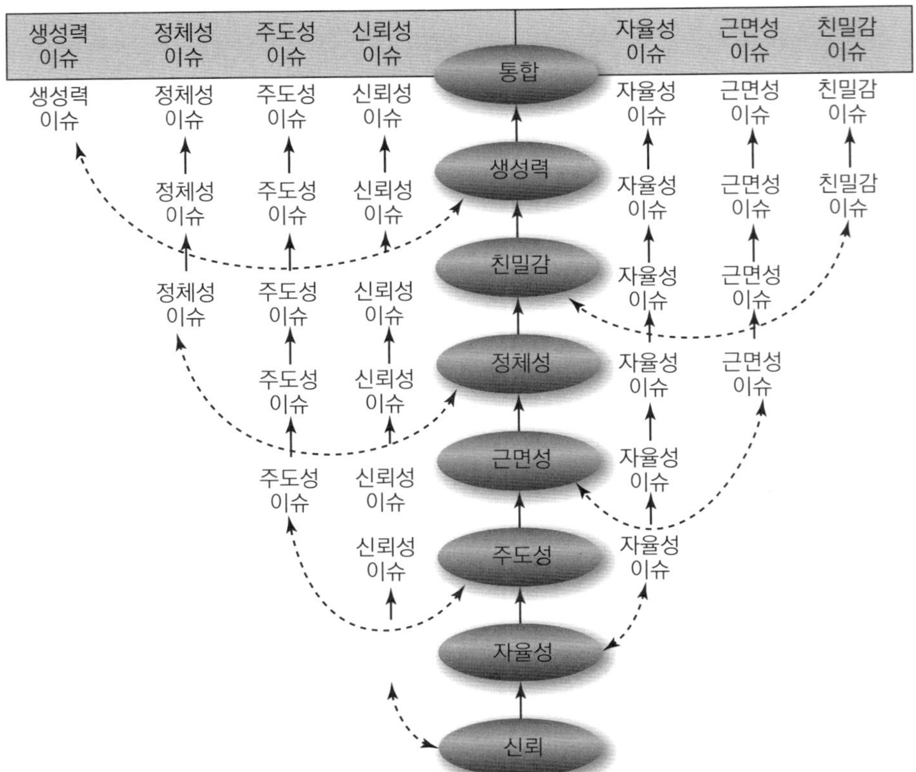

[그림 5-2] 이전 단계에서 보다 성숙한 다음 단계로 통합

주도성을 발휘하는 능력과 다르다.

인생 도전을 통과하여 이루어지는 발전은 단번에 이루어지는 것이 아니다. 사람이 새로운 경험을 할 때, 예를 들어 첫 직업으로 교사가 된다고 할 때, 이전에 거쳐 온 학습 과정을 교사로 적응하는 과정에도 적용하는 것이 필요하다. 신참 교사는 접하게 되는 새로운 환경과 인간관계가 신뢰할 만한가를 알아야만 한다. 혹은 최소한 동료 교사들 중에서 누가 신뢰할 만한가, 얼마나 교장과 장학담당자들을 신뢰할 만한가, 얼마나 학생들과 신뢰 관계가 가능한가를 알아야 한다. 그러한 판단의 결과로 인해 그 교사는 교직에서 얼마나 자율성이 가능한가를 탐색할 수 있게 된다. 그 후 그 교사는 그의 직무 범위와 동료 교사 및 학생들과의 관계를 탐색하게 되며, 어디서 직무를 마치고 개인 생활을 시작

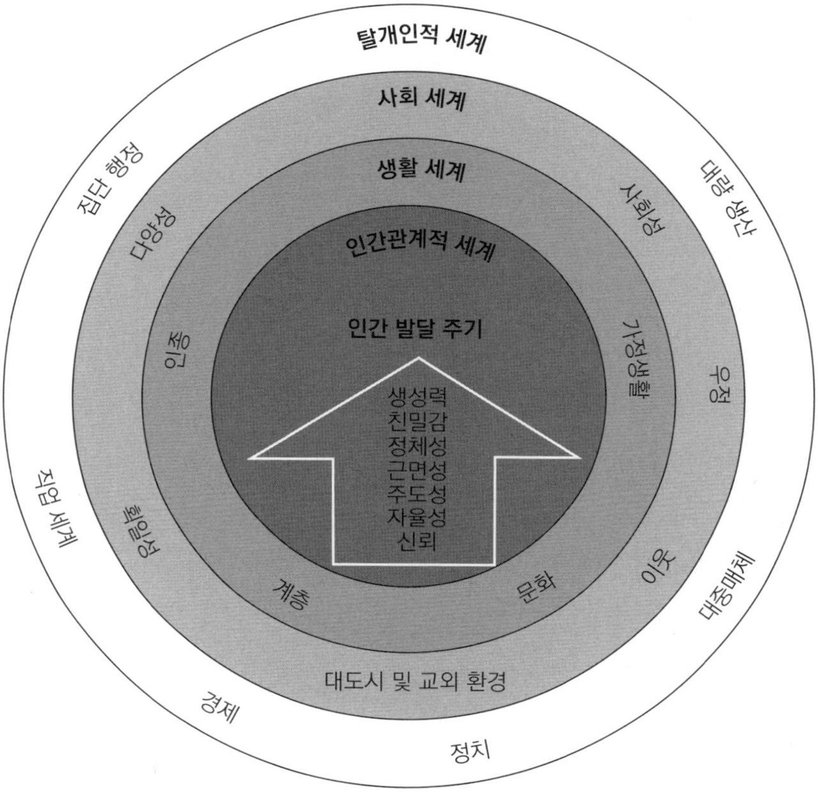

[그림 5-3] 인간 발달을 둘러싼 상황적 세계

해야 하는지를 탐색하게 된다. 이러한 주도성 발휘가 가능해지면 그 교사는 전문적 입지를 넓히기 위해 새로운 교직 기술과 능력 제고에 도전할 준비가 되는 것이다.

사람은 다양한 생애 주기 단계에서 자신의 삶에서 맞이하는 새로운 환경에 따라 생애 주기 도전을 경험하고 재경험하게 된다(그림 5-3). 이러한 사실은 생애 단계 발전 내부에 깔려 있는 원리를 보여 준다.

요약

장학담당자들은 교사들이 경험하게 되는 도전에 대해 민감할 필요가 있다. 성숙한 교사는 좋은 교사가 되어 가는 과정에서 신뢰, 자율성, 주도성, 근면성, 정체성 등의 면에서 전문적인 도전을 통과하게 된다. 학교와 교사들이 학생 학업성취, 개별화 학습, 반응적 수업에 대한 책무성과 관련하여 요즘 직면하는 도전을 고려할 때, 교사의 전문적 정체성은 10~20년 전에 기대되었던 것보다 더 적절히 교수법 전략과 결합되어야 한다. 요즘에는 교직생활에서 시대에 뒤지거나 부적절한 교수법, 평가, 학습에 대한 가정을 사용하는 교사들이 적지 않다. 그러한 교사들과 접촉하게 되는 장학담당자들은 그들을 대상으로 신뢰 구축, 교사들의 자율성 탐색이라는 노력이 필요하다. 그들이 새로운 주도성을 탐색하도록 돕고, 새로운 교수법 기술과 전략을 숙달하도록 돕고, 성공적인 학교에서 효과적인 교육 실천가로서 새로운 전문적 정체성을 발견하도록 도와야 한다.

이러한 예는 장학담당자들이 경력 많은 교사들을 대상으로 그들이 새로운 역할로 성장해 가도록 일하는 한 방법을 보여 준다. 기준 중심 장학에 대한 이해와 기술을 고양해야 하는 장학담당자들 역시 자신의 재정비 과정을 거쳐야 할 필요가 있으며, 자신의 전문성 정체성과 능력을 변화시켜 가기 위한 일련의 과정을 거쳐야 한다.

후속 활동

1. 당신의 생활과 당신이 직면하는 다양한 도전에 대해 생각해 보라. Erikson이 제안한 단계를 사용하여 그러한 도전들을 구분해 보라.
2. 당신이 교직생활에 첫 발을 내딛고, 첫 해를 보내면서, 당신이 신뢰, 자율성, 주도성 등을 경험했던 것이 회상되는가?
3. 당신이 장학담당자로서 초임 교사를 장학지도하는 일을 한다고 할 때, 그러한 회상이 어떠한 점을 시사하는가?

참고문헌

Arnett, J. J. (2004). *Emerging adulthood. The winding road from the late teens through the twenties*. New York: Oxford University Press.
Conn, W. E. (1977). Erik Erikson: The ethical orientation, conscience, and the Golden Rule. *Journal of Religious Education*, 5 (2), 249–266.
Coté J. & Levine, C. (2002). *Identity formation, agency, and culture: A social psychological synthesis*. Mahwah, NJ: Erlbaum.
Freidman, L. J. (1999). *Identity's architect: A biography of Erik H. Erikson*. New York: Scribner.
Giddens, A. (1991). *Modernity and self-identity: Self and society in the late modern age*. Stanford, CA: Stanford University Press.
Hoare, C. H. (2002). *Erikson on development in adulthood: New insights from unpublished papers*. New York: Oxford University Press.
Hoover, K. R. (Ed). (2004). *The future of identity: Centennial refl ections on the legacy of Erik Erikson*. Lanham, MD: Lexington Books.
Knowles, R. T. (1986). *Human development and human possibility: Erikson in the light of Heidegger*. Lanham, MD: University Press of America.
Roazen, P. (1997). *Erik Erikson: The power and limits of a vision*. Northvale, NJ: Jason Aronson.
Stevens, R. (2008). *Erik H. Erikson: Explorer of identity and the life cycle*. New York: Palgrave Macmillan.
Wallerstein, R. S. & Goldberger, L. (1998). *Ideas and identities: The life and work of Erik Erikson*. Madison, CT: International Universities Press.

제6장

교육과정에 대한 장학담당자의 관점

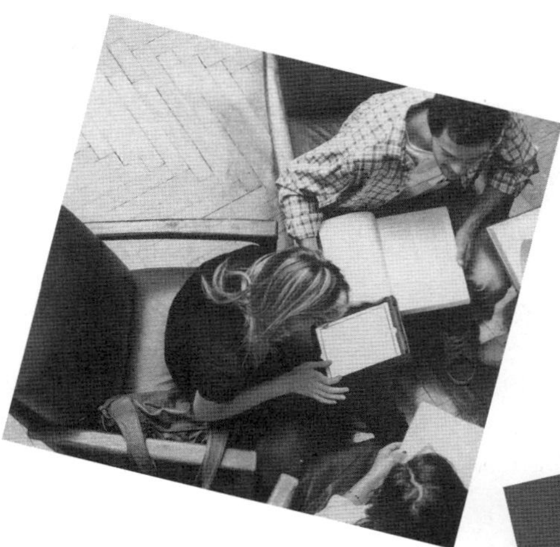

개요

이 장에서는 교사가 무엇을 가르치고 있으며, 왜 그것을 가르치는지, 그리고 교사가 가르치려고 하는 것을 학생들이 학습하고 있다는 것을 어떻게 아는가에 대해 교사와 대화하기 위해, 학교 교육과정을 이해하려는 노력을 계속해야 하는 장학담당자의 책임을 다룬다. 법에 규정된 교육과정 기준의 세부 지침을 만들려는 주정부와 연방정부의 집요한 주장이 제기되고 있는 상황에서, 수업 장학담당자들은 교육과정 기준에 정통할 필요가 있으며, 그러한 기준이 학급에서 이루어지는 수업 내용뿐 아니라 학생들이 참여하는 교육과정에서 파생된 지식과 이해에 관한 평가에서 학생의 수행성과에 시사하는 바가 무엇인가를 알 필요가 있다. 이 장에서는 장학담당자들이 학급에서 다루는 교과에 관련된 전공 배경을 가지고 있는가에 관계없이, 다양한 교과 기반 교수 상황에서 관리 · 감독 역할을 할 수 있는 적절한 방법들을 탐색할 것이다. 또한 학생이 세계의 일원이 되고 주변 세계에 참여하는 데 교육과정이 어떻게 관련되는가를 깊이 이해하도록 촉진하는 부분도 여전히 강조할 것이다.

교육과정 기준 책무성

앞 장에서 검토한 바와 같이, 학생의 학습은 주정부와 교육청의 교육과정 기준에 기초하여 평가되므로 교사와 장학담당자들은 학생들이 무엇을 학습하고 또 학습하지 않는가에 관한 책무를 진다. 학급 내 모든 학생들에게 기대되는 학습 수준을 설정 · 자극하고 학교 수업의 질을 평가하기 위해 장학담당자는 특정 학급에서 다루는 학교 교육과정이 주와 교육청의 교육과정 기준에 얼마나 잘 부합하는가를 파악할 수 있을 정도로 충분히 해당 교육과정 기준을 알 필요가 있다.

생물학을 전공하고 생물 교과를 5~10년 전에 가르친 경험이 있는 장학담당자라면, 학급에서 다루는 생물 교육과정을 잘 알 것으로 가정할 수 있다. 그러나 장학담당자는 학자들이 숙고하는 기본 개념의 변화, 실험 과제를 수행하는 연구 방법과 기술의 변화, 그리고 장학담당자가 생물을 마지막으로 가르친 이후 생물 교육과정에 도입된, 학생에게 기대되는 이해 수준의 변화에 대해서는 잘 모를 수 있다. 게다가, 그 장학담당자가 예술사 수업이나 셰익스피어의 비극 수업을 평가해야 할 경우 생물학 배경은 제한적으로 활용된다. 중등학교에서 교과 부장은 수업 장학을 상당 부분 분담하고 있고 따라서 해당 교과 분야의 최근 발달 상황을 잘 알 것이다. 교과 부장이 장학을 분담하고 있다 하더라도, 교장과 교감은 학급에서 다루는 교과를 실질적으로 이해하지 못한 채 여러 학급을 감독하지 않을 수 없다. 초등학교와 중학교 교장은 학교 규모에 따라 차이가 있지만 기본적으로 학교 내 모든 수업을 공식적으로 감독하는 책임을 진다.

교사의 전문성을 인정하는 장학담당자들은 교육과정 기준에 맞추어 어떻게 수업을 구상할 것인지, 학생들이 그러한 기준을 이해하고 행동할 수 있도록 무엇을 기대하는지, 수업 자료가 학습자의 경험 속에 있는 모종의 것과 어떻게 연계되는지, 특정 단원이 전체 교육과정 단원 계획에 어떻게 들어맞는지, 특정 교육과정 단원 활동에서 기대되는 광범위한 학습 등에 대해 교사들에게 설명을 요구하는 것을 편안하게 생각해야 한다. 장학담당자들이 학급에서 교사들이 가르치는 교과의 학문적 내용에 대한 높은 수준의 전공 배경이 없더라도 말이다. 교사는 이 모든 질문에 쉽게 답할 수 있을 것으로 기대된다.

교사들이 자신의 수업 계획과 실제 수업에 대해 갖는 기본적인 관점에 더하여 추가적인 토론 주제들이 있다. 이는 수업의 일부가 되는 교육과정 단원의 인지적 내용, 교육과정 내용을 다루는 동안 도입하고 적용할 기술, 기대되는 수행 결과, 수업에서 활용할 학생의 자기평가 등이다. 장학담당자는 또한 계획된 교육과정, 가르친 교육과정, 학생이 학습한 교육과정, 평가되는 교육과정의 차이를 교사가 이해하는가를 탐색할 수 있다. 장학담당자는 현재의 교육과정이 전년도에 이루어진 기본 교육과정에 어떻게 연결되고 또 다음 해의 보다 진전된 교육과정을 위한 길을 알려 주는가를 교사들이 이해하는가를 교사들과 상세히 논의할 수 있다. 이러한 대화는 해당 교과 영역에서 연중 내내 이루어질 점진적인 학습 발달을 교사들이 얼마나 잘 이해하는가를 장학담당자에게 알려 줄 것이다.

장학담당자는 대화를 통해 교사가 이전 수업에서 활용한 수업 자료뿐 아니라 앞으로 준비할 자료를 참고로 하여 이번 수업에 새로운 학습의 틀을 잡으려고 할 때 무엇을 중점적으로 관찰할 것인가를 예상할 수 있게 해 준다. 수업 장학에 대한 이러한 접근의 핵심은, 교사가 장학담당자에게 익숙하지 않은 교육과정에 대한 정보를 제공하고, 장학담당자가 관찰할 수업 설계에 교사가 투입한 계획을 알려 주고, 특정 수업과 교육과정 단원 간의 연관성 그리고 연중 내내 강조되는 수업에 적용된 기술과 이해 간의 연관성을 알려 줌으로써, 보다 동료적인 분위기에서 대화를 시작할 수 있는 방법을 보여 주는 것이다.

교육과정에 대한 교사들의 생각

초기에는 특히 장학담당자가 교사를 잘 알지 못할 때 장학담당자는 교사가 자신이 가르치는 교육과정에 대해 어떻게 생각하는가를 교사와 함께 탐구할 필요가 있다. 교사들은 자신이 가르치는 교육과정을 수업 단원을 계획하기 위해 사용하는 교과서에 그저 포함되어 있는 것으로 생각하는가? 초임 교사들은 통상 교과서를 교육청의 교육과정 코디네이터(조정자)가 학년별로 배정한 것으로, 한 학년 동안 다루어야 할 수업을 담고 있는 그릇으로, 따라서 의심할 나위 없이 해당 교과의 교육과정을 전형적으로 보여 주는 것으로 접근한다. 교사들이 교육과정을 이와 같이 이해하는 것은, 모든 교육과정 지식이 이미 교과서에 담겨 있고 교사가 할 일은 교육학적 재능을 통해 교과서에서 학생의 머리로 그래서 학생이 교사가 실시하는 평가에서, 이후에는 주에서 시행하는 평가에서 그 지식을 재생할 수 있도록 하는 것, 기본적으로 교사의 개인적인 왜곡이나 오해에 오염되지 않은 채 해당 지식을 잘 다루는 것으로 보고 있음을 시사한다(그림 6-1). 그러한 교육과정 관점은 교과서에 담긴 지식이 바로 교육과정이라는 점, 즉 학생들이 시험이나 검사에서 "정답"을 재생할 때, 그들이 "완전히 숙달하고," "성취해야" 하는 고정적이고 객관적인 지식의 집합체라고 가정한다.

[그림 6-1] 전통적인 교육과정 관점

일부 교육청들은 주의 교육과정 기준에 따라 자체적인 교육과정 지도를 만든다. 이러한 교육과정은 영화, 비디오테이프, 컴퓨터 설계 기반의 교육과정 단원, 교과서나 다른 학술적 자료에서 발췌한 선집 형태로, 다양한 교육과정 자원을 가진 전체 코스로 펼쳐질 수 있다. 주와 지방의 교육과정 기준에 의거하여 자체적으로 개발된 이러한 종류의 교육과정은 교육과정 기준을 대표하는 교육과정 지식과 기술 그리고 교육청에서 중시하는 학문적 교과에 대한 지역 교사의 이해를 활용한 것이다. 그러나 그 교육과정은 여전히 전통적인 교과서 시절과 같은 방식으로 전달되고 평가된다.

일부 교사들은 그들이 가르치는 교육과정은 학교가 가르치는 거시적인 교육과정의 한 흐름이라고 답할 것이다. 이 관점은, 교사가 개입되어 있는 교육과정의 가치를 유지하면서도 장기적으로는 교육과정의 흐름을 사회에 기여하는 구성원으로서, 능력 있는 노동자로, 훌륭한 시민으로, 균형 잡힌 사람으로, 사회에서 자신의 자리를 잡기 위해 준비되어 있는 교육받은 사람을 길러내는 대단히 중요한 목적에 기여하기 위해 다른 교육과정 분야의 지식과 혼합되어 있는 것으로 본다. 이 접근은 교육과정을 사회적이고 지적인 다양한 기초 기술을 가르치는 것으로 그리고 사회의 축적된 지혜를 전수하는 것으로 본다. 교육과정에 담겨 있는 학교 지식은 책, 교육과정 자원, 교사들의 축적된 지혜에 들어 있는 것으로 여전히 객관적으로 보일지도 모른다. 그러나 이러한 교육과정을 통해서 얻는 지식은 보다 균형 잡힌 인간을 만들기 위해서 다른 학문 영역에서 얻는 지식과 어떻게든 섞일 것이다. 불행하게도, 이러한 교육과정 관점은 학교 전체 교육과정에 단순히 노출되는 것만으로, 심지어 교과서에 정적으로 표현된 외적 지식의 객관성을 받아들이고 교과에서 A 등급을 받는 학생들도 어떻게 "균형 잡힌 인간"으로 만들어 내는가를 설명하지 못한다. 이것은 기본적으로 학교 교육과정을 액면 그대로, 모든 학생들이 자신의 배경에 관계없이 학습해야 하는 규범적인 세계 지식을 담고 있는 것으로 받아들이는 전통적이고 보수적인 교육과정에 대한 이해이다. 이 관점에서 볼 때, 교육과정의 변화는 단순히 규범적인 지식을 전달하는 보다 최신의 방법을 나타내는 것이다.

교육과정을 이해하는 또 다른 관점은 다양한 학문 분야에 있는 학자들이 세계를 알고 이해하는 방식으로 세계를 탐구하고 이해하기 위해 학생들이 무엇을 알 필요가 있고, 할 수 있어야 하는가와 관련되어 있다. 이 관점에서 볼 때, 특정한 학문적 교과에 포함되어 있는 많은 지식은, 기껏해야 학자들이 현재까지 성취해 온 세상에 대한 보다 발전된 이해를 나타낼 뿐 이미 쓸모없거나 임시방편적인 것으로 여겨진다. 이러한 교육과정 관점에서 보다 중요한 학습은, 어떻게 학자들이 지식을 만들고, 어떻게 학자들이 현재의 이해를 넘어 지식의 경계를 확장하는 연구 과제에 협력하는가, 어떻게 자신의 입장을 입증하기 위해 증거를 활용하는가를 이해하는 것이다(Ford & Forman, 2006).

지식을 발달시키는 과정은 분명히 현재 알려져 있는 것, 추상적인 모델과 공식, 개념적인 패러다임으로 파악되는 지적인 관계 패턴 위에 구축된다. 그러나 학자들이 학문적으로 탐구해야 할 답을 얻지 못한 많은 질문들이 여전히 남아있다. 일부 교육학자들과 정책 입안자들에 따르면, 학문 영역에서 학교 교육과정은 학자와 연구자들이 성취한 현 시점에서의 확고한 이해뿐만 아니라 다양한 학문적 교과 영역과 관련되어 있는 보다 최근의 탐구의 한계를 반영해야 한다. 그래서 Ford와 Forman에 의하면, "...교과에서 지식으로 인정되는 것을 결정하는 권위의 근거가 되는 실천(practice)은, 학생들의 참여가 진실되게 이루어지고 학생들이 학문의 실천이 무엇인가를 기본적으로 학습한다면 학생이 학급에서 참여해야 하는 실천인 것이다"(2006, p.3). Duschl(2008)은 과학 교육에서 거의 유사한 주장을 되풀이했다.

학문 교과 분야의 실천가들은 종종 상이한 개념적 틀이나 다양한 관계의 조합을 적용하는 경쟁적인 사상 학파의 지지자들로 구성되어 있다(Fensham, Gunstone, & White, 1995). 그들의 차이점에도 불구하고 점점 더 경쟁적인 글로벌 지식 경제에서 나타나듯이, 그들은 지식 경제에 참여하는 다음 세대를 보다 잘 준비시키기 위해 상대적으로 확실한 지식뿐만 아니라 선구적인 연구 문제와 새로 부각되는 연구 기술을 학생들이 접할 수 있도록 할 것을 주장한다. 이 관점에서 학생들은 자신의 주장을 지지하는 증거와 다른 학문적 자원들을 사례로 제시하고, 자신들이 제시한 해결책을 다른 문제에 추가적으로 적용하는 것을 보여 주고, 자신들의 연구방법이 교육과정에서 제시된 다양한 문제나 질문을 해결하는 데 적합하다고 주장함으로써, 교육과정에서 제기된 문제에 대해 그들이 주장하는 해결책이나 대답이 왜 타당하거나 합리적인가를 설명할 수 있어야 한다. 이는 다양한 학문 분야에 있는 연구자들이 적용하는 학문적인 방법이기 때문이다.

정당한 지식과 학습으로 인정되는 것을 확인하는 앞의 접근법들은 모든 또는 대다수의 학생들이 학문적 교과의 "실천가"가 될 것이라고 가정하는 것으로 보이며, 따라서 교육과정이 담아야 하는 유일한 "참된 지식"은 해당 교과의 학자들이 무엇을 그리고 어떻게 지식으로 구성하는가이다. 반대로, 대다수의 학생들은 학문적 교과의 실천가가 되지 않을 것이라고 주장할 수 있다. 학생들은 교과를 통해 학습한 기술들을 적용한다. 예를 들어, 역사 수업에서 정치적 만평을 해독하는 기술을 실습한 경우, 학생들은 정치 연설 등에서 선전, 수사학적인 혼동을 알아차리기가 더 쉬울 것이다. 이와 같이, 학생들은 학문적 교과가 산출하는 지식의 실용적인 사용자, 해석자, 각색자가 될 것이다. 그 지식은 학생의 일, 학생의 공적 생활에 영향을 미치는 공공 정책에 시민으로 참여할 뿐 아니라 그들의 경제적, 가정적 문제를 관리하는 것과 관련되는 것으로 보인다. 그러한 실천(practice)은 '자신들의 삶을 사는' "참된" 실천을 구성한다. 사람들은 학교와 대학의 교육과정에 관한 전반적인 이해를 통해서 학문적 연구 결과를 지적으로 현명하게 읽고, 이 지식이 그들의 개인적인 생활 실천에 주는 의미, 그러한 실천이 그들의 경력, 시민의식, 개인적 생활과 관련되는가를 탐구할 수 있기를 바랄 것이다.

교육과정과 세계의 일원

위에서 제시한 교육과정에 대한 이해는 주로 학문적 교과 내에 초점을 두고 있으며, 이는 21세기 민주주의 사회에서 학교 교육과정의 복잡한 의제를 납득시키기에는 부적절할 정도로 광범위한 것으로 보인다. 우리는 학교 교육과정의 관점이 학문적 교육과정의 각 분파의 인지적 요구에서 지식의 사회적, 문화적 관점으로 즉, 세계의 일원으로서 세계에 대한 권리와 책임감을 가지고 참여할 것을 암시, 지시하는 관점으로 나아갈 것을 제안한다(Yates & Grumet, 2011). 그것은 학생들에게는 *실천의 장*으로, 미래뿐 아니라 현재에도 학교 학습의 통합적인 의미와 다양한 적용을 끌어내는 장이다. 어떤 사람에게는 세계의 일원이라는 것이 특정한 분야에서의 학문적 연구 경력을 의미하는 것일 수 있다. 그러나 학문 교과 분야에서 전문성을 개발하는 것은 대개 대학교육의 상급 단계에서 일어난다. 많은 사람들에게 학교 교육과정 참여는 사적 경제, 정치적 소속, 문화적 참여, 개인 경력과 직업 참여, 주민 활동, 결혼과 가족생활, 개인 건강관리 — 요컨대, 많은 도전과 만족 속에서 개인적, 사회적 정체성 구축과 실생활의 실천적 지식을 다양하게 적용하는 것을 말한다.

이런 점에서 볼 때, 예술과 인문 교육과정은 인간 문화생활의 역동성에 관한 관점, 이해, 해석, 비판하기, 사적 생활과 공적 생활에서 가치의 명료화, 협상하는 법 등을 제공한다. 자연과학 교육과정은 상호 밀접하게 연계되어 있는 자연계의 역동성을 보고, 이해하는 방식, 특히 어떻게 인간이 자연 환경과 더불어 또는 역행하여 살아가는가에 관한 관점을 제공한다. 사회과학과 역사 교육과정은 사회의 역동성, 어떻게 인간이 공적 생활을 관리하는지, 어떻게 경제와 정치가 현실 세계에서 작용하고 작용하지 않는지, 어떻게 전 지구적 참여, 협력, 경쟁이 현실 세계에서 작용하고 또 작용하지 않는지에 대한 관점과 이해를 제공한다. 전체적으로 이러한 학문적 교육과정의 이해는 교육과정이 학습자들을 관광객이나 소비자로서가 아니라 삶에서 점차 다양해지는 사회적, 정치적 역할을 수행하는 참여자로서 세계를 탐구할 수 있게 해 준다는 점을 보여 준다.

학문적 교육과정은 "이것이 당신이 속한 세상이며, 문화의 형태로서 이미 당신의 내면에 있는 세계이며, 혼란스러울지라도 사회정치적 역동성을 통해 당신이 이미 경험한 세계이며, 당신의 구체화된 자아를 포함하고 있으며, 생물학적 존재로서 당신이 참여하고 생존하고 있는 자연계이다."라는 메시지를 전해야 한다. 인문학, 물리학, 사회학, 수리, 언어, 논리, 시각 및 행위 예술은 사람들이 어떻게 이 세계에 속해 있는지, 어떻게 이 세계에서 살아가는지, 어떻게 이 세계에서 자신을 찾고 실현하는지를 탐구할 수 있는 모든 다양한 방법들을 열어 둔다. 모든 학문 영역의 교육과정 단원에서 교사들은 대체로 다음 질문에서 출발해야 한다. 즉, 이 수업은 우리가 세계의 진정한 일원으로 참여하는 데 어떻게 도움을 줄 것인가? 그러한 교육과정 단원에서 학생의 학습에 대한 평가는 수업에서 예시한 방식으로 세계의 일원으로 참여하는 학습자의 예를 포함해야 한다. 수행은 명백히 그 단원의 인지적이며 심미적인 내용뿐 아니라 그 단원에서 연습한 기술과 능력을 반영해야 한다. 또 그러한 수행은 문화적, 사회적, 자연적 세계의 상황, 실천, 환경에서 개인의 참여와 연계되어야 한다. 그러한 개인적 참여로는 예술 세계에서의 자기 표현, 환경 문제에 대한 과학적, 기술적 대응을 보여 주는 것, 공공 위생 정책에 대한 논란 분석, 논쟁이 되고 있는 사회적 쟁점에 대한 역사적 분석, 현대 건축 작품에 대한 기하학적 분석, 상이한 문화적 접근에서 징역에 관한 회복적 사법제도[1]에 대한 비교 분석 등을 들 수 있다. 이 모든 예에서, 학습자들은 특정 입장을 주장하거나 정당화할 수 있을 것이다

1) [역주] 회복적 사법제도(restorative justice)는 추상적인 법 원리를 충족하거나 범죄자를 처벌하는 대신 희생자, 범죄자뿐 아니라 관련된 공동체의 요구에 초점을 두고 정의에 접근하는 방식이다. 범죄자는 자신이 행한 해악을 바로잡기 위해 자신의 행동에 책임을 지고 사죄, 훔친 돈 반환, 지역사회 봉사 등을 하며, 피해자의 피해 회복을 위해 적극적인 역할을 한다. 이는 범죄나 비행이 국가보다는 개인이나 지역사회에 대한 책임이 더 크다고 간주하고 처벌보다 배상을 추구한다. https://en.wikipedia.org/wiki/Restorative_justice

(Newman & Wehlage, 1995).

이러한 종류의 교육과정은 학습자들이 세계의 일원이라는 것을 알려 준다. 교육과정은 학습자들이 되는 대로가 아니라 현명하게, 이기적으로가 아니라 책임감 있게, 기계적으로가 아니라 창의적으로, 수동적인 관광객이 아니라 능동적인 참여자로, 세계의 착취자라기보다는 치유자로서 세계에 참여하는 방법을 탐구할 수 있게 해 준다.

사회 교육과정의 직접성

일부 세계 참여는 다른 학생과 어떻게 잘 지낼 것인가, 사회적 인간으로 어떻게 성장할 것인가를 학습함으로써 바로 학교의 울타리 내에서 시작된다. 여기서 사회적 인간은 학교가 요구하는 맥락 내에서 사회성 수업을 소중하게 생각하는 것을 배우기 시작하는 인간이다. 1학년에 입학하는 어린 아동들은 직계 가족이나 친척 외의 다른 아동들에게 자신의 이익을 양보하라는 요구를 받은 경험이 거의 없다. 여러 해에 걸쳐 어린 아동들은 친구를 사귀는 것을 배우고, 자신이 좋아하지 않는 사람들을 대하는 도전에 대응하고, 교우관계의 불화를 처리하고, 학교의 공동 자원(도서관 책, 미술 비품, 식당 의자, 과외 활동 이용 등)을 공유하고, 교사가 부과한 팀 과제를 수행하고, 학교폭력에서 어린 학생을 보호하는 것을 학습한다. 이후 학생들은 학생회, 토론회, 학교 신문, 학교 대항 육상 경기와 같은 과외 활동에 참여한다. 이 모든 활동에서 학생들은 학교 공동체 생활에 참여하는 것을 배우고, 필요한 규칙을 학습하며, 학교 공동체의 구성원이 자신과 다르다 할지라도 자신의 목소리를 내고 자신의 문화를 표현할 권리를 가지고 있다는 것을 배운다.

세계 참여는 세계의 복잡성, 비중, 가능성, 다루기 어려움 등을 드러낸다. 그럼에도 불구하고 학교의 사회 교육과정은 학습자가 문화적, 사회적 세계에서 살아가고 세계에 참여하는 과정에서 직면하게 되는 기본적인 도전의식을 개발하게 해 준다. 학문적 교육과정과 사회적 교육과정은 세계에 참여할 때 학습하게 되는 교훈들을 반성적으로 분석하기 위한 다양한 기회를 제공한다. 그러한 도전에 대한 대응을 지적으로 탐색하는 것은 학교의 보호 속에서 그리고 교사와 동료 간의 대화 속에서 이루어질 수 있다. 이는 세상이 작용하는 방식에 대한 추가 연구를 위해 가능한 자원을 활용하여 그리고 참여자들이 세상이 작용하는 방식을 개선하는 작업에 어떻게 관여할 수 있는가를 활용함으로써 가능하다.

사람들이 세계의 일원으로 참여하는 방법을 학습하는 중요한 기회로 교육과정을 이해하는 장학담당자들은 학생의 학습이 세계의 명료성(intelligibility)을 이해하는 어렵고 긴 작업을 거쳐 이루어질 뿐 아니라 현실 세계에 적극 참여함으로써 그러한 이해를 검증받고 있음을 인식하고 교사와 소통한다. 장학담당자와 교사의 이러한 의사소통은 계획된 교육과정, 가르친 교육과정, 학습된 교육과정, 평가된 교육과정을 구분하는 보다 심층적인 이해로 귀결된다.

계획되고, 가르치고, 학습되며, 평가되는 교육과정

계획된 교육과정

계획된 교육과정은 초기에는 교과의 거시적인 교육과정 목표에 초점을 두어야 한다. 그 계획은 교과 목표와 관련된 기술과 이해의 논리적 발달에 따라 교육과정 단원의 계열을 개발한다. 계획된 교육과정은 교육과정 틀에 맞추어 각 교육과정 단원의 지도를 그리는 것을 포함한다. 이는 각 단원의 학습 결과를 교육과정 틀에 따라 명확히 평가할 수 있도록 하기 위함이다.

결과적으로 각 교육과정 단원은 하위 목표, 즉 단원을 마칠 때 학습자들이 무엇을 알고, 이해하고, 또 할 수 있어야 하는가에 관해 기대 형식으로 진술된 하위 목표를 두고 있어야 한다. 교사들은 수업 순서에 따라 구분되어 있는 각 단원을 활용하여, 보다 단순한 단원 목표를 실행하기 위해 초기 단원 수업을 계획하고, 점차적으로 단원을 마칠 때 실시하는 최종 수행 평가에 근접하는 학습 성과를 개발하기 위해 다음 수업을 계획하게 된다.

각 수업 계획은 이전 학습에서 구축된 기반에서 시작할 것이며, 수업 후의 학습 결과 기술이 이어진다. 수업은 학습자들이 수업 성과를 실행해 보는 다양한 학습활동으로 진행된다. 이상적으로는 수업이 끝나기 전에 다음 수업 시간에 무엇을 다룰 것인지를 알려 주는 맺는말과 함께 수업에서 무엇을 학습했는지를 반성하는 시간이 있을 수 있다.

교육과정 기획하기를 교육과정 기준에서 목표, 활동, 수행, 평가 등으로 역방향 지도 그리기(backward-mapping)로 상세하게 설명하는 것은 지나치게 이성적이고 교수-학습 과정에서 일어날 수 있는 모든 즉흥적인 상황이 설 자리를 없애는 것일 수 있다. 다음 절에서 가르친 교육과정과 학습된 교육과정을 보다 상세하게 다룰 것이다. 앞으로 알게 되겠지만, 실제 교수 과정은 상당한 즉흥성

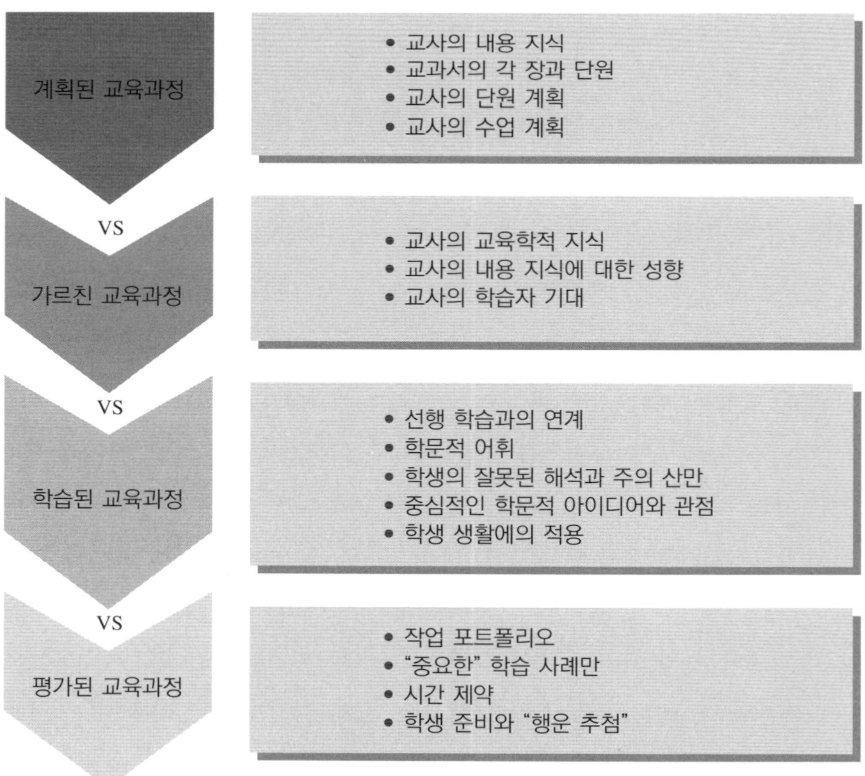

[그림 6-2] 교육과정 단원의 네 단계

을 수반하게 된다.

계획된 교육과정에 관한 우리의 초점은 학습 단원 평가로 시작한다. 평가는 교육과정 단원의 주요 아이디어와 쟁점을 학습자가 파악했는가를 탐색해야 하지만, 또한 교육과정 단원이 학생의 경험, 집에서 공유되는 이야기나 쟁점, 주변에서 마주치는 아이디어나 관점, 문화적, 사회적, 자연적 세계 일원의 수행활동과 학생과의 연관성도 탐색해야 한다. 학습 수행에 대한 단원 평가는 단원 내의 학습 활동 계획을 겨냥해야 한다. 그러한 학습 활동의 일부는 교육과정 내용에 관련되는 어휘와 탐구 기술을 학습하는 것을 포함한다. 이러한 활동의 일부는 학습자를 다양한 문제 상황에 참여하는 세계의 일원으로 보고 있다.

학습자의 생활과 관련된 문화적, 사회적, 자연적 지형이 만드는 지도를 배경으로 학문적 수업을 제공한다면, 종종 듣게 되는 불만 섞인 질문 즉, “이런 것을

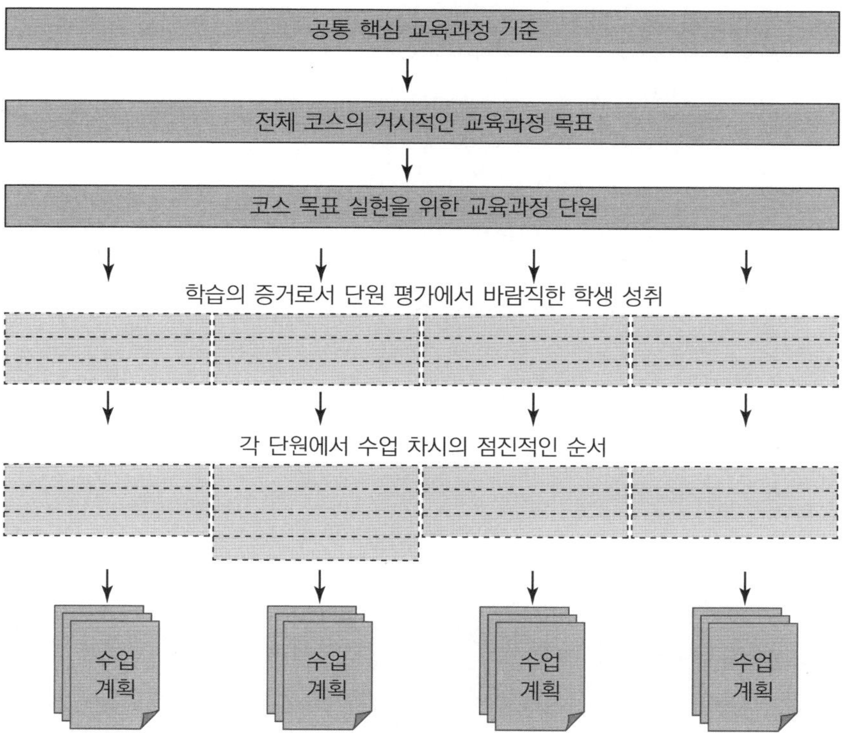

[그림 6-3] 교육과정의 배경 지도 그리기

왜 배워야 하는가?"라는 물음에 답할 수 있을 것이다.

계획된 교육과정은 교육과정 단원에 내재되어 있는 광범위한 개념적 이해와 이를 논리적 또는 잠정적인 수업 계열로 분할하는 것을 포함한다. 계획된 교육과정은 또한 학생들이 자신들의 생활 세계 경험에서 또는 다소 비슷하게 들리는 단어의 의미를 다른 단어와 혼동하여 단원 학습에 가져오게 되는 다양한 개념적 오해나 부분적인 이해를 고려한다. 다양한 추상적인 단어, 예를 들어 주식상장, 간통, 요인, 전달, 교환, 계급, 투자, 흐름, 통근, 컴퓨터, 대조, 기능, 가정법, 조화, 괴리, 두운법, 심포지엄, 추정, 속도, 용기, 은유, 소문, 마모, 합병, 은폐, 정반대, 횡단, 비율 등과 같은 단어는 다양한 학문적 담론 내에서 기술적이고 특정한 의미를 가지고 있다. 때때로 아동들은 이러한 추상적인 단어들을 재미있게 해석한다. 예를 들어, 한 아동이 "간통을 한" 친구를 언급한다. 그 말이 무슨 뜻인가를 물어보면, 그 아동은 "아, 알다시피, 아이들이 어른을 비난할 때 하는 말이야."라고 대답한다. 보다 과학적으로 생각하는 성향을 가진 아동은 주식상장(flotation)이라는 말을 "강물이 흐르는 속도"라 할 것이다.

수업 계획시 교사들은 혼란을 야기할 수 있는 오해를 피하기 위해 처음부터 수업에서 사용하는 새로운 기술적인 용어들을 검토해야 한다. 가능하다면, 영어 교사들은 수업을 듣는 다양한 학생들이 추상적 개념을 자신의 모국어에서 사용하는 단어나 문장으로 번역할 수 있도록 관련 단어나 문장을 찾아야 할 것이다. 교사들은 기술적인 전문 용어를 번역할 뿐 아니라 전문 용어가 보다 쉽게 이해될 수 있도록 추상적 개념을 학생 자신의 문화에 적용할 수 있는 다양한 예를 끌어내야 할 것이다. 또 교사들은 특수 아동을 위한 적절한 편의를 계획할 수 있도록 통합 학급에서 다양한 특수 아동을 가르치는 특수교사의 자문을 구해야 한다.

가르친 교육과정

가르친 교육과정은 수업 계획 단계를 따르게 된다. 그러나 학급 일상은 종종 학생들 삶의 수많은 현실과 어려움에 좌초된다. 직접 학급으로 찾아가는 대신 교사의 수업 계획을 읽는 것에 만족하는 장학담당자는 교사의 즉흥적인 재능이나 기량 부족이 드러나는 있는 그대로의 모습을 놓치게 된다. 교사들은 훌륭한 수업 계획 지도를 그릴 수는 있지만, 제멋대로 구는 학생이나 수업 시작 시 학생이 제기하는 황당한 질문 또는 대다수 학생이 전날의 수업을 이해하지 못함에 따라 계획된 기본 틀에서 기대하는 것과 같은 잘 정돈된 수업 전달이 이루어지지 못했다는 명확한 증거가 보여 주는 학급 붕괴에 직면하여 무너지는 자신들을 발견하기도 한다. 때때로 학교 운동장에서 들려오는 소란으로 전체 수업이 틀어지게 되고, 교사는 그러한 상황을 사회 교육과정을 가르치기에 적절한 순간으로 생각하여 수업 도중에 원래의 수업 계획을 한쪽으로 치워 두기도 한다.

이와 같이 예측할 수 없는 여러 가지 방해 이외에도 수업 계획은 학생이 이해하기에 너무 빨리 진행될 수 있다. 학급 활동은 10분이 아니라 30분 이상 걸릴 수도 있으며, 한 학생이 교사가 매우 중요하다고 생각하는 질문을 제기하여 학생과 질문과 답을 주고받느라 다른 활동을 위해 계획한 시간을 다 소비할 수 있다. 이러저러한 수많은 사례들은 학기 중 언제든 수업 계획 범위 내에서의 밀물과 썰물 그리고 수업 계획과 유리된 밀물과 썰물이 있을 수 있음을 보여 준다.

이는 수업 계획을 세우는 노력의 유익함을 부정하는 것은 아니다. 오히려, 이러한 예는 교사들이 직접 수업하는 순간 무엇이 중요한가에 대해 전문적, 자율적 판단을 내리고, 학생의 호기심과 주의 집중이라는 파도를 타고, 속도를 늦추거나 빨리 하고, 2분 간격으로 한 학생에게 주의를 기울이고, 학급 모둠들이 과제 활동에 계속 집중하도록 만드는 동시에 고군분투하고 있는 모둠에 대해서는 3분 간격으로 돌보고, 아픈 학생을 보건실에 보내려고 보건 교사에게 건넬 메모를 작성하고, 점심시간 종이 울리기 전에 수업을 정리하기 위해 학생의 학습 의욕을 갑자기 중단시킬 필요도 있음을 보여 준다. 첫 시간의 수업 계획과 매우 다른 마지막 시간의 수업 계획은 그 시간에 활용 가능한 기대되는 학생의 활력 정도를 반영해야 한다. 내일 수업에서 계속해야 할 필요가 있음에도 불구하고, 교사는 몇 가지 방해 요인으로 인해 오늘 수업에서 제대로 하지 못한 수업 자료를 다루기 위해 내일 수업 시간의 대부분을 할애하도록 수업을 변경할 수 있다. 이러한 예는 계획된 교육과정이 언제나 가르친 교육과정을 반영하는 것은 아니라는 점을 강조한다.

일부 교육청은 교사의 수업 속도가 너무 느리거나 교육청이 권고한 교육과정 단원 속도를 따르지 않을 경우 교사와 갈등하기도 한다. 대다수 학급이 특정 기술을 학습하거나 제시된 아이디어를 이해하기 위해 더 많은 시간을 필요로 한다면, 장학담당자들은 교사들이 자율적으로 수업 진도를 수정하도록 할 필요가 있다. 반면 한두 학생만 어려움을 겪는 경우, 교사는 방과 후 동료 학생 튜터와 수업 자료를 복습하도록 권고할 수 있다. 때때로 교사들은 수업 진도를 맞추기 위해 특정한 교육과정 자료는 보다 직접적인 교수방법을 적용할 필요가 있다. 이는 대부분의 수업 시간이 교사의 말보다 학생들의 직접적인 체험 활동에 할애되는 한 수용될 수 있을 것이다.

학습된 교육과정

가르친 교육과정이 계획된 교육과정과 유사한 경우에도 학급의 모든 학생이 교사가 사전에 계획하고 가르친 것을 모두 배울 것이라고 보장하지는 못한다. 교사가 가르치고자 하는 것에 학생이 주의 집중하는 데에는 다양한 변인들이 영향을 미친다. 학급 내에서 어떤 일이 일어나는가를 꾸준히 조사한 연구에서, Jackson, Boostrom과 Hansen(1993)은 여러 시간과 여러 날에 걸쳐 학생들을 단순히 관찰함으로써 학생의 주의 집중을 방해하는 다양한 요인들을 매우 상세하게 기록했다. 그들의 연구결과는 시시각각 학생들이 어떻게 잠에 빠져드는지, 창밖을 보는지, 다른 학생에게 쪽지를 전달하는지, 책상에 구부정하게 앉는지, 교사가 큰 소리로 주목하라고 말한 다음 다시 잠이 들기 전 2~3분 정도 주의 집중하는지 등을 상세하게 기록했다. 학생의 주의 집중이 이렇게 변화하는 것은 이례적인 것이 아니라 그들이 연구한 많은 학급에서 나타나는 일반적인 현상이다(이 현상은 모든 학교 단계에서 발견되며 심지어 대학의 교수 회의에서도 발견된다).

학생의 교육과정 참여를 방해하는 일부 요인들은 신체적이다. 예를 들어,

그 날 그 시간의 나른함 또는 전날의 수면 부족으로 인한 나른함, 낮은 혈당, 주의 집중을 방해하는 허기, 눈앞의 과제에 집중하지 못하게 만드는 다른 신체적 불편 등이 있다. 주의 집중을 방해하는 요인들은 그 날 아침 부모와의 의견 충돌로 인해 아직 화가 가라앉지 않은 것, 친구와 헤어진 뒤 아직 남아 있는 아픔, 재미없는 교사로 인해 수업 주제에 무관심해지거나, 첫 키스의 기억에 대한 흥분과 같이 감정적인 것이다. 때때로 학생은 몽상에 빠져 있다가 자신의 이름을 부르며 질문하는 교사 때문에 갑작스럽게 주의를 기울이게 된다.

학생들의 눈에 띄는 몸짓 언어를 관찰하는 기민한 장학담당자는 명백히 주의가 산만한 일부 학생들을 포함하여 총 25명으로 구성된 전체 학급에서 학생들의 주의 집중이 변화하는 것을 알아챌 것이다. 장학담당자는 일부 학생들이 수업에 몰두하고 있지만 몇 분 후 주의가 산만한 학생이 교사의 주의를 받고 주목하려고 노력하는 반면 기존에 주의 집중하고 있던 학생들이 졸기 시작하는 것을 관찰할 수 있다. 많은 학생들은 실제로 늘 주의 집중하라는 주의를 받고, 분명히 주목했다가 질문도 하고 생각에 집중하려는 듯 천장을 올려본다. 몇 차례 교사와 눈을 마주치고 나서 학생들은 스마트폰의 메시지를 확인하고 친구에게 문자를 보내는 등 다시 표류하기 시작한다. 4~5분 후에 학생들은 교사가 자신을 보지 않았음을 확인하기 위해 교사를 쳐다본다. 학생들이 교사의 눈에 띄지 않으면서 주의 집중하지 않을 수 있는 데에는 휴대용 소형기기 기술의 가능성이 주요 원인이 된다.

때때로 학급에서 절반 미만의 학생만 귀를 기울이고 있다. 전체 학급이 수업 내용에 온전히 집중하는 경우는 거의 없으며, 그 때에도 주의 집중은 그리 오래 지속되지 않으며, 지금은 한 학생이, 이제는 또 다른 학생이 주의 집중하지 않다가 5분 후 다시 집중하게 된다. 교과를 가르치고 있는 교사의 행동에만 주의를 기울이는 장학담당자는 교사가 뛰어난 수업을 했다고 판단할 수 있지만 그 날 학습된 교육과정은 고르지 않을 것이다. 어떤 학생에게는 단순히 일진이 나쁜 날인 반면 다른 학생들은 여느 때와 같이 교사가 가르치는 교과 내용에 부분적이고 간헐적으로 참여한 평소의 패턴을 보인 것이다.

위의 시나리오는 특정 학급에서 학습된 교육과정을 묘사하고 있다. 확실히 어떤 학급에서는 가르친 교육과정에 보다 실질적인 학생 참여가 이루어진다. 아마도 십중팔구 다른 학급은 훨씬 덜 참여할 것이다. 학생들이 열중하고 있는 학급에서도 학습된 교육과정이 가르친 교육과정과 완전히 일치하지는 않으며, 계획된 교육과정과는 더욱 그럴 것이다. 최상의 환경하에서, 모든 학습자는 학습된 교육과정을 자기 자신의 경험, 자신의 생활 세계에 조용히 관련시킨다. 그러한 가르친 교육과정의 과정은 학급에 있는 모든 학생들마다 다를 것이다. 계획되고 가르쳐지고 평가된 교육과정으로서, 모든 상황에 맞는 단일한 교육과정은 결코 모든 학생에게 들어맞지 않으며, 어떤 학습자도 결코 같은 방식으로 수업에 참여하지 않는다. 그래서 계획되고, 가르쳐지고, 평가된 교육과정 전체에 가정된 합리성이나 논리를 획일적인 패키지로 꿰맞추려 한다면 의도하는 바를 달성하지 못할 것이다. 좋은 교사는 학습된 교육과정에 존재하는 가변성을 명확히 알고, 이를 널리 알리는 것은 아니지만, 감수할 준비는 보다 잘 되어 있다.

평가된 교육과정

위의 논의에서 추론할 수 있듯이, 평가된 교육과정은 학생이 학습한 것보다 더 많거나 더 적고, 가르친 교육과정보다도 더 적으며, 계획된 교육과정보다 더 적다는 것을 보여 준다. 교사가 만든 평가인가 아니면 주정부나 교육청에서 시행하는 평가인가에 따라 다르지만, 평가는 학생의 학습에 관한 증거들을 거의 포괄하고 있다. 교사가 만든 시험이나 특정 기관이 만든 시험을 통해 학생들이 무엇을 학습할 것으로 가정하는가를 알 수 있다. 학생은 시험에 포함되지 않은 모종의 것에 대해 많은 것을 알 수 있으며, 시험에 포함되어 있는 모종의 것에 대해서는 거의 모를 수도 있다. 그러한 경우, 시험은 제비뽑기의 행운을 나타낸다.

평가와 관련된 이러한 변수와 기타 변수들은, 평가된 교육과정은 시험을 만든 교사나 특정 기관이 중요하다고 생각하는 것으로 교육과정 단원의 일부에서 추출한 하나의 샘플일 뿐이라는 점을 보여 준다. 불행하게도 평가는 세계의 일원으로서 학생들이 어떻게 지식을 실천으로 옮길 것인가에 대해서는 거의 물어보지 않는다. 학생의 현재 상태 또는 발달과정에 있는 개인 정체성과의 연계는 무시되는 경향이 있다. 그렇다면, 교육과정은 어디에 있는가?

교육과정은 어디에 있는가?

“교육과정은 어디에 있는가?”라는 질문에 대한 대답은 다음과 같다. 교육과정은 불완전하지만 모든 것에 내재되어 있다. 즉, 학자들 속에 그리고 학교 교육과정이 유래된 학문적 교과에 있다. 또한 교육과정은 불완전하지만 주정부나 교육청의 교육과정 기준 속에 있다. 교육과정은 교과서와 교육과정 자료에 있다. 교육과정은 교사 내면에, 교사의 수업 계획에, 교사의 교육활동 속에 있다. 교육과정은 모든 학생들 내에 전적으로 사적인 형태로 또는 세계의 일원으로 이해되고 불완전하게 실천되는 공적인 형태로 존재한다. 교육과정은 학생들이 자신들의 생활 세계 맥락에 그리고 학생이 자신의 사회적, 생물·물리학적, 문화적 경험에 교육과정을 연계시킬 때 불완전하게나마 학생들 내면에 존재한다. 이 모든 맥락은 학습된 교육과정에 독특성을 부여하며 교육과정이 전개되면서 연대와 감성적인 색조를 더하게 된다.

거시적 관점에서 교육과정은 불완전하지만 지구촌에서 유대감을 갖는 사람들의 집단 속에 있다. 그러한 의미에서 교육과정은 우리 인간과 우리가 사는 세계에 대한 부분적인 이해, 계속 재구성되고 재현되는 즉흥적인 이해를 나타낸

교육과정은 어디에 있는가?

교과서에?
교수요목에?
교사의 머릿속에?
교육과정 단원 계획에?
학생의 머릿속에?
수업 계획에?
평가에?
교육과정 정책을 만드는 엘리트의 이데올로기에?
교육청 교육과정 기준 속에?

[그림 6-4] 교육과정은 어디에 있는가?

다. 좋든 나쁘든, 교육과정은 인간이 자기 자신, 자신의 세계, 자신의 운명, 자신의 정체성, 자신의 미래를 이해하는 방식이다. 교육과정이 전달하는 집단 지혜가 인류의 공유된 연대의식 속에 확실히 살아있을 때 교육과정은 그 통합성에 근접하게 된다.

요약 및 시사점

학교 교육과정의 의미와 교수에 관한 이 장의 설명을 통해 장학담당자는 어떤 결론을 도출할 수 있을 것인가? 한편으로, 교육과정은 현 세계의 선조들이 미래 세계를 관리할 책임을 지는 자손들에게 전달하기를 바라는 축적된 지혜를 나타낸다. 다른 한편으로, 교육과정은 문화 세계, 자연 세계, 사회적 세계의 구성 요소 간의 무언의 연결편이다. 교육과정의 일부는 그러한 세계 속에 있으나 인간 인식아(認識我)와 인간 행위자에 의해 아직 실현되거나 시도되지 않은 세계이다. 그러한 의미에서, 우리가 아동이나 청소년들에게 가르치는 교육과정은 매우 중요하다. 왜냐하면 교육과정은 좋든 나쁘든 세계가 어떻게 작용하는가에 대한 명시적이고 암묵적인 이해를 담고 있기 때문이다. 게다가 학교 교육과정은 아무리 부분적으로 불완전하게 이해되거나 받아들여질지라도 우리가 이 세상의 문제를 어떻게 치유할 것이며, 그 과정에서 인류라는 가족으로서 우리 자신의 질병을 어떻게 치료할 것인가에 관한 단서의 일부를 담고 있기 때문이다.

주목받지 못하고 실현되지 않은 세계의 일원으로서의 교육과정

그러나 세계의 일원이라는 의미는 문화, 종교, 성, 사회 · 경제적 차이로 인해 모든 사람들에게 동일한 것으로 이해되지 않는다. 우리의 현 세계에서, 세계 종교들 간뿐 아니라 각 종교 내에서도 종교적 이념의 차이는 폭력과 극단적인 편협함으로 이어지게 된다. 경제 이데올로기는 산업 국가들이 자기들끼리 서로 겨

루게 만들고, 국가 내에서는 특권 부유층과 빈곤층이나 차상위 빈곤층으로 살고 있는 사람들끼리 서로 겨루게 만든다. 빈곤국의 수만 명의 아동들은 매년 기아와 의료자원 부족으로 죽어간다. 여성 평등과 인권 투쟁은 계속 반대나 탄압에 직면하고 있다. 경작 가능한 땅, 깨끗한 물, 오염되지 않은 공기, 재생가능 에너지 자원 등 지구 자원에 대한 수요는 엄청나다.

성인들이 자신이 세계의 일원이라는 점을 진지하게 받아들이고 공동체 자치에 책임감을 가지고 참여하려면, 학교에 다니는 동안 관용, 상호 존중, 협상, 대화와 토의, 차이에 대한 존중이라는 기술과 미덕을 학습해야 할 것이다. 세계를 보는 현재의 관점은 세계를 지구촌으로 보는 것으로 축소되고 있지만, 학교는 지식을 전달하는 것 그 이상을 해야 한다. 학교는 인류가 축적한 지식을 전달하면서 이 세계를 소중히 여기고, 인류를 사랑하며, 우리의 보편적 인간성과 자연 자원에 대한 의존을 소통, 전달해야 한다. 그래서 세계의 일원을 위한 교육과정을 학습하는 것은 본질적으로 사회적이며, 학습자가 광범위한 대화를 통해 논쟁하고 토의하고 이해해야 하는 모종의 것이다.

학교는 이제 그 어느 때보다 더 다양한 공동체 출신의 학생에게 봉사해야 한다. 학교에 다니는 동안, 학생들은 종교적 신념, 인종, 문화유산, 사회적 지위, 성별, 성적인 기호 등에서 자신과 다른 학생과 어울리고 친구가 되고, 자원을 공유해야 한다. 학교 교육과정은 이러한 다양한 차이를 고려해야 하며 어린 학습자들에게 세계의 일원으로 참여할 수 있는 길을 열어 두어야 한다. 어떤 이들에게 세계의 일원이라는 것은 편협성, 2등 시민, 인권이나 시민권 침해에 대한 저항으로 표현될 것이다. 학교는 그러한 세계의 일원에 관한 학습 내용뿐 아니라 투표, 중요한 공공정책의 쟁점을 알려 주는 학습 내용을 가르칠 필요가 있다.

학교는 구내식당, 학교 운동장뿐 아니라 학급에서 정치적 참여의 기초를 가르쳐야 한다. 학생들은 자기만의 방식으로 특정한 명분을 고취하기 위한 특수한 이해관계의 형성 또는 해체를 경험한다. 학교 생활에서 어렵고 골치 아픈 공동체 자치의 실제를 학습하는 것은 사회성과 관용의 습관을 창조할 수 있다. 이 세계를 이해하려는 노력과 세계에 대한 사랑을 통합하는 것은 단일 쟁점, 즉 종교적 · 인종적 · 계급적 · 종족적 · 민족적 · 경제적에 대한 정치적 극단주의를 감소시키는 데 도움이 될 것이다.

장학을 통해 교육과정의 통합성을 유지할 책임을 가지고 있는 장학담당자는 교사를 평가하는 관료적 기능보다 훨씬 더 중요한 협의 사항을 가지고 있다. 관료적 기능이 장학에 포함되어 있지만 장학은 그것을 훨씬 넘어설 수 있다. 장학담당자는 학습자들이 학교 교육과정을 자신이 사는 세계에서 활용할 수 있도록 교육학적 기술을 적용함으로써 개별 교사와 학생을 가르치는 다른 직원과 협동하게 된다. 여기서 지도는 학습자들이 세계의 일원으로서 완전한 인간성을 실현하기 위한 여정을 볼 수 있도록 도와준다.

그 지도는 학습자들이 이 세상을 활력 있고 아름다운 것으로 표현하고, 문화 세계, 사회 세계, 자연 세계에서 자신의 생각을 논리정연하게 표현하는 구성원으로 참여할 수 있게 함으로써 그러한 표현의 기술적, 심미적 특성을 완전히 알도록 이끌어 준다. 또한 그 지도는 학습자들이 지구의 지리와 그 생태계의 역동성을 인식하는 데 도움을 줄 것이다. 이는 학습자들이 원자와 분자, 세포와 유전자, 미생물, 나노기술의 거시 세계에 주목하고, 우리가 지구라 부르는 이 특별한 세계의 귀중한 생명체를 알기 위해 우리에게 알려진 우주의 광대함으로 뻗어 나가고, 지구에 사는 인간의 역사를 그들의 장대한 성취, 비극적인 약점, 약속과 낙담 등과 연계시키고, 아직 끝나지 않은 인류 역사의 의제인 지구촌 공동체, 자급자족, 평화 등과 같은 문제에 참여할 수 있게 해 준다.

장학담당자들은, 인류가 직면하고 있는 도전과 이러한 도전에 인간이 대응할 수 있는 창의성과 노력의 길이 다양하다는 것을 교육과정이 무시하지 못함을 알아야 한다. 지구상에 있는 대다수 사람들의 가난과 결핍을 대가로 자원을 획득하고 세계 시장에서 국가의 우월성을 차지하기 위한 경쟁 이데올로기 관점에 의해 노동력 개발이 지배될 수는 없다. 교육과정은 지구촌 모든 사람들의 협력과 자원의 공유를 통해서만 달성될 수 있는 인류의 생존을 위해 지구촌의 모든 구성원의 공동 노력이 불가피하다는 인식을 심어 주어야 한다.

후속 활동

1. 고등학교나 대학 시절 공부한 교육과정에서 자신을 세계 시민의 일원으로 생각하게 하는 교육과정을 경험한 적이 있는가? 당신의 교직 경력에서 학생을 세계 시민으로 간주하고 학습내용에서 시사점을 도출한 적이 있는가? 그렇다면, 그것을 어떻게 표현했으며, 학생들은 어떻게 반응했는가?
2. 당신이 잘 알고 편안하게 느끼는 교사에게 계획된 교육과정, 가르친 교육과정, 학습된 교육과정, 평가된 교육과정 사이의 차이점에 대해 질문해 보자. 당신이 그 교사를 장학하고 있다면 어떻게 반응하겠는가?
3. 당신이 교감이며 경력교사를 관찰할 책임이 있다고 가정해 보자. 경력 교사의 수업은 교과서에 있는 그대로 교육과정을 학생들에게 전달하고 학생은 교사가 가르친 대로 교육과정을 잘 반복할 것으로 기대되는 전통적인 교사 관점과 매우 유사하다. 장학담당자로서 당신은 어떻게 경력 교사와의 대화를 시작하겠는가?

참고문헌

Duschl, R. (2008). Science education in three-part harmony: Balancing conceptual, epistemic, and social learning goals. In G. J. Kelly, A. Luke, & J. Green, (Eds.), *Review of research in education, Vol 32, What counts as knowledge in educational settings: Disciplinary knowledge, assessment, and curriculum* (pp. 268–291). Washington, DC: American Educational Research Association.

Fensham, P., Gunstone, R., & White, R. (1995). *The content of science: A constructivist approach to its teaching and learning*. London: Falmer Press.

Ford, M. J., & Forman, E. A. (2006). Redefi ning disciplinary learning in classroom contexts. In J. Green & A. Luke (Eds.), *Review of research in education, Vol. 30, Special Issue: Rethinking learning: What counts as learning and what learning counts* (pp. 1–32). Washington, DC: American Educational Research Association.

Jackson, P. W., Boostrom,. R. E., & Hansen, D. T. (1993). *The moral life of schools*. San Francisco: Jossey-Bass.

Lave, J. (2004). Teaching, as learning, in practice. *Mind, culture, and activity* (3), 149–164.

Newman, F. M. & Wehlage, G. G. (1995). *Successful school restructuring*. Madison, WI: Center on Organization and Restructuring of Schools.

Yates, L. & Grumet, M. (Eds.), (2011). *Curriculum in today's world: Confi guring knowledge, identities*, work and politics. New York: Routledge.

제7장

교수와 학습에 대한 장학담당자의 관점

개요

장학담당자가 자신의 직무에 가져오는 교수와 학습에 관한 기본적인 관점이 있듯이, 우리는 학습에 관한 다양한 정의, 해석, 이론이 있다는 점을 인정할 필요가 있다. 학습에 관한 다양한 학문적 관점, 사용되는 기술적 용어, 연구 보고서의 타당성과 신뢰성 쟁점들을 상세히 검토하는 것은 수업 장학 책임 부서 외부의 교육자들이나 수업 장학 관련 대학원 과정을 준비하고 있는 교육자들에게 특별히 도움이 될 것 같지는 않다. 이 장에서 학습에 관한 우리의 입장은 바쁜 장학담당자가 우리와 주요 청중이며, 장학담당자의 업무가 교사들과 직접적으로 관련되어야 한다는 것이다. 일부 학술적인 문헌들이 있지만, 사용하는 용어나 사례들은 주요 독자들을 염두에 두고 선택할 것이다.

우리는 먼저 학생의 관점에서 학습이 어떤 것인가를 검토하고, 이후 교사의 관점을 볼 것이다. 그러고 나서 학생의 학습 과정에 관련되는 다양성과 준비성에 대응하는 동시에 학생의 학습에 관한 양면적인 책무성 정책에 대해 장학담당자가 어떻게 교사들과 대화하는가를 탐색할 것이다. 마지막으로 장학담당자와 교사가 학생의 학습 숙달을 강화하는 가치적 관점에서 어떻게 학생 학습에 접근하는가를 탐색할 것이다. 이 과정에서 이러한 방향을 지지하는 학생의 학습에 관한 보다 최근의 학문적인 성과를 소개할 것이다.

학생의 비공식적 경험 학습

학교 개선에 관한 정책의 초점이 학생의 성취와 학습 성과로 변화된 이래, 학생들이 학교의 공식적인 학습 과정을 시작하기 전과 그 과정 동안 학생의 삶에서 경험 학습의 영향을 확인하고, 학교에서 부과하는 공식적인 학습 과정에 학생이 전적으로 참여하고 있음에도 불구하고 어떻게 그 영향이 지속되는가를 보는 것은 의미 있다.

아동의 정신 작용과 발달은 일상의 '사회생활 활동'에 기반을 두고 있다. 제5

장에서 개략적으로 제시한 어린 아동의 발달 경과를 상기해 보자. 부모 특히 엄마와의 주고받기를 시작으로 아동은 부모의 보호 속에서 신뢰를 학습하고, 점진적으로 주변 환경 속에서 신뢰를 학습한다. 그러한 유아의 '학습 과정'은 엄마(그리고 아빠)와 매일 밤낮으로 이어지는 경험을 통해 일어나며 여기서 신뢰는 강화되기도 하고 때론 위협을 받는다. 점차적으로 매일 이루어지는 부모와의 교환 경험은 유아의 삶, 안락함, 안전, 따뜻함의 원천으로서 일상화되고, 익숙해지고, 기대되며, 신뢰의 태도, 감정, 습관으로 확장된다. 유아의 사회생활에서 매일 일어나는 활동에 기초하여 유아는 엄마를 신뢰하고 엄마(그리고 아빠)가 대표하는 세상을 신뢰하는 것을 학습한다. 그러나 아동의 학습 과정에 관한 우리 성인들의 이해는 추상적인 분석적 언어와 관점으로 표현된다는 점을 주목하라. 학습 과정에 대한 아동의 이해는 직관과 즉각적인 감정 수준에서 일어난다. 그것은 전략적 이해로, 아직까지 명시적인 언어나 논리적인 추론을 통해 이해되지 않는다(그림 7-1).

그러한 신뢰에 기초하여, 아동은 감정적으로 엄마를 떠나보내고 장난감, 봉제인형, 딸랑이, 식기와 같이 주변 환경에서 다른 흥미 있는 물건에 몰두하는 선택을 하게 된다. 아동은 자신을 행위의 '원천'으로서 경험하기 시작한다. 아동은 어떤 행동이 엄마를 기쁘게 하고 어떤 행동이 엄마를 불쾌하게 하는가를 학습한다. 아동은 자신의 행동을 통해 칭찬과 포옹을 받을 수 있고, 뿐만 아니라 엄마에게 기쁨의 이유가 된다는 것을 학습한다. 아동은 주변 환경에서 선택하고 자신의 의지를 실현하는 '학습 자율성'을 가진 존재이다.

우리는 건강한 아동이 하루 동안 마주치게 되는 사회적 맥락에서 어떻게 행동하고 대응하는가를 학습하면서 사회생활의 일상적인 활동을 통해 어떻게 계속해서 성장하는가를 보았다(그림 7-2). 그러한 맥락은 언어, 얼굴 표정, 다양한 비언어적 신호의 영향을 받는다. 아동 생활의 사회적 맥락이 가정에서, 주변 이웃으로, 교회로, 주말 해변 드라이브로, 동물원 나들이로, 할머니 집 방문으로, 유치원이나 어린이집으로 확장됨에 따라, 그러한 다양한 맥락은 특정한 교류가 이루어지고 정보와 기대를 전달하고, 기술, 처방, 설명하는 표현 수단을 제공한다. 아동은 세계의 다양성과 새로운 요구를 경험함으로써, 또 내면의 어휘

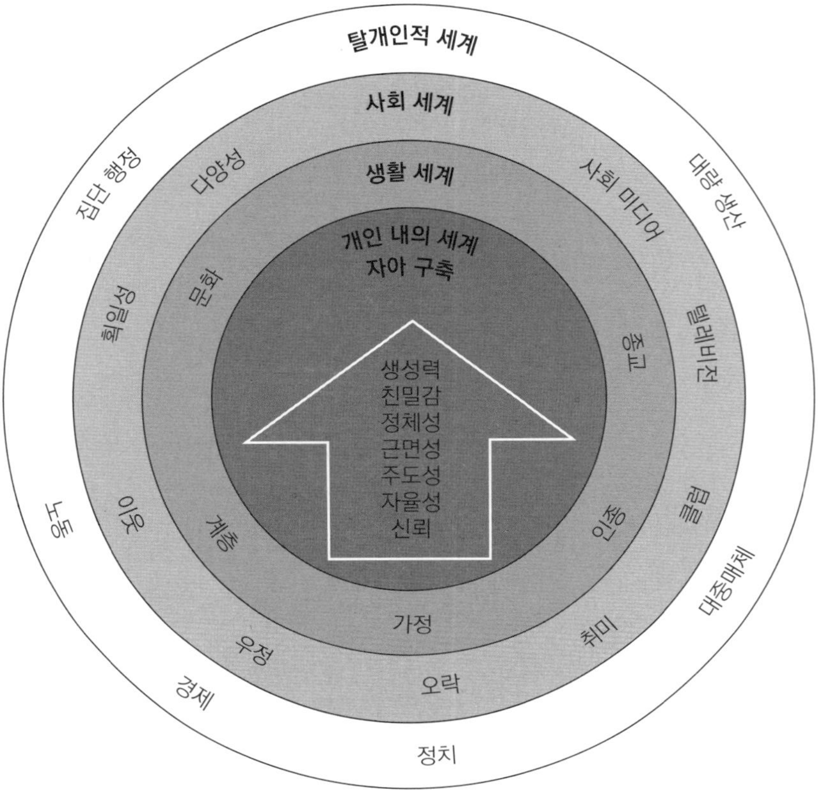

[그림 7-1] 개인의 경험 세계

백과사전, 부모나 다른 성인들이 말하는 기능적 관계에 관한 설명을 받아들임으로써 학습한다. 이러한 비공식적 학습의 대다수는 공식적인 설명이나 가르침 없이 관찰, 시행착오, 신속한 피드백과 관련된다. 경험은 메시지를 보내지만 반드시 논리적이고 일관된 메시지는 아니다. 학습되는 것은 개인 내부의 전기적 내러티브로 그리고 불편한 감정이나 즐거운 감정과 연관된 산만한 정보의 내부 백과사전으로 받아들여진다.

아동은 친구를 사귀고, 자신이 무엇을 잘하는지를 알기 위해 다양한 게임을 해 보고, 게임의 규칙이 무엇이며 어떻게 공정하게 경기를 할 것인가를 학습하게 된다. 아동은 어리석고 비합리적이며, 때로는 재미있고 사랑스러운, 때로는 지루하고, 때로는 재미있는 성인을 보게 된다. 삶은, 더 큰 지리적, 또는 문화적

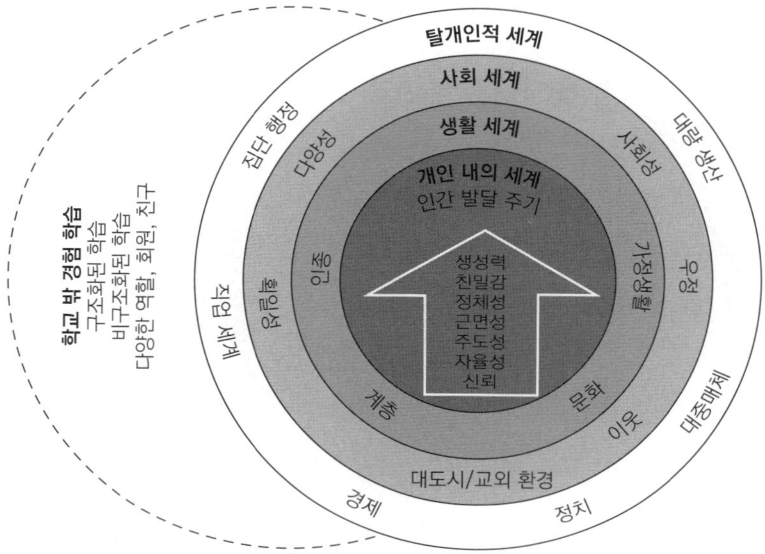

[그림 7-2] 비공식적 학습 경험을 통한 인간 발달 시뮬레이션

지도와의 어떠한 필연적인 연관성 없이, 중요한 추상적 개념을 이해하기 쉽게 만드는 이해 도구나 방법론 없이, 단순히 경험되는 것이다. 삶은 단지 저기 당신 앞에 있는 것이다. 그것은 인간 존재의 생활 세계이다. 그 다음 아동은 학교에 간다.

학교교육 경험

학교에서, 아동은 교사가 제시하는 활동에 관해 통제권을 조금 또는 전혀 갖지 못한다. 학급활동은 책, 지도, 영화, 컴퓨터, 노래, 맞춤법, 어휘 연습, 색칠하기 그림책, 이야기책 등을 포함한다. 교사들은 어린 학습자들이 책에 있는 "수업(lesson)"—언어에 관한 수업, 단어 · 문장 · 문단에 관한 수업, 수에 관한 수업, 색에 관한 수업, 모양에 관한 수업, 자연에 관한 수업, 지구, 동물, 지리, 과학에 관한 수업에 주목하기를 바란다. 수업은 추상적 개념에 관한 추상—세계가 어떻게 "작용하는가"에 관한 추상적인 설명을 통해 전달된다. 교사는 학생들이 그

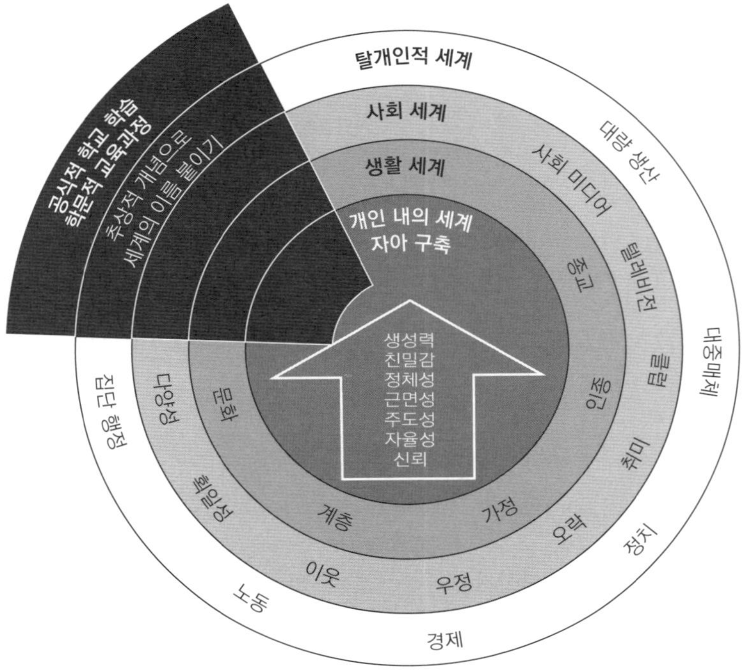

[그림 7-3] 학습자의 생활에 학교 학습의 제한적 개입

들의 수업(추상적 개념)을 "학습한다"(추상적 개념)고 설명한다(그림 7-2, 7-3, 7-4 참조).

학생들이 책에서 설명한 것을 "학습했다"는 것을 확인하기 위해 시험이 치러진다. 결국, "학습"이 의미하는 것은 학생들이 수업에 포함되어 있는 단어를 암기하고 교사를 위해 단어들을 반복하는 것으로, 학생들은 점수를 취득한다. 학생들은 수업에 담겨 있는 "정의"(추상적 용어) 즉 문장(추상적 개념)을 문장으로 만들거나 동사(추상적 개념)를 동사로 만드는 것을 정의하는 것을 학습해야 한다. 잠시 후 대부분의 학생들은 지시를 받고 책에 있는 단어를 반복함으로써 교사에게 수업내용을 학습했다는 것을 보여 준다. 그러나 학생들은 이것이 "학교에 다니는 것"이라는 점을 제외하고 이 모든 것이 어떤 목적에 기여하는가에 대해 알지 못한다. 그들은 쉬는 시간 그리고 방과 후에 게임을 하고 교사를 흉내 내면서 친구들과 웃고, 컴퓨터 게임을 할 때 익숙한 경험 세계로 돌아간다.

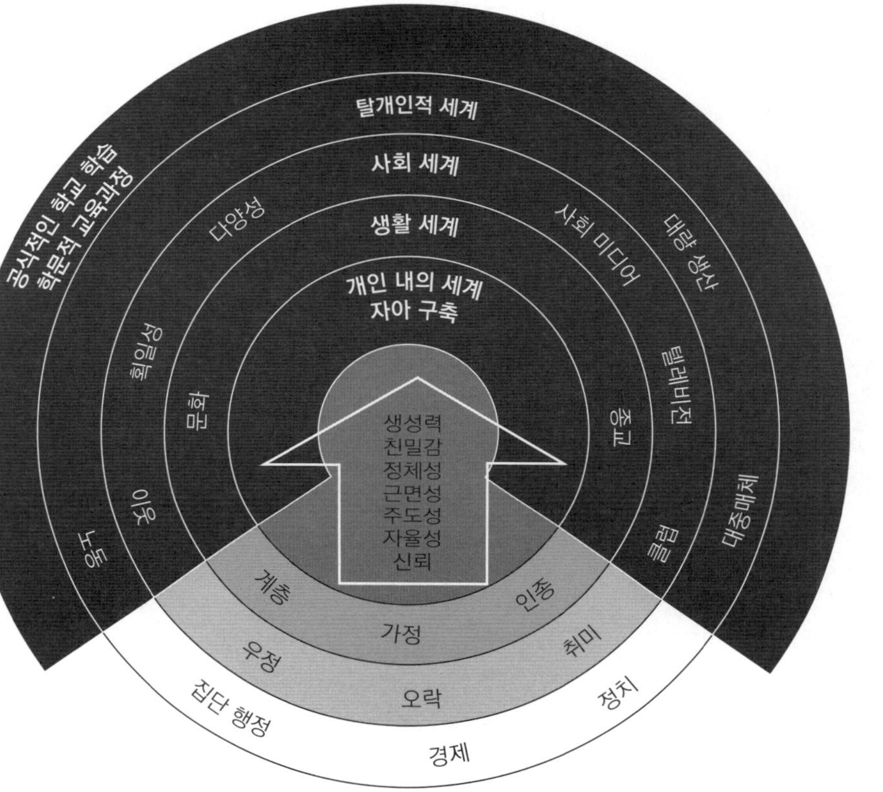

[그림 7-4] 학습자의 생활에 학교 학습의 더 많은 개입

학생의 가정, 친구, 이웃 등 학생들의 생활 세계는 그들이 사는 곳이다. 학교는 학생들의 생활 세계와 전혀 관련 없는, 책에 있는 수업 내용을 학습하는 게임에 참여하기 위해 학생들이 가는 곳이다. 학교의 과업은 성인 세계가 학생들이 "학습하기"를 원하는 것을 규정한 추상적 개념을 무의미하게 반복하는 것과 관련된다.

이는 다소 과장처럼 보인다. 어떤 경우에는 아마도 그럴 것이다. 다른 경우에는 전혀 그렇지 않다. 요점은 학생들의 사회적 맥락 내 기관이 현실 생활 감각을 제공하고 있는 학생들의 생활 세계를 그들의 생활 세계와 단절되어 있는 학교 세계와 대비시키는 것이다. 학생들의 생활 세계에서 학습이 이루어지지만, 그들은 학습을 기술하기 위한 내러티브 언어를 제외하고 어떤 언어도 없으며, 학습을 분석하기 위한 어떤 추상적인 언어도 없다. 학교 세계는 학생들에게 추상적인 언어와 개념을 제시하지만 이 추상적 개념이 "현실" 세계에서 어떻게 보이는가를 예시하고 실증하는 현실 생활의 경험은 제공하지 않는다. 이는 학교 세계의 수업 내용이 학습될 수 없다는 것이 아니라 학습은 학생의 생생하고 경험적인 세계와 관련될 때 보다 쉽게 이루어진다는 것을 말하려는 것이다(그림 7-4).

교사의 학습된 세계

교사들 또한 구체적인 사회적 맥락에 대응하여 경험 학습이 이루어지는 가정과 친구라는 생활 세계를 가지고 있다. 그러나 이러한 비공식적인 학습은 추상적인 문화적 틀에 따라 만들어지는 보다 관습적인 역할(부모, 배우자, 소비자, 시민, 이웃)로 변형되어 왔다. 이 문화적 틀은 특정한 상황에서 특정한 방법으로 대응하기 위한 어휘와 합리적인 정당성을 제공한다. 그러나 교사들은 전문적인 직무 수행시, '이미 학습된 세계', 즉 대학의 교사양성 과정에서 이미 학습했으며, 그들이 사용하는 교과서나 다른 교육과정 자료의 저자들로부터 학습한 것을 다룬다. 이미 학습된 세계—학교의 학문적 교육과정—는 추상적 개념들에 기초하여 조직화되고, 논리와 합리성에 따라 정리된다. 대체로 대부분의 교사들은 그들의 직무가 이미 학습된 세계를 학생들에게 가르치는 것이라고 인식한다.

이미 학습된 세계는 추상적 개념의 학문적 어휘로 학생들에게 제시된다. "오늘 우리는 분수로 분수를 나누는 것을 학습할 거예요." "오늘 우리는 광합성 과정을 학습할 거예요." "오늘 우리는 날씨 패턴과 고기압과 저기압 체제의 상호작용을 공부할 거예요."

수업이 이러한 추상적 개념이 의미하는 것과 관련된 학생의 잠재적인 경험을 탐색하는 것에서 출발하지 않는다면, 그 수업 내용은 누군가가 제시하고 누군가에 의해 이미 학습된 자료를 다룰 뿐이다. 학생들은 자료를 학습하는 것이 아니다. 대신 그들은 이미 학습된 자료, 교과서 집필자와 편집자, 컴퓨터 프로그램 디자이너, 교육과정 설계자들이 제시한 자료, 그에 더하여 교사들이 재조직하고 설계하고 제시한 자료와 연관된 추상적 용어를 암기해야 했다. 분수로 분수를 나누는 것을 학습하는 것은 학생들의 실세계에서 구체적인 예를 제시하고, 학생 자신의 단어장에서 나온 용어를 사용하여 무엇을 알고 있는가를 기술하게 하고, 또 학생들이 어떻게 보다 작은 것으로 그러나 이미 나누어진 것과 동등하게 어떤 것을 나눌 수 있는가를 탐색하도록 할 필요가 있다. 실제로 해봄으로써, 학생들은 그러한 활동이 무엇이며, 어떻게 동일한 양을 만들 것인가를 알게 된다. 마찬가지로, 학생들은 자신의 경험에서 고기압과 저기압의 느낌이 어떤 것인가를 말할 필요가 있다. 광합성은 도처에서 일어나고 있으나 아마도 학생들은 자연의 놀랄 만한 역동성을 알아차리지 못할 것이다. 교과서에서 그것은 단지 생소하고 거대한 세계일 뿐이다.

이해로서의 학습

학습을 친숙한 사회적 맥락에서 일어나는 경험적 활동으로 생각하든 또는 학급의 공식적인 학문적 교육과정 단원 내에서 이루어지는 것으로 생각하든, 그 모든 다양한 형태의 학습은 의미의 형성과 계속되는 탐구를 수반한다고 말할 수 있다. 즉, 어떻게 상황이 작용하는지, 어떻게 아는지, 어떻게 하나의 상황이 다른 상황과 연계되는지, 왜 어떤 상황은 연속적으로 일어나는지, 한 편의 시, 누군가의 부모가 무엇을 말하고자 하는지, 무엇이 사물들을 조화롭게 하는지, 러시아 혁명과 프랑스 혁명이 어떻게 다른지, 왜 어떤 상황은 가치 있고 다른 상황은 중요하지 않은지, 특정한 상황에서 어떤 규칙이 작용하는지 등에 대한 계속적인 탐구를 수반한다. 학습은 상황의 명료성과 패턴, 사람의 정신, 감정, 신체 외부 세계와 내부 세계의 상황 사이의 관계를 탐구한다. 이러한 탐구가 철학적, 종교적, 과학적 호기심이든 아니면 단순한 호기심이든, 세계는 충동과 변덕스러운 변화의 무분별한 곡예와 같은 것이 아니라 이해할 수 있는 것이라는 신념에 의해 학습이 동기화되고 추진된다. 학습을 추구하는 것은 상황이 작용하는 방식에 암묵적 정보가 있으며, 우리가 논리와 증거라는 도구를 가지고 어떤 상황을 충분히 주의깊게 연구하면 그러한 정보는 이해할 수 있게 된다는 신념을 반영한다. 그러한 명료성은 언어와 상징에 의해 때로는 이야기, 무용, 노래, 시로, 때로는 추상적인 계산 공식, 때로는 개념 지도, 도표, 정의, 그래프로 표현된다.

위에 제기한 질문에 알기 쉬운 답을 제공하는 이해의 과정은 학습자와 연구대상 간의 일종의 대화를 암시한다. 학생들은 그들 자신과 부모, 친구 간에 일어나는 어떤 상황이 이해되지 않을 때 이들과 대화한 경험을 가지고 있다. 학생들은 "나는 이해가 되지 않습니다. 무슨 의미인지 말해 주시겠습니까?"라고 말하는 것을 배운다. 그러면 부모나 친구는 명확하게 대답한다. 그러고 나면 어린 학생들은 "네, 무슨 말인지 알겠습니다. 제가 ...해야 한다는 의미인지, 또는 우리가 ...하리라고 기대한다는 의미인지 또는 내가 인식하기를 원하는 것은 ...라는 것인지 또는 당신이 정말로 말하고자 하는 것은..., 또는 아니오, 내가 의미하는 것은 ...였습니다."라고 대답한다. 그리고 대화는 추가 질문이 생길 때까지 계속된다.

학교와 관련된 문제는 종종 학생들이 시나 광합성을 가지고 어떻게 대화를 시작할지 모른다는 것이다. 여기서 교과서나 교사가 개입한다. 이러한 개입은 사용되는 어휘가 유사한 이전의 학습활동과 이번 대화에서 사용할 탐색 방법을 참고하여 대화를 시작할 발판을 만듦으로써 이루어진다. 학습자를 위한 학습하기 또는 당황해하고 표현을 제대로 못하는 학습자에게 이미 학습한 답을 제시하는 대신, 교사나 컴퓨터는 학습자가 지난주에 배운 것을 기억하도록 돕는다. 이것은 현재의 학습 목적을 가지고 어떻게 대화할 것인가를 제안하는 것이다. 물론, 지난주 수업이 불완전하게 학습되었다면 그러한 지원은 효과적이지 않을 것이다.

여기서 핵심은 진정한 학습에 대한 이해를 발전시키는 과정은 명백히 또는 직관적으로 이전에 학습된 것 위에 구축된다는 점이다. 학습자는 현재의 학습 목적을 명확히 하면서 이와 조화되는 이전의 학습을 연계시킨다. 이전의 대화가 부활되고 현재의 학습 목적을 이해하기 쉽게 해 주는 새로운 대화가 활발하게 진행된다(그림 7-5). 이전의 경험에 의존하여 새로운 학습 대화의 목적을 제시하는 것은 앞 단락에서 제시한 효과적인 기반 구축은 학습자의 사전 이해 경험을 통해 탐색해야 한다는 것을 시사한다. 교사의 그러한 노력 없이, 학습이 책을 암기하는 것을 넘어서 발전하기는 어렵다.

이전의 학습에서 중요한 문제를 이해하지 못해 후속적인 이해가 안 되는 경우, 주요 쟁점은 장학담당자가 학급에서 수행능력이 떨어지는 학습자에 관해 교사와 협의할 때 교사에게 강조하는 부분이다. 장학담당자와 교사의 이러한 논의는 이해하기의 실패가 어디서 시작되는가를 확인함으로써 평균 이하의 수행 사이클을 중단하기 위해, 그리고 일단 확인이 되면 그 다음에는 손실된 연계 고리를 재구축하기 위해, 평균 이하의 수행능력을 보이는 학생을 다루는 특정한 방식에 관해 전체 교사, 학년, 또는 교과 단위의 추가적인 협의로 이어질 수 있다. 이는 "개선(교정)"에 대한 새로운 이해를 가능하게 하는 것으로, 이해의 문제가 비롯된 곳까지 깊이 파기보다는 단순히 수업을 반복하는 방과 후 교육을 의미하기도 한다. 그러한 노력 없이, 평균 이하의 수행 결과가 바뀌지는 않

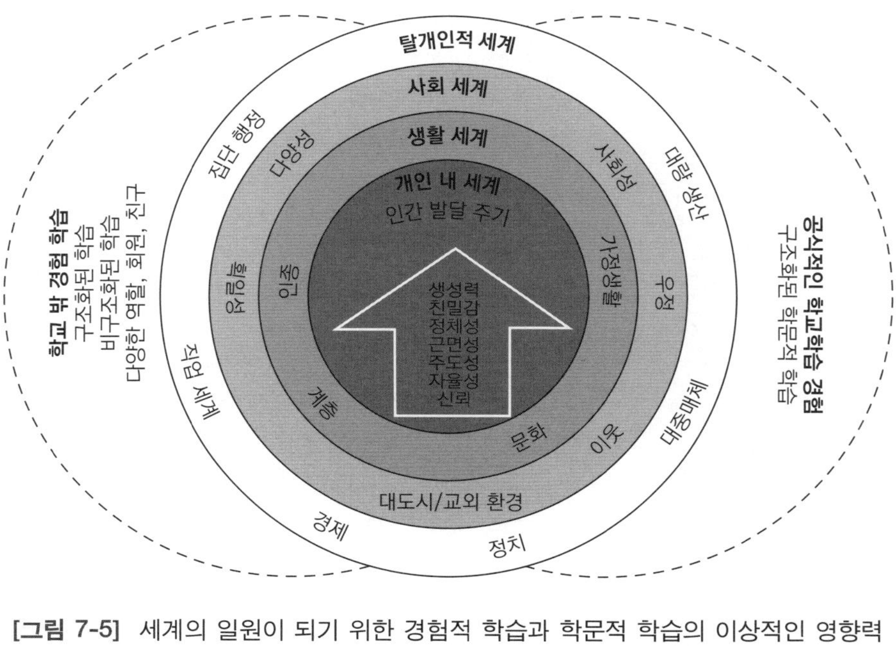

[그림 7-5] 세계의 일원이 되기 위한 경험적 학습과 학문적 학습의 이상적인 영향력

을 것이다.

그러나 학생의 이해가 쟁점이 되는 학습의 과정은, 특정 학년에서는 높은 수준으로 간주되더라도, 언제나 불완전하다. 이는 학생도 교사도 이해가 어떻게든 이루어질 때까지 무엇이 이해되는가를 모르기 때문이다. David Perkins(1992)이 주장하듯이, 이해는 우리가 아는 것을 가지고 생각하는 것이다. 어떤 의미에서 이해라는 것은 그것이 행해질 때까지는 불완전한 것이며, 학습자는 이해의 실천을 통해 얼마나 잘 또는 불완전하게 어떤 것을 이해하고 있음을 보여 주게 된다.

게다가, 이해한 바를 수행하려는 시도는 종종 이를 해 보기 전에는 미처 생각하지 못했던 학습 목적을 드러내기 때문에 수행은 학습자의 이해를 증진한다. 모든 학습자에게, 이해는 단 한 번의 통찰의 순간에 학습하고 있는 모든 현실을 파악하여 이루어지는 것이 아니다. 반대로, 이해는 천천히 조금씩 이루어져 기초적인 통찰로 이어진다. 그러한 초보적 통찰을 토대로 진실 탐색이 보태져 좀 더 풍부한 통찰로 이어지며, 학습 초기에 놓쳤던 연관성을 볼 수 있게 된다. 훌륭한 가르침은 이해를 향상시키는 피드백을 통해 학습자가 과제 수행을 연습할 수 있는 다양한 기회를 제공한다. 교사들이 학생의 수행을 평가하기 위한 시험문항을 제공할 때, 학습자는 만족스러운 이해 아니면 예외적인 이해의 수행인가라는 시험문항에 비추어 자신의 이해를 측정할 수 있다.

이해는 또한 아동의 성숙과 발달 변수로 인해 완전하지 않다. 사람들은 5학년 과학 단원에서, 물리학을 전공하는 대학원생에게 기대하는 것과 동일하게 학생들이 에너지를 이해할 것이라고 기대하지 않는다. 물리학 전공 대학원생의 에너지에 관한 이해는 보다 정교한 상급 물리학 과정을 이수하면서 향상되었을 것이다. 물리학 대학원생들은 고등학교의 물리 과제를 신속하게 해결할 수 있다. 어린 학생들은 과제를 마치기 위해 일주일 내내 고심할 것이며, 그 때의 수준은 최소한의 만족스러운 수준일 것이다. 5학년에서 물리학 세계와의 대화는 순진한 탐구자의 대화이다. 반면 물리학 박사과정에서 물리학의 세계에 관한 대화는 학자-연구자의 대화이다(Wiske, 1998).

학습의 심화를 위한 요구

학생의 관점에서 학습 과정을 보는 것은 장학담당자의 직무에 새로운 통찰력을 제공한다. 장학담당자의 직무는 더 이상 훌륭한 교수의 준거에 따라 단순히 교사의 행동을 관찰하는 것이 아니다. 측정 가능하고, 기대되는 학습 수행 기준에 맞는 학생의 학습을 강조함으로써, 장학담당자와 교사는 학생의 학습, 특히 이해를 위한 학습을 보다 주의깊게 분석해야 한다. 물론, 이 분석은 학생들을 기대되는 이해의 수준으로 이끌어 가는 교사의 학습활동 설계로 돌아가서 지도를 그리는 것이다. 이러한 학습활동은 학생의 생활 세계에 주목할 뿐 아니라 다양한 학문 교과의 교육과정 기준에 주목해야 한다. 학습활동은 학생들이 공부하고 있는 학습 자료와 대화하는 도구를 배우는 대화적 학습 과정을 접하는 것일 뿐 아니라 학생들이 자신이 이해한 수업 내용을 어떻게 실행할 것인가를 탐구하도록 해야 한다(그림 7-5). 교사와 더불어 장학담당자의 과업은 훨씬 더 노동집약적이며, 학생의 적극적인 대화적 탐구와 이해를 자극하는 학습활동을 설계하고 평가함에 있어 교사와 장학담당자 모두 더 세련되어져야 할 것이다.

장학담당자 직무에서 또 다른 주요 변화는 교육과정의 추상적인 용어와 기본적인 틀을 학습자의 경험 세계와 연결하기 위한 방법을 분석해야 한다는 점이다. 여기서 사람들의 이중적인 요구, 즉 한편으로는 문화적으로 적절하고 다양성을 고려한 차별화된 수업에 관심을 두면서, 동시에 학생들을 획일적인 고부담 평가에 대비하게 하는 요구에 마주치게 된다.

교수활동

좋은 교수의 구체적인 내용을 검토하기 전에 모든 교과 영역과 모든 유형의 교수에 적용될 만큼 보편적인 훌륭한 교수 모델을 제시한다. "삼각형 모델"(Starratt, 2011)은 교사의 교수에서 주요 관심사가 무엇인가에 대해 교사들과 협의할 수 있는 제한된 변인을 장학담당자들에게 제공한다. 이 모델은 장학담당자와 교사들이 추가적인 분석과 재작업을 위해 교수의 특정 영역에 집중하게 해 준다.

"삼각형 모델"은 훌륭한 교수에 있어 세 가지 핵심적인 관계를 보여 준다. 즉, 학생과 교사의 대화적 관계, 교사가 가르치는 교육과정에 대한 교사의 대화적 관계, 교사가 가르치는 교육과정에 대한 학습자의 대화적 관계이다(그림 7-6A).

"대화적"이라는 형용사는 사람들 간의 관계가 공동 과업의 명료성(intelligibility)과 중요성을 드러내기 위해 서로 소통하는 양방향의 역동성을 포함한다는 점을 의미한다. 또는 그 관계는 교과의 명료성과 교사, 학생의 생활과 일에 대한 교과의 연관성을 대화적으로 탐구한다는 것을 의미한다. 달리 말하여, 학습과 교수는 사람들이 살아가는 세계와의 관련성에 관한 참된 탐구, 교사와 학생 간의 참된 관계를 의미한다. 교수는 학습자와 교과에 진정으로 귀를 기울이는 것을 의미한다. 학습은 교사와 학습하는 주제(교과)에 대한 진정한 신뢰와 그에 귀를 기울이는 것이다.

교사와 학생 간의 대화적 관계에서 학생과 교사 간 관계의 질은 주로 교수-학습 과정에 있다. 교사는 각 학생들의 재능, 흥미, 도전을 이해하고, 학생들의 흥미, 재능, 취미, 가정 및 문화적 배경에 관해 학생과 대화할 필요가 있다. 다음으로, 학생은 교사가 그들을 이해하고 보살피며, 존중하고, 내심 가장 관심을 두고 염려하고 있다는 것을 알 필요가 있다. 교사와 학생 간 좋은 그리고 공동 관계라는 긍정적인 특성과 더불어, 성공적인 학생 학습의 토대가 제 자리에 마련되어 있다. 그 관계가 부정적, 비판적, 폄하적일 경우, 학생의 학습 발달은 상당히 악화될 것이다.

삼각형의 두 번째 다리는 교사와 가르치는 교육과정 간의 대화적 관계이다. 교사는 교육과정을 구성하는 교과를 그 논리와 명료성 면에서, 그리고 실생활과 학습자의 세계에 다양하게 적용하는 면에서 철저하게 알아야 한다. 교과는 교사의 내면에 살아있어야 한다. 즉, 학생의 호기심을 유발하고 교육과정 단원을 이해하고 의미를 연결시키기 위한 다양한 교수 전략을 즉흥적으로 활용하는 방식으로 교사 내면에 살아있어야 한다.

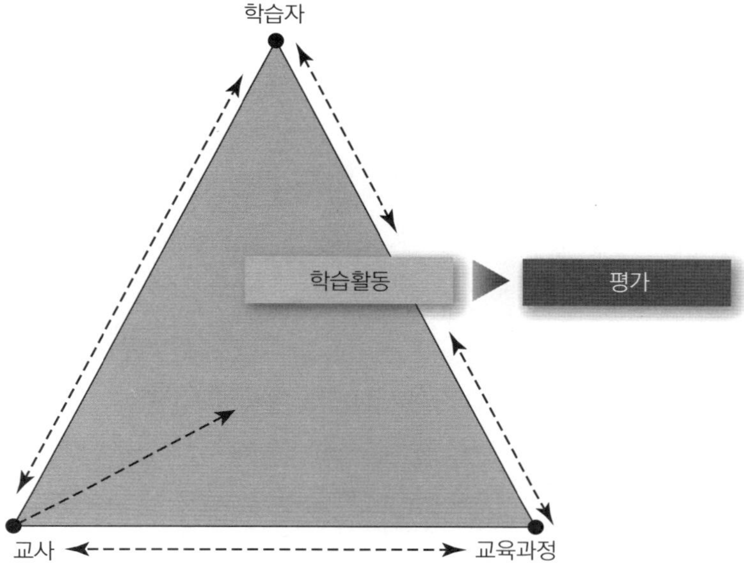

[그림 7-6A] 교수-학습 과정 내에서의 관계 모델

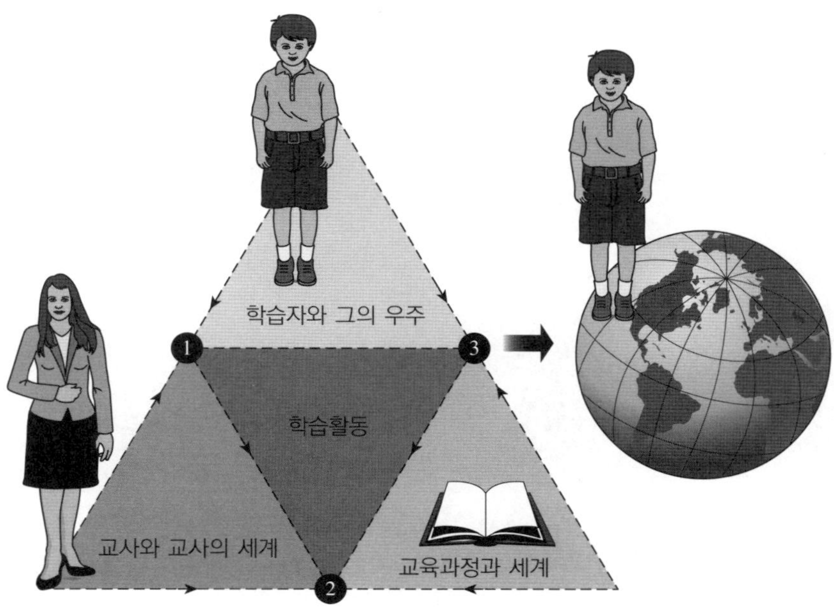

[그림 7-6B] 교수-학습 과정 내에서의 관계 모델

[그림 7-7] 모델의 첫 번째 측면: 학습자와 교사의 관계

삼각형의 세 번째 다리는 교육과정과 학생의 대화적 관계이다. 교육과정의 교과와 학생의 대화적 관계는 학습 과제를 수행하는 학습자의 흥미와 배경에 대한 교사의 지식과 다양한 학습활동의 설계에 의해 활성화될 수 있다. 여기서 학습활동은 어떻게 교과가 학습자들이 사는 세계를 보여 주는가를 탐색하고 세계와 대화함으로써, 학습자들이 세계와 어떻게 관련되어 있는가를 이해하도록 도와주는 탐색 활동을 포함한다. 교사가 설계한 학습활동에 참여함으로써 학생들은 자신의 학습에서 점차 의미 있는 방법을 수행할 수 있게 되고, 자신의 학습

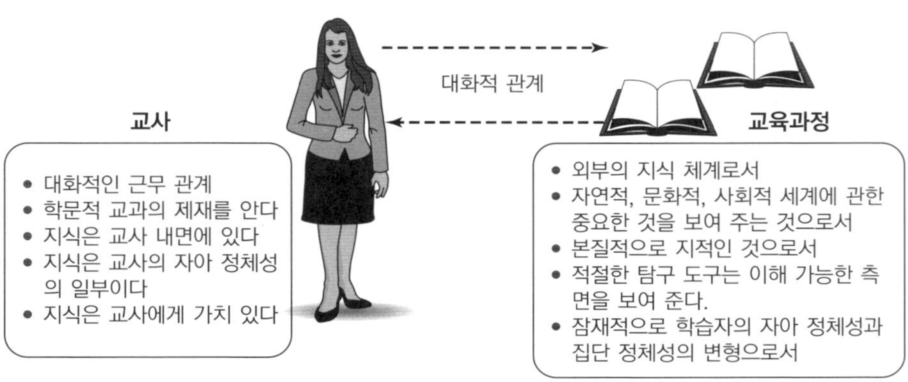

[그림 7-8] 모델의 두 번째 측면: 학생과 교사의 관계

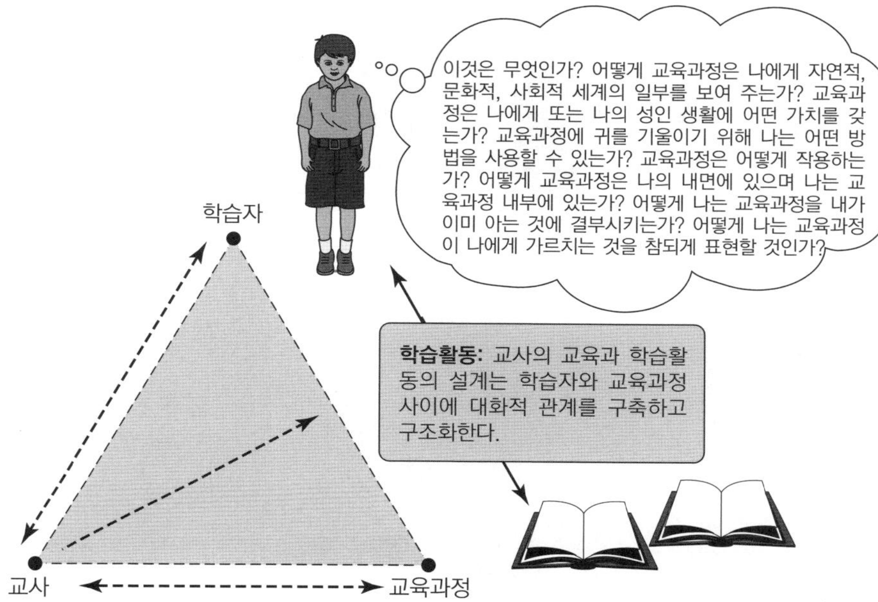

[그림 7-9] 모델의 세 번째 측면: 교사의 효과적인 교육은 학습자들이 교육과정과 대화할 수 있게 해 준다.

을 이야기, 설명으로 표현하고, 실세계의 쟁점과 문제에 적용하고, 어떻게 그러한 학습이 세계 일원으로서의 참여를 의미하는지를 탐구할 수 있게 된다. 이러한 학습에 대한 다양한 평가를 통해 교육과정 단원은 완성된다.

그림 7-10이 보여 주듯이 학습자들은 교과와 대화하기 위해 다양한 탐구 도구를 활용한다. 이러한 도구를 사용함으로써 학습자들은 자신뿐 아니라 교과를 새롭게 이해하게 된다. 다양한 평가는 학습활동이 만들어 내는 초기의 개인적인 의미를 보여 줄 것이며, 학습은 학습자의 사전 이해 및 경험과 관련되어 있다. 또한 그러한 의미는 성찰적 집단 내에서 공유되고 보다 공적인 성격을 갖는 복잡한 학습으로 발달하게 되는데, 특히 현실 세계의 다양한 쟁점과 문제에 적용될 때 그렇다. 간헐적인 교사의 개입과 계속적인 학습을 통해, 학습자들은 점차 더 정확한 학문적 용어, 더 추상적인 학문적 틀과 관점, 다양한 학습활동 이면에 있는 의미의 명확성을 탐구하는 더 효율적인 방법을 습득하게 된다. 그러고 나면 이러한 것들은 더 공식적인 평가로 표면화될 수 있다. 마지막으로, 학

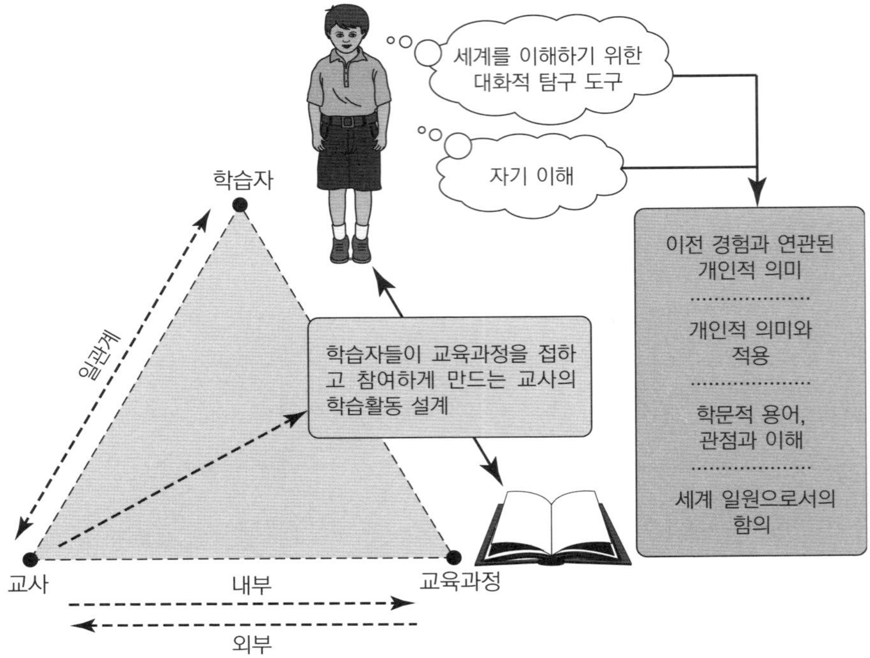

[그림 7-10] 교수-학습 삼각형 요약

습자들은 세계의 적극적인 일원으로서 자신의 학습이 갖는 함의를 더 분명히 표현할 것으로 기대된다.

문제 있는 기관에서의 교수와 학습

그러나 훌륭한 교수-학습의 삼각형 모델은 대체로 획일적인 사고방식으로 운영되는 학교에 적용된다. 효율성 가치로 운영되는 학교는 아동을 학년에 따라 과밀학급에 배치하고, 아동들에게 획일적인 교육과정을 제공하고, 일률적인 시간 내에 가르치며, 획일적인 교과서를 사용하고, 빨리 채점하기 위해 획일적인 기준으로 설계된 획일적인 시험으로 평가한다. 그러나 모든 학생은 수업에 대한 준비도와 성향에서 그리고 이전 수업에서의 성공과 실패 경험에서 차이를 지닌 채 학급에 배정되며, 이는 수업 전에 경험한 성공이나 실패의 영향을 받는다. 제

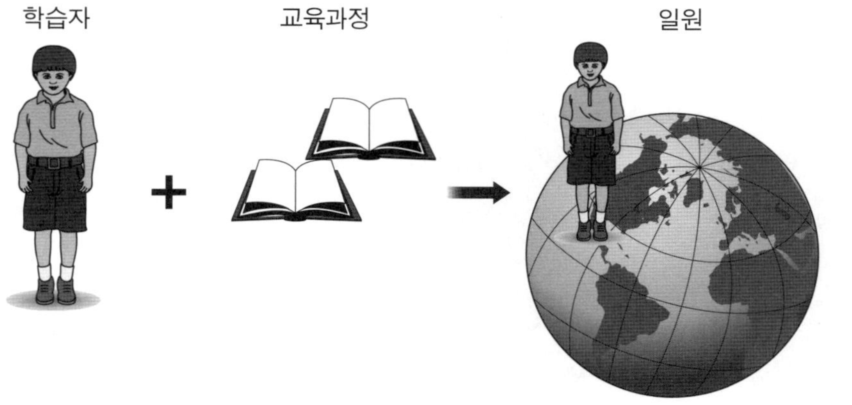

[그림 7-11] 교사의 효과적인 교육은 세계 일원과 학습자의 대화를 형성한다.

2장에서 강조된 바와 같이, 학교의 일과 운영 절차가 학생들의 낮은 학습 수준 못지않게 (오히려 더) 비효과적인 교사들로 인해 비난받는 경우, 학생들은 교정 방안으로 벌을 받으며, 교사는 보통밖에 안 되는 학생들의 성취도로 인해 비난을 받는다. 장학담당자는 교사들과의 작업 지침으로서 삼각형 모델을 활용하여 대단하지는 않지만 보통 수준의 성공을 성취할 수 있다. 그러나 장학담당자들은 학교 운영에서 더 많은 유연성과 다양성을 옹호할 필요가 있다.

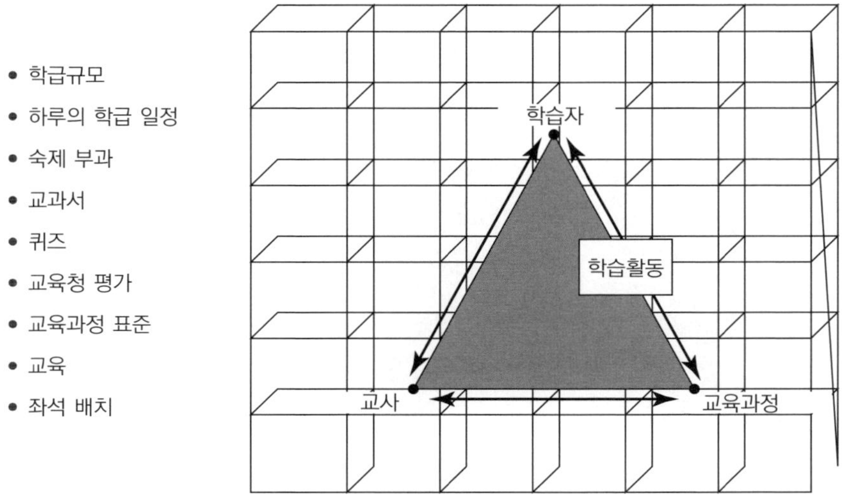

[그림 7-12] 획일적인 학습 구조의 장애

장학담당자의 삼각형 모델 활용

정년 보장을 받기 전의 교사나 초임 교사와 일할 경우, 장학담당자와 멘토는 삼각형의 각 측면에 관련된 특별한 요구와 도전에 대해 토의할 수 있다. (우리는 초임 교사의 발달 과업에 장학담당자와 함께 멘토를 참여시키는데, 이들은 동일한 목적을 가지고 기여하기 때문이다.) 어떤 초임 교사는 문화적으로 유연하고 차별화된 교수 전략을 개발하기 위해 아동의 문화적, 인적 배경에 더 친숙해질 필요가 있다. 교사들은 또한 통합교육을 위해 특별한 요구를 가진 아동과 더 친밀하게 작업해야 한다. 멘토나 장학담당자는 초임 교사들이 효과적인 교사의 학급을 관찰하도록 추천할 수 있다. 이를 통해 초임 교사들은 다양한 학생들의 강점과 성향에 맞추어 효과적인 교사들이 학습활동의 구성을 어떻게 조정하는가를 볼 수 있다.

멘토와 장학담당자들은 자신들의 장학 기술을 처음 접하는 교사들과 함께, 교사들이 담당하고 있는 교과의 교육과정 기준에 연계시킬 수 있는 다양한 학습활동을 탐구하고 개발함으로써 삼각형의 두 번째와 세 번째 측면을 시도해 볼 수 있다. 실제로 교육과정 기준이 요구하는 구체적인 수행이 무엇인가를 이해하지 못하는 교사들이 적지 않다. 이러한 이해 부족으로, 교사들은 교육과정 단원 수업에서 교육과정 기준이 요구하는 더 도전적인 학습에 필요한 선행 기술과 이해를 발달시키기 위한 토대를 만들지 못한다. 그때 문제는 문제를 학습할 기회로 번역된다. 즉, 교사는 교육과정 기준이 요구하는 이해의 깊이를 더하기 위해 가르치는 것이 아니며, 그래서 학생은 시험이—교육과정 기준에 따라 그려지는—물어보는 것을 학습할 적절한 기회를 갖지 못한다.

교사와 장학담당자가 직면하는 다른 도전은, 교사가 학생에 관한 지식을 다양한 교육과정 소재에 창의적으로 적용하고 연계시키도록 도와주는 것이다. 때로 초임 교사들은 학문적 교과를 학생의 다양한 배경과 흥미에 맞는 학습활동으로 다양화할 수 있을 만큼 깊이 알지 못한다. 특히 영어를 모국어로 하지 않는 학습자와 특별한 요구를 가진 학생들이 있을 때, 젊은 교사들은 학생의 능력에 맞추어 학습활동을 제시할 수 있는 구체적인 코칭을 필요로 한다. 때로 이러한 작업은 교사 집단 속에서 가장 잘 이루어진다.

교과와 학생과의 대화, 교사의 학습활동 설계에 자극받은 대화에서 이루어지는 학습을 평가할 때, 장학담당자는 교사와 함께 학생들이 학습한 것을 평가하는 형성 평가를 검토할 필요가 있다. 이러한 평가는 학습자들이 학습활동의 주제를 가지고 만들어 낸 초기의 개인적인 연관성을 목표로 하고 있는가? 이러한 평가는 학교 외부 세계의 현실적인 쟁점과 문제에 학습을 적용해 보는 것을 목표로 하고 있는가? 평가는 학문적인 용어와 탐구 방법을 점진적으로 숙달하도록 하는가? 마지막으로, 평가는 어떻게 학습이 현 세계에 대한 학습자의 소속감과 참여를 발달시키도록 하는가? 이러한 형성 평가는 성적 등급을 내는 총괄 평가에 활용되기보다는 학생의 학습을 증진하기 위해 교사와 학생의 대화, 수업을 더 발전시키도록 설계되어 있는가? 달리 말하여, 교사는 시험으로 시간이 멈춘 학습에 대한 판단을 전하는 평가보다는 추가적인 학습으로서 평가를 강조하는가? 교육과정 단원을 마칠 때와 같이 총괄 평가가 필요할 때가 있지만, 그 경우에도 총괄 평가는 교육과정 기준 충족을 위해 교육과정의 어떤 부분을 더 발전시킬 필요가 있는가에 관한 피드백을 제공하는 형성적 기능을 가져야 한다.

모든 학생의 질 높은 학습에 초점

학생들에게 질 높은 학습 기회를 제공하기 위한 책임을 지는 것에서, 모든 학생들이 실질적으로 질 높은 학습을 성취하도록 보장하는 것으로, 전반적인 정책 변화의 힘은 거대하다. 이 정책은 '모든 학생'을 강조할 뿐 아니라 모든 학생을 위한 '질 높은 학습'을 주장한다. 나아가 이 정책은 모든 학생들이 질 높은 학습을 성취하지 못하고 이를 입증하지 못한다면, 이는 학교에 근무하는 교육자의 책임이라고 가정한다. 질 높은 학습을 강조하는 것은 교육과정이 상대적으로 수동적이고, 그대로 받아들이는 학생들을 위해 제도적으로 구성된 것으로 더 이상 간주되지 않는다는 것을 의미한다. 이제 교육과정 단원에 함축되어 있는 지식과 이해를 구성하는 것은 학생들이라는 점에서, 강조점은 학생의 활동에 있다. 학생들은 어릴 때부터 새로운 자료를 이해하기 위한 기술과 탐구 전략을 탐색하고 학습한다. 학생들은 문제 해결을 위한 대안 목록을 만들고, 여러 관점에서 자료를 보는 습관을 기르고, 사전 이해의 기반 위에 새로운 퍼즐을 맞추게 된다.

이것은 교사가 실례나 개요, 이론적 설명을 하지 않는다는 의미는 아니다. 계속 강조되는 점은 학생들이 독립적인 학습자가 되도록 가르친다는 것이다. 학습자들은 물질에 대한 이미지를 개발하고, 이를 실생활에 적용해 보고, 자신의 문제 해결책을 설명해 보고, 해결책을 보다 큰 의미 네트워크에 연계시켜 봄으로써, 오래 지속되고 깊이 있는 이해를 발달시킨다. 이것은 학습에 대한 이해를 달리하는 것으로, 예전에 학습은 다른 누군가의 질문에 대한 정답을 기억하는 것으로 이해되었다. 참된 학습은, 학습자가 정보를 의미 있는 범주로 그리고 그러한 범주의 네트워크로 조직하고, 다른 관점에서 그 자료들이 어떻게 보이는가를 설명하고, 새로운 이해의 견지에서 새 정보의 중요성을 평가함으로써 자료를 보다 철저하게 이해하게 될 때 일어난다. 그때에도 학생의 이해는 완전하지 않다. 이는 학문적 교과의 관점 내에서, 그 다음에는 학생이 이해하고 있는 것이 그 분야에서 핵심으로 간주되는 다른 이해와 어떻게 연계되는가를 보여 줌으로써 보완되어야 한다. 그 이해는 학교를 넘어 외부 세계와 연계될 수 있을 때, 그리고 학생이 자신이 이해한 바에 대해 시민 공동체에서 성인 청중들과 토론할 수 있을 때 보다 완전히 발달될 수 있다(Perkins, 1998 & 1992; Newman & Wehlage, 1995; Green & Luke, 2006).

요약

이 장에서 가장 중요한 주제는 장학담당자는 언제나 핵심 사항, 즉 모든 학생들이 성공적으로 학습에 참여하는지를 고려해야 한다는 것이다. 모든 학생들을 학습에 참여시킨다는 것은 장학담당자와 교사들이 수업 전략과 다음 사항들을 개선하기 위해 지속적으로 탐구한다는 것을 의미한다.

- 교사들 간 수직적, 수평적 업무 관계
- 학부모와의 지속적인 파트너십
- 학교 내 공간, 시간, 기술의 더 나은 활용
- 학습 공동체 구성원들과의 규모가 더 큰 실험
- 참된 학습과 개인의 필요를 고려한 학습에 대한 도덕적 헌신
- 팀 수준과 개인 수준의 다양한 전문성 개발 기회
- 학습 공동체 구성원들에 의한 형성적 장학과 총괄적 장학 간의 유연한 균형

현재로는, 장학담당자가 '교사들과 함께' 모든 학생의 학문적 성공에 더 집중할 경우, 자신의 전문성 개발을 추구해야 한다는 점은 분명하다. 학생의 학습과 교사의 실행연구에 관한 연구는 급속하게 증가하고 있으며, 장학담당자의 초점이 교사에서 학생으로 변화하고 있다는 것을 보다 깊이 공감한다면, 얻을 것이 많다. 장학담당자를 위한 전문성 개발이 계속될 때, 교수의 복잡성에 관한 보다 심층적인 공감이 이루어질 것이며, 이를 토대로 교사들이 올바른 방향으로 가고 있다는 것을 더 많이 공감하게 될 것이라고 믿는다.

후속 활동

1. 학습의 삼각형 모델이 어떻게 교사들의 교수 실천을 보여 주는가를 이해하기 위해 이를 한두 교사들과 토론해 보자.
2. 장학담당자와 모델에 대해 토론해 보자. 어떻게 이 모델이 장학담당자의 학급 관찰을 조직화하는 데 도움을 줄 수 있는지 질문해 보자.
3. 당신의 학문적 학습 과정에 관해, 당신이 이미 알고 있는 것을 가지고 어떻게 사고하는지, 그리고 실천적 문제에 새로운 학습을 적용하는 것이 그러한 학습을 어떻게 더 풍부하게 할 것인가에 대해 반성적으로 생각해 보자.

참고문헌

Green, J., & Luke, A. (Eds.) (2006). *Rethinking learning: What counts as learning and what learning counts, Review of research in education*, Vol. 30, Washington, DC: American Educational Research Association.

Hattie, J. (2012). *Visible learning for teachers: Maximizing impact on learning*. London: Routledge.

Newman, F., & Wehlage, G. (1995). *Successful school restructuring*. Madison, WI: Center on Organization and Restructuring of Schools.

Nixon, J., Martin, J., McKeown, P., & Ranson, S. (1996). *Encouraging learning: Toward a theory of the learning school*. Buckingham, UK: Open University Press.

Perkins, D. (1998). What is understanding? In M. S. Wiske (Ed.), *Teaching for understanding: Linking research with practice*, San Francisco: Jossey-Bass.

Perkins, D. (1992). *Smart schools: Better thinking and learning for every child*. New York: The Free Press.

Perkins, (2009). Making learning whole. San Francisco: Jossey-Bass.

Starratt, R. J. (2011). *Refocusing school leadership: Foregrounding human development throughout the work of the school*. New York: Routledge.

Wiske, M. S. (Ed.). (1998). *Teaching for understanding: Linking research with practice*. San Francisco: Jossey Bass.

제8장

학생 학습 평가에 대한 장학담당자의 관점

제3장에서 암묵적 지식과 명시적 지식이 학생에 대해 교사가 결정을 내릴 때 유용하다는 것에 대하여 알아보았다. 이 장에서는 학교에서 직접 사용하는 명시적 지식의 좀 더 직접적이고 광범위한 부분을 다루고자 하며 주로 평가 자료에 초점을 맞춘다. 그에 이어 우리는 학교 환경에서 무엇이 일상적이며 무엇이 점차 가능해질 것인가를 기술하며 교사들이 학생들을 공식적으로 평가하는 부분에 있어 도움을 주고자 한다. 이 장은 두 파트로 나누어진다. 첫 번째 파트에서는 이미 상정되어 있는 평가 방식을 제시한다. 그를 위해 우선 그 방식들의 근본적인 목표를 기술하고자 한다. 이에 더해 다른 평가 방식과 평가 관련 기술 등과 같은 또 다른 수단을 제시한다. 이어지는 두 번째 파트에서는 교사들이 이러한 학생 학습 평가를 어떻게 효율적이고 적절하게 사용할 것인지에 대해 언급하고자 한다.

공식적 학생 학습 평가

학생들을 평가하는 수단으로는 매우 다양한 방식이 있다. 그러한 방식들 중에는 비공식적 측면과 공식적 측면이 존재한다. 예를 들면, 비공식적 측면의 평가는 과학 선생님이 학생들에게 실험을 하게 하고, 그들이 난관에 부딪혔을 때는 어떠한 자세를 취하는지 또한 실험을 이상 없이 잘 진행하는지의 과정에서 나타난다고 할 수 있다. 그러나 '평가'라는 단어 자체가 학생들에 대한 정보를 퀴즈, 기준이 되는 시험(benchmark test), 수행 평가, 기말 고사 등의 공식적인 정보 수집을 통해 이루어져야 한다는 인식을 갖게 한다. '지식' 또한 습득하고자 하는 특정 지식을 어떻게 얻는지의 과정이 선행되어야 하듯, 평가에 대한 결과가 타당하기 위해서는 일정한 훈련과 전문성이 요구된다.

그러나 Braun과 Mislevy는 2005년, 학생 학습을 평가하고 이해하는 데에 있어서 각기 요구되는 전문성의 수준이 다르다고 지적했다. 그들은 잡지의 퀴즈나 학년별 시험은 별도의 수학적 지식을 요구하지 않으며 일화적 경험에 기반하기 때문에, 학생들의 직관을 키워 준다고 언급했다. 간단히 생각하면, '통과',

'낙제', '90점 이상이므로 당신은 역사에 대해 잘 알고 있다' 등의 평가가 나올 수 있다는 것이다. 하지만 이러한 직관적 사고의 평가 방식은 좀 더 복잡한 방식의 평가를 정확하게 전달해 주지 못한다. 사실상, 수학 또는 이론적 기반에 대한 지식적 오류(지식적 부족)는 평가에 있어서 오류를 가져올 수 있다.

이러한 상황들이 타당성과 정책에 좋지 않은 영향을 가져오는 것만큼 학교에도 좋지 않은 영향을 가져온다. 장학담당자와 교사가 우선적으로 인식해야 할 것은 다양한 평가 방식들에 대한 의도와 목적이다. 또한 각기 다른 평가들과 기술들이 그 목적을 달성하는 데 얼마만큼의 영향력을 가지고 있는지에 대해서도 정확히 알아야 한다.

평가의 목적

- 특정 평가의 적절한 사용을 결정하는 것은 평가의 의도된 목적에 대한 지식에서부터 시작한다.

이론상으로, 특정한 평가의 의도는 만든 사람으로부터 나오는데, 그 사람이 학생의 개인적 취미에 대한 설문지를 만든 선생님인지 아니면 문해능력을 대규모로 평가하고자 하는 교육측정 평가 분야 전문가인지에 따라 평가 의도가 달라진다. 특정 평가 방식의 목적을 정확히 안다는 것은 그 결과를 어떻게 해석해야 하는지에 대해 중요한 의미를 갖는다. 우선적으로 학생들이 왜 평가를 받는지 아는 것이 중요하다. 비록 다수의 평가 목적이 교육자들에게 친숙할 수 있지만, 일정 부분은 다른 평가 방식들보다 간단하고 쉽다.

목적 중의 하나로, 교육용 평가를 들 수 있다. 예를 들면 한 교사가 스스로 제작한 퀴즈를 통해 학생들이 현재까지 습득한 지식 · 기술을 평가할 수 있다. Black과 Wiliam(1998)은 이러한 평가가 수업 일련에 걸쳐 계속 진행되며 이러한 평가는 학생들의 교육 진행 상황에 대한 유용한 피드백을 준다고 하였다(Black & Wiliam, 1998). 이러한 피드백은 교사 자신의 교수 방법을 수정할 때 큰 도움을 주며, 학생들이 다음 단계 학습에 적응할 때에도 유용하다.

또한 평가 결과는 총괄적으로 사용되기도 한다. 이는 현재의 지식이나 다음으로 향할 수 있는 위치에 대한 것보다는, 학생들이 배운 것을 보여 주거나 재정리하는 것이다. 이를 통해 교사는 개별 학생들이 과제를 지금까지 잘 수행해 왔는지를 판단한다. 예를 들어 많은 교사들은 시험(overarching test)이나 기말 과제를 선택하고, 이를 통해 교과과정 단원을 마무리한다. 그 후에 학생들은 성적을 부여받고, 주어진 수업시간 동안 잘 학습했는지에 대해서 학생과 교사가 상담을 하게 된다. 때로는 연말의 종합적인 자료가 학생의 진급과 유급(retention)을 결정짓는 역할을 하기도 한다.

세 번째 평가 목적은 학생들 그룹의 지식과 기술에 대한 정보를 얻는 것이다. 이러한 그룹은 인종 또는 사회경제적 지위와 같은 인구 통계와 관련될 수 있다. 또한 주(state) 또는 지역(country)와 같은 지리적 영역과 관련될 수도 있다. 이러한 목적을 위한 평가는 대체로 대규모이며, 표준화되어 있다. 예를 들어, 전국 단위 학업성취도 평가(NAEP: National Assessment of Educational Progress)는 전국 간 성과를 비교하며 '전국 성적표'를 제공한다는 점에서 긍정적 평가를 받는다. 수학 · 과학 성취도 추이 변화 국제 비교 연구(TIMSS)에서는 여러 국가 간 비교한 지표를 제공한다. 주별 연말 시험(state end-of-year tests)에서는 일반적으로 주 내의 학교 또는 학구를 비교할 수 있다. 즉, 그룹 단위의 참여를 통한 수행 평가는 학생들 간의 요소들을 추론해 평가할 수 있도록 해 준다. 영재 여부, 성별, 사회경제적 배경, 특정 지역의 교육 상황 등의 요소들을 포함한다.

그러나 어떤 경우에는 평가의 목적이 혼동을 주거나 감춰질 수 있다. 예를 들어, Fenner(1999)는 복잡한 문제들이 단순한 등급으로 대체되는 상황이 발생하기도 한다고 언급했다. 학생이 과제 수행을 충분히 완성했다고 하더라도, 학생에 대한 교사의 신뢰도가 종종 그에 미치지 않는다면 낮은 평가가 주어지기도 하는 문제가 나타난다. 또한, 교사가 인식하기에 학생이 과거에 비해 학습 정도가 향상되었거나 진급하는 데 아주 적은 점수가 모자라는 경우, 학생을 동기부여하기 위해 성적을 부풀릴 수도 있다. 교사는 학생의 성적에만 기반하여 평가해야 하는 것을 인식하면서도, 비교하여 평가하는 경우 학생의 사전 지식과 재능에 의해 의도하지 않게 영향을 받을 수 있다. 유치원생이 이미 집에서 수 세기나 알파벳 쓰기 등을 알고 학교에 들어갔을 때 이러한 문제가 발생한다.

또한 집에서 배운 것들(신발 끈 묶기, 얌전히 앉아 있기)이 비록 교육과정에 포함되어 있지는 않지만 교사들에게는 학생을 평가할 때 성취도 등에 간접적 영향을 미치는 좋지 못한 결과를 가져오기도 한다(Hatt, 2012).

또한, 평가가 수학적으로 검증된 경우 또는 명확한 목적을 염두에 두고 설계되었지만 여전히 "임무 변경(mission creep)"의 대상이 될 수 있다. 시험의 목적은 무엇을 목표로 할지, 어떻게 목표를 정할 것인지 그리고 데이터의 결과를 정당화하는지에 대해 제시한다. 그러나 사람들은 그들이 행하는 평가의 목적을 고려하지 않을 수도 있다(무시하는 것일 수도 있다). 특정 유형의 평가 데이터에 국한되지 않으며 이는 판단의 오류를 초래할 수 있다. 이러한 문제는 고부담시험 데이터에서 제기되어 왔다. Hamilton(2003)은 특정 목적을 위해서라면 정확성이 낮아지기 전에, 하나의 시험으로도 많은 목적을 충족시킬 수 있다고 했다.

> 오늘날 대부분의 시험 기반 책무성 체제는 외부에서의 모니터링을 위한 정보 제공을 위해 사용되고, 교사들이 교수 방침을 정하고, 교사와 학생이 함께 수행 능력을 향상시키며, 학부모의 선택에 도움을 주고, 학교 자체의 평가에도 활용된다. 이러한 목적은 종종 서로 상충된다(p. 56). 평가에 있어서의 모호함과 변경 등의 무제는 교육자, 정책입안자, 지역사회 구성원이 그들의 맥락에서 사용할 수 있는 평가 도구에 대한 지식을 습득할 필요가 있음을 강조한다.

위에서 우리는 평가 목적의 일부를 기술하면서 그 목적과 관련된 유형의 몇 가지 예를 강조하였다. 이것은 특정 평가 유형이 특정 목적에만 사용될 수 있다는 것을 의미하는 것이 아니라는 점에 유의해야 한다. 예를 들어, 교사가 만든 퀴즈가 반드시 형성 평가의 목적에 국한된 것은 아니다. 마찬가지로 대규모 시험이나 프로젝트가 총괄 평가의 목적으로만 제한될 필요도 없다. 이에 더해, 새로운 교육 전략에 대한 통찰을 통해 학생이나 팀의 등급을 정하는 것도 가능해졌다. 중요한 것은 평가에서 평가 설계와 평가 목적이 일치해야 한다는 것이다.

평가의 유형과 특성

주어진 학교 상황에서 이용할 수 있는 평가도구는 다양하다. 위에서 언급한 바와 같이 다양한 유형의 평가가 다른 목적으로 활용될 수 있다. 각각의 평가는 특정 목표를 염두에 두고 구성되기 때문에, 하나의 평가가 모든 목적이 되지는 않는다. 이하에서는 기존의 평가 유형과 특징을 구별해 보고자 한다.

교사들은 현재 학교에서 활용할 수 있는 평가 유형과 보고 기능을 탐색하는 데 도움이 필요할 수 있다. Braun과 Mislevy는 다양한 형식의 시험 유형(예, 객관식, 서술식, 단답식)은 고부담 표준화 시험에서 쉽게 찾아볼 수 있으며, 이러한 방식은 정기적인 교실 평가에서도 나타날 수 있다고 언급하였다. 또한 이러한 항목은 학생들의 형성 평가와 진단 평가 결과를 제공할 것인지, 개별 학생의 학업 성취를 평가할 것인지, 또는 교육 프로그램의 성공 여부를 측정할 것인지 등과 같이 다양한 목적으로 설계될 수 있다.

또 다른 평가 유형으로는 지역, 교육구 또는 학교, 학급 등의 행정적 기준과 관심 분야에 관한 것이다. 이하에서는 이러한 기준이 시험 항목 그 자체보다는 일반화 및 추론에 중점을 두고 있다는 것을 설명한다.

대규모 평가

예를 들어, 대규모 평가(large-scale assessment)는 일반적으로 한 번에 여러 지역에 걸쳐 많은 학생들의 정보를 제공하도록 설계되었다. 많은 교육자들의 경험에 따르면, 대규모 평가에는 상당한 시간이 소요되며, 그렇지 않을 경우 교육적인 시간이 소요될 수 있다. 실제로 시험을 보는 동안 학교 전체가 조용해야 한다.

일부 대규모 평가는 전체 집단을 추론하기 위해 확률과 통계에 기초하여 학생들을 표집하여 조사하기도 한다. 예를 들어, NAEP는 미국 전역의 학생들을 표본으로 관리하며, 특정 주의 학생들이 어떤 성과를 보이고 있는지 추론할 수 있다. 주 차원의 책무성 시험은 대규모 평가의 또 다른 예이다. 많은 종류의 대규모 평가는 상업적으로 이용 가능하다. 일부 학구는 학생들의 학업 성취도에 대해 다양한 관점을 갖기 위해(예를 들어, 학생들의 읽기 수준을 전국의 다른 학생들의 점수와 비교하여 파악하는 것) 이러한 평가 프로그램을 도입한다.

대규모 평가의 결과는 여러 가지 방식으로 발표될 수 있으며 그에 따라 다른 결론을 도출할 수 있다. 예를 들어, 목표 지향 시험은 역량 수준에 다른 학생의 성과를 보여 준다. 궁극적인 관심은 학생의 학습 목표 또는 기준을 달성하였는가에 달려 있기 때문에 그 기준에 학생이 자신의 역량을 발휘했는지 여부를 결정하기 위해 커트라인을 설정하는 것이다. 이에 따르면, 수학의 목표는 대수 추론을 적용하는 것으로, 만약 이 평가에서 커트라인 점수 이상을 받았을 경우 학생의 수학 수행 평가는 완료하게 된다. 이에 비해 규준 참조 시험은 학생의 수행 결과를 다른 학생들과 비교하여 제시한다. 백분위 순위가 이러한 보고의 예이다.

특정 분야에서 90번째 백분위 순위 결과를 얻었을 경우 이 학생은 다른 학생들과 비교했을 때 그 분야의 90% 수행 능력을 보여 준다는 평가를 받게 된다. 앞서 제시한 두 평가 방식 모두 아주 쉽거나 매우 어려운 항목들을 포함하고 있다. 또한 점수는 여러 요인에 의해 분해될 수 있으며 때로는 다양한 조합으로 산정할 수도 있다. 일반적인 예로, 주 차원의 책무성 시험은 학교, 학생의 인종, 사회경제적 지위, 또는 성별에 의해 평가된다. 마찬가지로 중요한 것은 시간의 변화에 따른 수행 결과를 종단적으로 분석할 수 있다는 점이다. 항목 수준의 분석은 학생들이 범할 수 있는 오류의 유형에 대한 분석도 제시한다.

장학담당자가 교사들을 지원하고 그들을 판단하려면, 장학담당자들은 각각의 대규모 평가에 대한 이런저런 세부 사항에 대해 잘 알고 있어야 한다. 동시에 그들은 교사들이 그들의 평가의 독특한 특징이나 각 평가의 강점과 약점을 파악하는 데 어려움을 겪을 수 있다는 것을 인지해야 한다. 학교 교육 개선에 있어 이러한 데이터의 역할은 전부 또는 일부가 아니다. 이러한 평가에 대한 교사의 지식과 태도를 형성하면, 교사는 평가를 적절하게 사용할 수 있을 것이다.

평균적인 학생들에 대한 유용한 정보를 제공하는 평가를 진행한다고 가정해 보자. 만약 그 평가가 최상위 혹은 최하위 학생의 실제 성적을 제대로 측정하지 못한다면 교사들은 그 평가를 선택하지 않을 수도 있다. 이러한 경우, 교육청과 교사들은 좀 더 적절한 대안적 평가 방식을 찾기 위한 추가적인 회의가 필요하다. 비슷한 예로, 일부 평가에서는 특정 학생 그룹에 대한 주의를 끌기 위해 '버블키즈'라는 수단을 사용하는 방식으로 정보를 보관할 수 있다. 교사는 이러한 학생들에게 초점을 맞추는 것이 평가의 설계, 학구의 교수-학습 비전, 그리고 학생을 가르치는 것에 대한 자신의 전문적 가치에 적합한지에 관한 지침이 필요하다. Hamilton(2003)은 점수의 타당도와 신뢰도에 따른 개별 통계 자료가 교육자가 어떤 목적을 위해 어떤 것을 신뢰할 것인지에 대한 결정을 내리는 데 도움을 줄 수 있다고 하였다.

마찬가지로 중요한 것은 주정부 차원 평가 자료의 적절한 사용에 관한 대화가 도움이 될 수 있다는 것이다. 책무성의 핵심 가정은 주정부 차원 시험 데이터를 보고하는 것이 교육자가 그들의 교육과정과 교수 방식을 주정부 기대에 부응하는 데 도움이 될 수 있다는 것이다. 따라서 시험과 평가 기준 간의 불일치는 특정 평가의 가치를 떨어뜨릴 수 있다.

Polikoff와 그의 동료들(2012)은 여러 주에 걸쳐 시험과 평가 기준의 일치 정도를 살펴보았고, 주 사이의 그러한 일관성을 발견했다. 어떤 특정 평가 기준은 검증하였으나 일부 기준은 검증되지 않았다. 어떤 평가는 학생의 수준에 맞지 않았고, 어떤 평가는 교육 내용에는 부합했지만 학생에게 요구되는 인식 수준에 맞지 않았다. 시험과 기준 간의 일관성이 계속 개선됨에 따라, 교사들은 최적의 평가 틀을 만드는 데 도움을 받을 수 있었다. 이는 기준에 명시된 주정부 차원의 기대치를 충족하는 동시에 책무성 관련 요구사항을 수용할 수 있는 균형 잡힌 교육 계획을 수립하는 것을 의미한다. 이는 다른 형태의 평가로부터 추가적인 정보를 얻는 것을 의미할 수도 있다.

주기적 평가

정기적 평가(periodic assessment)는 많은 학구와 학교에서 널리 사용되는 평가 방법이다. 이는 학구에서 만들 수도 있고, 교사가 만들 수도 있고, 또는 상업적으로 구입할 수도 있다. 이들을 혼합해서 평가가 이루어지는 경우도 있으며, 항목들은 문제은행에서 추출되는 경우가 많다. 어떤 주기적 평가는 공식적 정보 제공을 목표로, 또 다른 주기적 평가는 자료 축적 또는 예측성 자료 수집 등을 위한 것이다. 또한 일부의 주기적 평가는 개별 학생들의 학습 상황을 추론하기 위해, 일부의 주기적 평가는 학생들 그룹의 수행 능력을 평가하기 위해 사용된다. 즉, 주기적 평가는 정해진 일정한 틀이 있기보다는 목적에 따라 선택되는 다양한 틀을 가지고 있다. 주기적 평가는 여러 이슈들을 합해 진행하는 중간시험, 일부 학교에 의의를 갖는 기준이 되는 시험 등을 포함한다.

주기적 평가의 일반적인 맥락은 중간 주기 정보 전환을 목표로 하는 것이다. 어떤 학교들은 이를 "딥스틱 테스트(dipstick test)"라고 한다. 그들은 전통적 방식의 대규모 평가보다 신속하며 학생들의 진정한 흥미 위주에 초점을 맞춰 진행하게 된다. 이 평가 방식은 기존의 방법보다 자주 실시할 수 있으며(9주에 2번 정도), 수업 시간에 지장을 주지 않는 장점이 있다. 예를 들어, 유창한 읽기 능력이나 문법 규칙에 대한 짧고 정기적인 평가를 통해 교사가 시간이 지남에 따라 진행 상황을 추적하고 특정 학생의 요구사항을 해결할 수 있다고 생각했다. 내용과 상관없이 이러한 평가 결과는 교사와 학생들의 마음 속에 아직 생생한 자료로 남아있기 때문에 보다 실질적인 평가 결과로 간주될 수 있다. 대규모 평가와 함께, 주기적 평가는 지리적 참여 그룹, 교육 프로그램, 과거 수행 능력, 오류 유형 등 학생에 의해 제시되는 다양한 항목들로 나누어져 결과가 제시된다. 그러나 주기적 평가의 잠재적 영향력을 평가하는 것은 특정한 시험이 직접 이루어지는가의 여부, 교육자의 학생 이해도 등에 따라 결과가 달라진다. 예를 들어, 학생의 읽기 능력에 대한 정확한 진단 정보를 제공하는 짧은 격주 단위의 시험은 정기적 평가로 간주될 수 있다. 그러나 일부 지역에서는 이전 연도에 발표된 시험 버전이 매 학기마다 시행된다면, "정기" 시험으로 간주된다.

이 시험의 유용성은 부분적으로 어떤 정보를 수집할 수 있는지에 달려 있지만, 다른 부분은 교육자들이 그들의 유용성의 차이를 인지하는지에 달려 있기도 하다. 예를 들어, 비록 타 교사들이 너무 잦은 시험이라고 판단하여 학생에 대한 잘못된 정보를 줄 수 있다고 판단했지만 어떤 학교의 교사들은 학생의 학습 태도를 향상시키는 데에 이전 정기적 시험의 결과를 활용할 수 있다고 판단한 경우, 이는 차별성을 갖게 된다. 이 문제는 평가가 아닌, 교사가 인식하는 것과 관련된다. 이는 교사가 단순히 시험을 관리하기 위한 요구사항을 준수하는지, 교사가 실무 방식을 개선하는 데 정보를 통합하는지에 영향을 미친다.

주기적 평가와 같이 공개된 주차원의 시험에 대한 지나치게 신뢰하는 것에 대해서도 유사한 관찰이 이루어질 수 있다. 비록 많은 지역에서 시행되는 일반적인 정책일지라도 시행 전에 신중한 검토가 필요하다. 그러한 시험을 관리하고, 점수를 매기는 데에는 상당한 시간이 소요되는 것은 물론이고 그에 따른 결과의 유용성은 교사들에게 전달되는 내용과 방법에 따라 달라진다. 따라서 중앙청의 지도자, 장학담당자, 교사는 정책의 근거에 대해 의견이 다를 수 있다. 이 시험이 다음 해의 점수를 "예측"하는 것인가? 이 시험은 실제 학급에 대한 공식적인 정보를 제공하는가? 아니면 학급 수준이 아닌 학교 간의 교육 프로그램 평가에 관심이 있는가? 학습을 개선하는 것보다 시험을 치르는 전략을 세우는 것에 관한 것인가? 즉, 합리적 상황의 고려보다는 교사들이 각각의 결점을 지적하는 상황이 나타나는 것이다. 많은 사례에서 그들이 옳을 것이다. 정당하고 교육적으로 건전한 학교는 얕은 수영장일 수 있다. 그래서 장학담당자들은 교사들이 이런 시험들을 어떻게 사용하는 것이 학생들에게 가장 도움이 되는지를 파악하는 것을 도와줄 수 있어야 한다.

교육자는 시험 자체의 목적을 재설정하는 것보다는 교육적 필요를 염두에 둔 주기적 평가를 찾는 것이 더 나을 것이다. 예를 들어, 학교 전반에 걸쳐 교수 사례의 범위와 순서를 맞추는 데 관심이 있는 지역은 교육구가 정한 교육과정 지침에 따라 학생 학습을 측정하기 위해 주기적으로 평가할 수 있다. 이러한 평가가 성공적으로 이루어지기 위해서는 평가 목적이 분명히 제시되어야 하고 그 목적이 평가절하되어서는 안 된다. 장학담당자와 교사 간에 필요한 대화에는, 시험 사이에는 무엇을 가르쳐야 했는지, 어떻게 가르쳐야 하는지, 시험 결과로 무엇을 할 것인지가 포함되어 있다.

마찬가지로, 다른 학구에서는 교내에서 협력적 실천을 장려하는 데 관심이 있을 수 있다. 따라서 같은 분야의 팀이나 부서 내에서 교사 간의 협업을 목표로 삼을 수 있다. 하나의 이니셔티브는 학교 내의 부서에 자체적이고 공통된 주기적인 평가를 제안하도록 요청할 수 있다. 앞의 예시와 같이, 교사 간에 일반적으로 어떤 내용이나 사례를 포함해야 할지를 결정하기 위해 중대한 작업이 필요할 수 있다. 그러나 장학담당자들은 교사가 교육과정과 평가에 관한 문제를 이해할 수 있도록 지원해야 할 수도 있다. 학습 목표를 어떻게 드러내야 하는가? 특정 내용이나 엄격함의 정도가 요구되는가? 어떠한 방법을 통해 이 항목들을 정확히 평가할 수 있는가? 이러한 과정이 결코 간단하지는 않지만, 교사들이 이전에 경험하지 않았던, 가정, 표준, 목표, 그리고 실행 등을 인지할 수 있도록 할 것이다. 교사들의 관점이 잘못되었을 수도 있기 때문에, 합의를 개발하는 데는 시간, 협상 기술, 그리고 교육과정과 평가에 대한 전문적인 지식이 필요할 수 있다.

정기적 평가에는 몇 가지 긍정적인 가능성도 있다. 다른 평가 요소들이 제시될 수 있다고 하더라도, 위와 같은 예시들에서 교사들이 직면하는 기대의 범위를 평가를 통해 변화시킬 수 있다. 교사들은 익숙하지 않은 수준이나 속도로 학생들을 가르쳐야 한다는 것을 깨닫게 될 것이다. 평가를 공유함으로써, 교사들은 학생들의 요구사항을 해결하기 위해 부서나 학교차원의 대응 방법을 마련하기 위한 공통점을 발견하게 될 것이다. 만약 장학담당자가 교사가 이러한 기대를 충족시키거나 결과를 적절히 해석하고 그에 따라 행동하는 것을 돕지 않는다면, 학생들을 평가하는 데 전념하는 시간이 허비될 것이다.

학급 수준의 평가

학급 수준의 평가(classroom-level assessments)는 전통적인 학교 교육 평가 방식 중 하나이다. 학급 수준의 평가의 특징은 매우 다양하고, 대부분 교사 개개인의 재량에 달려 있는 경우가 많다. 좋은 교사는 학생들의 학습에 관한 정보를 수집하기 위해 다양한 방법을 사용하며, 오류 없는 완전한 목록을 만드는 것은 불가능하다고 볼 수 있다.

또한 학급 수준 평가의 몇 가지 예는 친숙할 수 있지만 새로운 형식이 계속해서 나타난다. 예를 들면, 수업 마무리 중의 '출구 티켓(exit tickets)', 퀴즈, 그리고 포트폴리오 작성 등이 이에 속한다. 그러나 위키, 블로그, 기타 웹 2.0 기술 등이 앞선 예들을 제치고 학생들의 주요 학습 활동에 도움을 주고 있다. 이러한 활동들은 학생들의 학습뿐만 아니라 다른 세계에 대한 지식을 제공함으로써 창의성을 개발하는 것에 도움을 준다(Greenhow, Robelia, & Hughes, 2009). 일부 교사는 처음부터 자신의 평가 방식을 개발하는 반면, 다른 교사들은 교육과정 지침이나 동료를 포함한 외부 자원을 활용하여 학생들을 평가하기도 한다. 점차적으로 교사들은 블로그와 마이크로 블로그(예, 트위터) 등을 통해 학급 평가 방식을 공유하고 공동 작업을 할 수도 있다(Richardson & Mancabelli, 2011).

형식이나 자료에 관계없이, 학급 수준의 평가는 교사에게 학생들에 대한 정보를 꾸준히 제공할 수 있다. 그러나 교사들이 이 평가에서 얻은 정보들은 학생들이 무엇을 어떻게 왜 배워야 하는지에 대한 암묵적인 이해만을 생각하게 할 수 있다. 교사는 단순히 학생이 '틀린(wrong)' 답을 선택했다는 사실을 넘어 그것에 숨어 있는 잠재적 원인을 볼 수 있으며, 계산 오류 및 개념 착오 등을 정확히 바로잡아 줄 수 있어야 한다. 교사의 평가는 학생들에 대한 직관적 평가에 이어 즉각적인 피드백을 제공한다.

그러나 장학담당자는 학급 수준의 평가에 관해서라면, 교사들 사이에 공통점을 만들어 내는 데 관심이 있을 것이다. 예를 들어, 특정 수학 개념을 평가하는 교사의 독특한 접근법은, 한 학생이 1년 내내 그 수업을 들었지만, 외부 관찰자에게는 이치에 맞지 않는 것일 수도 있다. 이러한 상황은 학생이 주차원의 시험과 같은 외부에서 개발된 평가를 통해 학습 능력을 점검받아야 할 필요성을 일깨워 준다. 마찬가지로 중요한 것은, 교사 혼자서 평가에 몇 가지 특이한 목표를 반영하여 학생 성적에 도달할 수 있도록 하는 것처럼(Fenner, 1999), 성적과 평가에 공통점을 갖는 교사는 체계적으로 협력하여 학생의 요구사항을 해결하는 것이 더 나을 수도 있다(Wayman & Stringfield, 2006). 또한 주차원 시험에 자신의 평가를 맞추는 것을 지나치게 강조하는 교사는 주차원의 표준이나 지역사회 기대치의 일부인 중요한 기술과 내용을 의도치 않게 무시하게 되는 경우도 나타나게 된다.

기술과 평가

평가 도구는 평가 그 자체뿐만 아니라 자료를 수집, 분석하고, 교육자 또는 다른 소비자들에게 전달하는 데 도움이 되는 기술적 측면도 포함한다. 끊임없 Heraclitus는 세계의 변화가 불가피하다는 점을 지적하며 "같은 강에 두 번 발을 두지 않는다."고 언급했다. 이 문구는 오늘날의 기술에 대해 배우고, 실행할 때 가장 적합하게 설명할 수 있다고 본다. 이와 같은 맥락에서, 학교에서 제공되는 평가 관련 기술의 계획이나 기능은 끊임없이 빠른 혁신을 겪게 된다. 그러므로 장학담당자들은 이러한 기술 측면에서 현재 학교가 제공하는 것이 무엇인지뿐만 아니라 평가 과정을 뒷받침하는 데 있어 향후의 기술(그리고 아직 생각하지 못한 기능)이 어떤 위치에 있는지도 알아야 한다.

일반적으로 현재 사람들은 평가 기반 기술에 대한 컴퓨터 데이터의 활용을 자주 언급한다. 즉, 교수들이 단순히 학생들을 관찰하고 알기 위한 전통적 교육 지침과 사무적 기술과는 달라진 것이다. 이 대신, 교수들은 학급 현장에서 미세하지만 근본적인 역할을 할 수 있게 된 것이다. 예를 들어, 학교에서 마련한 채소 농장에서 재배한 채소들을 지역 농장 시장에서 판매하는 웹 기반 비디오 등을 통해 수업을 진행하는 교사가 있다고 하자. 외부에서 그들의 활동을 본다면 학생들이 보다 쉽게 경제적, 언어적, 수리적, 생명과학적 접근을 할 수 있다는 것을 인지할 수 있다. 또한 교사들이 워드 프로세스, 스프레드시트, 비디오카메라, 편집기, 온라인 자료 수집 등의 기술을 다루는 데에 있어서 어느 정도의 능숙함을 보이는가 하는 점도 학생들에게 영향을 준다.

그러나 컴퓨터 데이터 체계와 평가의 역할은 매우 중요하지만 쉽게 측정할 수 없는 단점을 갖기도 한다. 이러한 과정에서 교사는 어떠한 방식을 통해 학생들에게 정규 피드백을 가능하게 하는가? 교사들은 어떻게 만족도와 엄격성을 충족하는 학생들에 의한 목적 달성을 측정하는가? 교사들은 학생들이 본 과정을 통해 그들이 우세한 과목뿐만 아니라 취약한 과목에서도 주의 집중을 가능하게 했던 효율적 학습이 이루어졌으며 인정할 만큼의 교육이 이루어졌는지 어떠한 방법으로 측정하는가? 이에 대한 다수의 연구가 사전에 진행되지만 명확한 답이 얻어지지는 않았지만 기술 없이는 진행하기 어렵다는 것만 알 수 있었다. 그러나 이 프로젝트의 규모라도 없다면 언뜻 보기에 기술을 통한 학습이 유용하다는 것을 증명하는 것은 더욱 어려워진다.

Wayman, Cho와 Richards(2010)가 이 쟁점에 관한 연구의 한 부분에서 컴퓨터 정보의 일반적 범주와 그 활용의 중요성을 언급했다. 예를 들어 SISs(학생 정보 체계)는 근본적으로 출석 상황, 등급, 등록, 수업 시간표 등의 자료 관리를 위해 만들어졌다. 학생 학습 평가 체제는 또한 특정 평가 결과를 조직하고 분석하기 위해서 제시되었다. 많은 상황에서 평가 체제는 학교 관리자 등에게 학생을 직접적으로 평가할 수 있는 기반을 마련해 주었다. 일반적인 예시 상황이 정기적인 평가와 특정적으로 연계되어 있다면 평가의 목적과 부합하는 분석 정보를 제공할 수 있게 되는 경우인 것이다. 이러한 평가들은 소위 읽기 능력, 수리 분야에서의 국가 기준을 통한 추적 과정, 분야별 일반적 평가 비교 등의 분석적 정보를 포함한다. 학생에 대한 데이터 저장고는 특정 체제와 통합 상황의 개별 강점을 쌓아 가면서 'one-stop shops'이라고 일컬어지기도 한다. 비록 개별 특성이 무수히 많다고 하더라도 이러한 방식을 사용한 평가는 기존의 이질적인 평가들과 동시에 분석될 수 있는 특징을 갖거나 현재까지 행해졌던 학생의 상태를 파악할 수 있게 해 준다.

기술적 요소들은 종종 학생에 대한 정보 접근을 간편하게 해 주며 학생의 요구에 주의를 기울이며 강력한 분석력을 갖기도 한다. 예를 들어 Tucker(2010)는 뉴욕 시의 국립 학교에서 이러한 기술 기반 잠재력을 사용한 적이 있다고 밝혔다.

> 담임선생님은 마우스 클릭 몇 번만으로도 시험 결과, 과목별 성적, 출석부, 영어 학습 상황을 컴퓨터 화면을 통해 즉각적으로 얻을 수 있었다. 이 방식 덕분에, 단기간 고등학생들을 담당하는 교사들은 학생들이 어떠한 학습 상황에 있으며 어떤 과목이 취약한지를 한눈에 알 수 있게 되었다. 교사들은 일반 학생들은 물론이고 전학을 자주 하는 학생들에 대해서도 장기적인 관리가 가능해진 것이다(p. 2).

그러나 기술 혁신과 평가는 이러한 종류의 정의의 한계를 계속 넓혀 가고 있다. 예를 들어, 일부 시스템에서는 학생 평가 자료를 교사의 평가와 장학담당자의 관심에 의해 얻어진 정보와 통합하기 시작했다. 또한 다른 시스템은 학생들의 긍정적인 행동과 개인적 포부를 반영한 평가와 분석을 제공하기 시작했다. 이것은 규율 위반에 비추어 학생의 성취도를 조사하는 기존의 접근 방식보다 한 걸음 더 나아간 것이다. 마찬가지로 평가 관련 시스템은 교육 관리 시스템의 기능을 통합하기 시작했다(Wayman et al., 2010). 물론 교재, 가르치는 내용, 주 차원의 기준과 같은 자료에 대한 컴퓨터 접근성은 이미 우리 주변에서 익숙하게 진행되는 방식이다. 그러나 중요한 것은 기술의 발전을 통해 이러한 자원을 시의적절하게 맞추어 교사들에게 직접적으로 제공이 가능하다는 것이다.

동시에 기술의 발전은 평가 행위에도 영향을 미친다. 이러한 변화 중 일부는 많은 교사들의 일상을 향상시킨다. 예를 들어, 교실 내의 '클리커(clicker)'라고 불리는 방식은 교사들이 학생들에 따른 각각의 상황을 즉각적으로 살피며 검사 질문 내용과 틀을 만드는 과정을 유용하게 만들어 준다. 즉, 기술 발전에 근거한 체계는 학생들이 상호 토론하는 방식, 주어진 문제를 해결하는 방식을 향상시켜 주며 교사들 또한 학생들의 학습 상황에 대한 즉각적이며 적절한 피드백을 받을 수 있다. 유사한 측면에서 일종의 데이터 체계는 컴퓨터 스캐너의 역할을 통합하기 시작하기도 했다. 그 중 하나로는 학생들의 실제 수행 과제들을 저장하고 공유하는 프로그램이 있다. 또 다른 프로그램으로는 학생들에 대한 즉각적 등급 제시, 정보 입력, 지역구 단위 또는 부서 수준의 정기적 평가 등과 같은 재래식 평가 방식의 분석을 제공한다.

사실, 기술 기반 평가(technology-enabled assessments)는 기존 평가 방식들의 경계를 허물고 있다. Baker(2005)는 기술과 평가 방법의 조합이 미래의 평가 틀 마련의 시작점이 될 것이라고 하였다. 단순히 옳고 그름을 넘어서, 응답은 패턴에 대해 분석되거나 원하는 응답과 거리가 먼 경우에 대해 분석될 수 있다. 이는 항목이 객관식인지, 서술식인지, 수행 평가 관련 항목인지에 상관없이 사용할 수 있다. 성적을 매기는 알고리즘은 비표준 영어 사용자에게 더 공정하도록 조정될 수도 있다. 특히 Baker는 휴대용 모바일 기기가 평가를 관리하고,

그 결과를 보고할 수 있는 가능성에 주목하고 있다. 또한 Wayman, Stringfield와 Yakimowski(2004)는 즉각적인 경고와 메시지 기능이 학생들의 데이터에 비추어 교사의 수행을 수정하는 데 어떻게 도움을 줄 수 있는지 설명한다.

이러한 기술적 진보는 멀지 않은 미래에 교사들이 사용할 수단이 될 것이다. 다른 형태의 기술 기반의 평가는 학생들의 직접 경험에 초점을 맞춘다. 예를 들어 Tucker(2009)는 사실적이고 가짜 같은 경험을 제공하는 몇 가지 기술 기반의 평가에 대해 설명했다. 수행 시나리오는 가상 실험실에서 그들 자신의 과학 실험을 계획하고, 수행하고, 분석하도록 하는 것과 같이 복잡할 수 있다. 이러한 방식으로 학생들을 평가하기 위한 새로운 방법을 마련하면 더욱 혁신적이고 상호작용하는 교수법에 대한 지지를 강화할 수도 있다.

장학담당자를 위한 시사점

앞 절에서 우리는 평가에서 기술의 역할뿐만 아니라 평가의 목적과 형식에 대해서 기술했다. 장학담당자가 이 분야에서 교사를 지원하기 위해 평가 자료의 "무엇"과 "왜"를 알아야 하는지 강조했다. 아래의 절에서 우리는 학생 학습 평가에 대한 장학담당자의 자세(stance)에 대해 추가적으로 제시하고자 한다. 이러한 논의들을 결합하는 일반적인 맥락은, 평가는 단순히 학생들이 배운 것을 측정하는 것이 아니라, 학교 변화의 원동력에 그 정보를 통합하는 것임을 전제로 한다.

'지혜로운 태도'의 함양

제3장에서는 학생들의 흥미를 극대화시키고자 하는 결정에 있어 여러 지식의 필요성이 선행되어야 함을 살펴보았다. 이 장에서는 평가 자체의 독특한 특성들에 대해 분석해 보고자 한다. 각각의 평가들은 고유한 목적과 관심을 염두에 두고 고안되었다. 학교는 학생들에 대한 충분한 정보를 갖고 있지 못한 경우,

목적에 부합하지 않은 경우, 올바른 평가 결과를 얻어내지 못한 경우 등에 있어 자체 평가를 시행하는 데 어느 정도의 위험이 따르게 된다. 종종 '완벽한' 평가라고 일컬어지는 그것들은 결코 완벽하지 않은 경우가 있으며 활용이 불가능한 경우, 심지어는 평가 자체가 존재하지 않는 경우가 발생하기도 한다.

그러므로 장학담당자는 이러한 부분에 있어서 특정한 자료의 형식 마련에 있어 좀 더 개방적인 학교 분위기를 조성할 수 있어야 한다. 평가 제목에 있어서는, 어떤 결과를 도출할 수 있는지 명시하며 교사 관찰, 학교 분위기 정보 등 학생 학습 평가 이해에 중요한 부분을 차지할 수 있는 부가적인 정보 또한 알려줄 수 있어야 한다. 장학담당자는 교사들의 독특한 특성을 발견하고 그들이 각 정보를 적절히 해석할 수 있도록 정보 해석 능력의 향상을 도와야 한다. 그러나 Pfeffer와 Sutton(2006)이 '지혜로운 태도(attitude of wisdom)'라고 부르는 것이 아니라면 이런 것들에 대한 공감대를 형성하기는 어렵다. 다른 말로 하면, 널리 퍼져 있는 정보들에 기반한 신념, 관례, 조치들이 습관으로 고착될 수 있지만, 이는 불완전하거나 잘못 인도할 수도 있다. 그러나 이러한 개선 과정은 우리 자신의 잠재력이 가끔은 틀렸다는 것을 깨닫게 하는 것을 포함한다. 지혜를 데이터와 관련된 사례에 적용하려면 오랜 습관이나 평가 결과 및 기타 학생 정보에 대한 사고방식에 열려 있어야 한다.

이러한 관점에서, 장학담당자는 창의성, 혁신을 향상시키며 교사 성장을 위한 과정의 하나로 교사의 실수와 오류를 수정하는 데 도움을 주어야 한다. 일반적으로 교사들은 그들이 실수했을 때 장학담당자로부터 피드백을 받는 것에 대한 두려움을 가지고 있으며 특히 그들이 좀 더 신중히 진행해야 했던 업무의 명백한 자료(hard data)를 제시해야 할 때 더욱 그렇다. 교사들은 타 교사들과 정보를 공유하는 것에 익숙해져야 하며, 실제 학생 수행 능력을 향상시키는 데 필요한 정보 수집 공유에도 익숙해져야 한다. 학교 관리자들은 권위적인 모습을 최소화하고 교사의 어떠한 경험이든 긍정적으로 평가하는 모습을 통해 표준화된 자료, 등급, 기타 평가들에 대한 교사들의 이해 능력을 향상시켜 주어야 한다 (Wayman & Stringfield, 2006).

이것에 대한 교훈은 의료계 사례에서 찾을 수 있다. 직관적이지는 않지만,

가장 좋은 병원은 효과적이지 못한 병원들보다 실수에 대한 기록이 더 많으며 이러한 행동이 문제 발생 시 해결책을 알려 주는 것으로 나타났다(Tucker & Edmondson, 2003). 학교가 지혜로운 태도를 취할 때, 그들은 그들이 알고 있는 것, 그들이 생각하는 것, 그리고 그들이 그 지식으로 하는 것에 대해 재평가할 준비가 된다. 이것은 평가와 관련된 조사 주기를 개선하기 위한 토대를 제공한다.

평가 주기의 재고

지혜로운 태도의 함양은 새로운, 의미 있는 무언가를 할 수 있는 기회를 확대시켜 준다. 이는 전문성 향상을 증진시키기 위한 경험이 된다. 이 때, 학습 계획 과정에 대하여 특정 평가와 피드백을 통합한다는 것은 구체적으로 무엇을 말하는 것인가? 이러한 평가 주기에 대한 조명은 이 질문에 대한 답을 제공할 수 있다. 평가 주기의 개념화에 있어서 한 사람의 주의 집중 능력은 종종 문제의 지속성과 연관될 수 있다.

그림 8-1은 일반적인 주기를 묘사하고 있다. 이 주기의 목적은 가까운 미래에 대한 설계를 가능하게 하는 것이다. 개별 수치들은 그러한 목적에 부합하며, 평가 부분은 차후 관리된다. 그 결과는 분석 및 해석되어서 계획의 수정 및 시행으로 이어진다. 또한 목표를 위한 과정이 재평가되는 부분으로 이어진다. 이를 통해 제시되는 새 교육 계획은 이전의 실행 가능성 여부를 기반으로 수립되고 전체적인 주기에 대한 수정은 되풀이되어 진행된다.

평가에 대한 이러한 인식이 시작에 불과할지라도 이 모델의 핵심 가정은 아주 중요하다. 첫째로, 이 모델은 교육적 목적을 갖는다는 가정을 한다. 비록 현재 명확한 교육과정과 기준이 존재하고 있다고 할지라도 교사들은 끊임없이 더 나은 교수 방법과 학습 방법을 연구해야만 한다는 것이다. 둘째로, 이 모델은 각 정보 흐름을 정확히 통찰한 후 해석, 교육 방법 수립, 수업 진행을 어떻게 이끌어 가야 하는지 알고 있다고 가정한다. 이 장의 전반에 걸쳐 제시했듯, 교사들은 평가의 의도와 적절한 사용에 대한 이해가 선행되어야 한다. 셋째로, 이

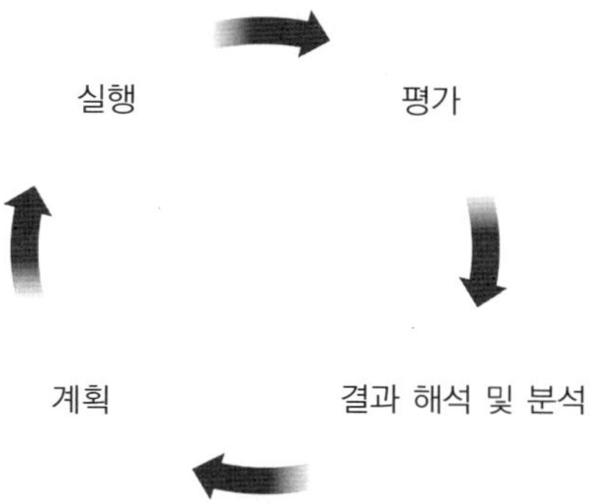

[그림 8-1] 평가 주기

모델은 모든 목적을 평가하고 측정하는 과정이 가능하다고 본다. 어느 학교는 그들이 원하는 정보 자체가 부족할 수 있고, 다른 학교는 타 정보의 습득 가능성을 인지하지 못한 채 현재 존재하는 정보만을 사용하여 평가하기도 한다.

또한 특정 목표(그리고 평가의 필요성)가 시간이 지남에 따라 어떻게 변화하는지도 파악하지 못한다. 예를 들어, 학교 책무성 측정에 중점을 둔 학교를 생각해 보자. 이를 위해 교사들이 작년 시험 데이터의 간단한 통과/실패 결과에만 의존하고 있다고 상상해 보자. 결과적으로 특정 학생을 소규모 읽기 그룹에 배정하거나, 특정 학생을 위해 교육과정을 축소하거나, 또는 수학 수업을 추가로 계획하는 등의 결정을 내릴 수 있다. 장학담당자와 다른 지도자가 평가, 속성, 그리고 적절한 용도로 대화를 전환한다면 어떠한 상황이 초래될 것인가?

많은 가능성이 존재할 수 있다. 예를 들어 교사진은 사용 가능한 데이터를 실제에 적용하고 있지만, 업무에 필요한 데이터가 아닐 수도 있다는 점을 깨닫고 있을 수 있다. 또한 데이터를 사용해 왔지만 시간이 지남에 따라 진행 상황을 추적하거나 실제 방식을 조정하는 등의 주기에는 제대로 참여하지 않는다는 사실을 깨닫게 될 것이다. 교사들 간의 대화를 통해 수업별로 매우 구체적인 요구에 따라 학생 그룹을 배정하고 재할당하기 위해 매주 정보를 제공하는 평가의 필요성이 드러날 수 있다.

마찬가지로 평가와 그 의미에 대한 토론을 통해 점수 간의 불일치, 학생의 행동과 개인적 요구에 대한 오해, 효과적인 수업 설계의 문제도 드러날 수 있다. 이 책 전반에 걸친 주장을 보면, 학생이 세상과 직접적인 소통을 하는 것이 중요함을 명시하고 있다. 이에 따라 적정 범위 내에서 일정 범위의 정보를 파악해야 하며 이 정보들은 학생들 개개인에 대해 중요한 부분을 차지하는 학습 영역의 기반이 된다. 학생의 기저에 깔린 관심사들에 대한 깨달음은 시험 정보에 관한 새로운 목적을 교사에게 제공하기도 한다. 이러한 데이터들은 현재 진행된 평가들을 통해서도 얻을 수 있지만 몇몇 데이터들은 추가적인 평가 방법을 개발하거나 구입한 후에 이루어지기도 한다.

어떤 노력도 하지 않은 상황에서는 평가의 발전이 이루어지지 못한다는 점에 착안하여, 앞에 제시된 과정들은 평가의 존재와 의미를 향상시키는 데에 필수불가결한 요소이다. 교사들은 가치 있는 정보를 어떻게 얻었는가? 정보의 실현은 이용 가능한 데이터 또는 교수-학습에 대한 신념에 기반하고 있는가? 이러한 요구를 해결하기 위하여 학교 또는 학구차원에서는 어떠한 활동이 이루어져야 하는가? Brown과 Eisenhardt(1997)는 학습에 능숙한 조직이 그들의 실제를 프로토타입으로 취급하는 데 능숙하다는 것을 발견했다. 이러한 조직에서는 작업 내용에 대한 정보만 지속적으로 수집하는 것이 아니라 유익한 정보를 재조정하기도 한다. 즉, 평가의 순환 자체가 그 자체의 평가 주기에 종속될 수 있다는 것이다. 개선 방향은 학교의 전반적인 평가 시스템을 모니터링하고 개선하는 데 도움이 된다.

평가의 전반적인 체계

학교에서 이루어지는 평가의 존재와 의미를 아는 것은 교사들이 평가의 전반적인 체계에 대해 신중할 수 있는 계기를 만든다. 여기에서는 평가의 전반적인 체계의 잠재적 구성 요소들을 살펴볼 것인데, 예를 들어 기술적인 부분과 연계되는 다양한 종류의 평가들을 알아볼 수 있다. 물론 교사들이 수없이 다양한 종류의 평가 방법들을 동시에 일상적이고 조직적인 구조에 통합시키는 것은 매우 어려운 일일 수 있다. 이에 따라 여기에서는 이를 달성하기 위한 장학담당자의 부가적인 세 가지 역할을 제시하고자 한다.

평가 체제

학교는 많은 평가와 평가를 위한 기술을 보유할 수 있다. 장학담당자가 교사들이 평가의 모든 수단과 사용법을 적절히 활용할 줄 안다고 가정할 때, 교사는 지원을 받지 못하거나 평가가 우선순위가 아닌 것처럼 느낄 수 있다. 어떤 평가 방식이 가치 있으며 왜 그러한 가치를 인정받는가?

반대로, 전체 시스템에 대한 지도나 감사법을 개발하면 보다 투명하고 일관성 있게 처리 가능하다. 이 작업의 중요한 부분은 장학담당자와 교사가 평가 체제가 어떻게 잘 맞는지에 대한 상호 이해를 발전시키는 것이다. 예를 들어, Datnow와 그의 동료들(2007)은 높은 학업성취도를 보이는 학교 체제에서 학생들의 학습을 지원하기 위해 사용된 평가에 대해 설명했다. 교육 체제(예, 주, 학구, 학급)의 다양한 유형과 다양한 수준의 데이터가 함께 사용되었다. 학구에 따라 공식적인 평가 자료뿐만 아니라 학부모 참여 자료, 강의 비디오테이프, 교육과정 차트, 장학담당자의 자료 등이 포함된다. 이와 유사하게 Baker(2005)는 평가의 종류가 어떻게 달라지는지, 그들의 피드백은 어떤 차이를 보이며 각각의 영향을 갖는지, 전반적인 체계에서 그들의 위치가 흐름도로 어떻게 표시되는지를 보여 주었다.

이러한 방식으로 장학담당자와 교사들은 학교의 평가에 대한 전체적인 접근에 있어 중복되거나 부족한 부분을 함께 평가할 수 있다. 각 종류의 평가에 소요되는 시간과 노력은 의미가 있는가? 교사가 원하는 정보가 있는가? 평가 결과는 지속적으로 평가 실행 시 조정하는 데 사용되는가, 아니면 일부 데이터는 포함되거나 포함되지 않았는가?

집단 문제 해결력 향상

3장에서 우리는 학습공동체와 지식 공유의 중요성을 살펴보았다. 평가를 중심으로 문제를 해결하는 것은 교사가 평가를 이해하는 방법에 대한 실제와 통찰에 대한 아이디어를 공유할 수 있는 구체적인 방법을 제공한다. 장학담당자가 이러한 방법을 교수들에게 지원함으로써 교사들이 학기 중의 시간을 활용하여 평가의 결과를 학생들에게 적용할 수 있는 기회를 제공한다. 연간 교육과정 전반에 걸쳐 다양한 평가가 진행됨에 따라 우리는 대규모 평가 주기의 일부를 진행하게 된다.

이러한 경우 장학담당자는 평가 결과에 대한 교사들 간의 구조적 대화 초안을 제공함으로써 도움을 줄 수 있다. 예를 들어 교사들은 미처 정해 놓지 못한 가정에 대해 밝혀내는 특수한 상황을 겪으며 학생에 대한 정보 수집 능력을 키우는데, 이는 학생의 다른 의견을 끌어내거나 창의적 사고에 따른 균형 잡힌 방법론을 제시하는 과정 등을 통해 나타난다(Wellman & Lipton, 2004). 더욱이, 장학담당자는 우선순위를 언급하며 교사들에게 중요한 메시지를 전달해 줄 수도 있다. 예를 들어, 역사 분야 장학담당자는 일반적인 평가 결과에 대해 협의하며 이에 따른 수업 진행 계획, 적절한 과제, 채점 기준 등을 마련하게 된다. 물론 이러한 작업은 고되고 많은 시간을 소요한다. 교사들은 이 과정에서 어떠한 수업이 우선적으로 진행되어야 하며 본 평가와 가장 적합한 고려 사항이 무엇인지를 협의하는 과정에서 많은 것을 인지하게 된다. 이러한 협의 과정에서 장학담당자는 전문적 개발, 중개 조언자와의 관계, 교사들과의 대면 및 기타 요소들과의 접촉 등 다양한 연계를 맺게 된다.

또한 어떠한 방식으로 학생들을 집단 문제 해결 과정과 대규모 학습 공동체에 참여시킬 것인지도 중요한 쟁점이 된다. 장학담당자는 평가에 대한 교사들의 건전한 태도 함양을 위해 도움을 주어야 한다. 한 예로, 공식적 자료가 학생들에게 아주 유용할 수 있다는 점을 들 수 있다. 게다가 공식적 자료는 학생들의 학습과 요구에 대한 교사들과의 추가적 계획 또는 특정 기술을 반영하기도 한다(Datnow et al., 2007). 반면에 학생의 성취도는 어른들이 '시험을 치르는 것(beating test)'에 대한 압박감을 말할 때 타격을 입을 수 있다. Cohen과 그의 동료들은 학생의 학업성취도와 관련된 이슈가 재구성되면 학생들의 성취도가 개선될 수 있다는 연구를 발표했다(Cohen et al., 2006). 특히 학생들이 자신을 특별하게 느끼게 하는 것들(예, 가치, 가족, 기술)에 대해 배우도록 돕는 것은 그들의 학습 결과에 상당한 성과를 가져온다.

교육자의 입장에서 이러한 측면은 평가 주기에 지역사회 봉사, 문화, 가족 등의 정보를 포함시키는 것의 중요성을 강조한다. 학생의 학업성취도 자료가 학생의 학습 목표 달성을 안내하는 것에 사용되듯(Supovitz & Klein, 2003), 더 큰 학습 공동체에 대한 자료는 다른 차원에서 학생의 발전을 안내하기 위해 사용될 수 있다. 이러한 예로는 가족 행사와 문화생활에 참여하는 것, 다른 사람에 대한 동정심을 표하거나 존경심을 보이는 것도 포함될 수 있다. 이와 관련된 데이터는 시험 점수와는 다르게 수집되지만, 매우 가치 있는 것이다. 일부 학교들의 기술적인 부분은 학교가 학생들의 행동을 빠르고 지속적으로 평가하고, 긍정적인 학교 문화의 정착에 기여하기 위해 이미 존재하고 있다. 게다가 모바일 기술의 발전으로 인해 학생과 그의 가족이 사진, 동영상 및 기타 수단을 이용하여 학교생활이 어떻게 진행되는지를 공유할 수 있도록 한다.

컴퓨터 데이터 시스템 활용

앞에서 교사가 평가를 실시할 때 영향을 미칠 수 있는 다양한 기술적 요소들을 살펴보았다. 이러한 기술적 요소들은 학교, 학구, 상업적 자료 제공자 등에 의해 얻어질 수 있다. 또한 블로그나 트위터와 같은 교사들의 온라인 전문 자료에서 제공되기도 한다. 기술적 요소들이 가정과 학교생활에서 전반적으로 영향력을 갖게 되며 장학담당자들도 그들의 기술에 대한 지식과 전략을 계속해서 업데이트해야 한다.

반대로, 어떤 시스템은 훈련에 사용하기 쉽게 보일지 모르지만, 이는 교사들이 시스템을 실제로 사용했을 때에야 비로소 증명될 수 있다. 이를 위해서 장학담당자는 정기적으로 시스템에 로그인하여 교사가 예상하는 것과 동일한 활동을 수행해야 할 수도 있다. 교사들은 장학담당자에 비하여 접근 수준의 차이가 다양하며 평가 방식을 조화시키는 방식도 여러 가지이기 때문에 비슷한 환경 체계의 경험을 재확인하는 것이 필요하다. 이 과정의 일부는 교사가 실제로 시스템을 사용할 때 교사와 함께 관찰하거나 작업하는 것을 포함할 수도 있다. 키보드 아래 스티커에 비밀번호를 숨길 필요가 있는 교사는 기억에 남는 비밀번호를 만들기 위한 요령, 시스템을 더 자주 사용할 수 있도록 장려하는 것, 학생 데이터 보호의 중요성을 상기시켜 주는 요령이 필요할 수 있다. 교사는 올바른 기능을 찾기 위해 지속적으로 "잘못된" 기능을 선택하거나 지침을 위해 홀 건너 편에 있는 교사에게 의존하는 것으로 미루어보아 특정 기능의 의미와 목적에 대해 혼동을 겪을 수 있다(Means, Padilla, DeBarger, & Bakia, 2009; Wayman, Cho, & Shaw, 2009).

이미 언급했듯, 교사 훈련은 여러 쟁점에 대한 장학담당자들의 의견 개진이 가능한 유일한 수단이다. 이 때 학습 공동체의 역할은 중요하게 간주된다. 전문적 소통을 하는 교사들은 상대에게 도움을 주거나 충고를 하는 데에 있어서 적극적이다. 더욱이, 장학담당자는 학교 교육과정 자체를 뛰어넘는 광범위한 지식을 갖고 있어야 한다. 컴퓨터 시스템의 문제는 컴퓨터 시스템을 변경함으로써 해결할 수 있다. 따라서 장학담당자는 교사들을 지지하는 역할을 수행해야 한다. 여기에는 교사들의 도전과 우려에 대한 의견을 중앙청의 지도자나 시스템 설계자들에게 전달하는 것도 포함된다. 예를 들어, 명칭이 불분명하게 지정된 메뉴나 기능은 교사들뿐만 아니라 시스템을 사용하는 많은 사람들에게도 혼란을 줄 수 있다.

교사들의 데이터 시스템 기술을 장려하는 것은, 교사들이 일반적으로 평가에 대한 관점을 형성하는 것과 밀접한 관련이 있다. 이 과정에서 데이터와 컴퓨터 데이터 시스템에 대한 직접적인 경험이 특히 효과적일 수 있다. 예를 들어, 교사가 학생의 그 동안의 성과를 볼 수 있도록 하기 위해 이러한 데이터의 정확성과 적절한 사용에 대해 논의할 수도 있다. 마찬가지로 그룹이나 개인 수준의 정보 제공 기능의 차이점을 탐색하면 해당 학습목표에 대한 그룹 또는 개인 수준의 요구를 반영한 개별 지도 방안의 공유가 이루어진다. 또한 자동 알림, 교육자료 링크, 교사들 간의 의사소통 능력과 같은 기능은 교사와 학생들에게 이것이 어떤 가치가 있는지 논의할 수 있는 기회를 제공한다. 실제로 일부 설계자는 시스템에 장학담당자가 관찰한 데이터를 통합하기 때문에, 교사들은 이러한 데이터를 학생들에게 유익하게 사용할 것(예를 들어, 교육 프로그램의 구현을 평가하는 것)이라는 확신을 필요로 할 수도 있다.

요약

이 장에서는 학생 학습 평가 부문에서 장학담당자에게 요구되는 지식과 태도에 대해 설명했다. 왜 학생들이 평가를 받아야 하는지와 관련된, 즉 몇 가지 평가의 목적을 제시하며 이 장을 시작했다. 이어서 다양한 유형의 평가와 각각의 특징과 관련되는 사례를 설명했다. 각 평가 방식은 학생들로부터 얻고자 하는 정보의 범위와 수준이 다르다는 것을 알 수 있었다. 이 때 기술적 부분은 평가 정보를 효과적으로 활용하기 위한 중요하고 필수적인 수단으로 강조되었다.

이에 따라 장학담당자들이 평가와 관련한 부문에서 교사들과 의견을 교류해야 함을 설명했다. 첫 번째는 교사에 대한 피드백의 중요성과 예기치 못한 상황으로부터 배울 수 있는 자세를 가질 필요성을 제시했다. 두 번째는 센스메이킹(sensemaking)을 둘러싼 이슈들을 인지함으로써 학교들의 평가 주기를 강화시키는 것과 관련이 있다. 세 번째는 체제 수준의 평가를 언급하였다. 여기에는 이용 가능한 다양한 평가에 대한 전체적인 지도를 만들고, 집단적 문제 해결 능력을 장려하고, 컴퓨터 데이터 시스템의 사용을 지원하는 것을 포함하고 있다.

후속 활동

앞서 3장에서는 활동 중 하나로 학교에서 데이터 유형의 목록을 작성하는 것을 제안하였다. 이 장에서는 학교의 평가 체제를 구체화해 나가는 것에 대해 언급하였다. 다음의 세 가지 활동을 완료한 후, 학교의 전반적인 평가 체제를 구축하고 평가할 수 있는 능력이 있는지 확인해 보시오.

1. 평가와 관련된 데이터를 중심으로 학교의 데이터 목록을 검토해 보자. 학교에서 실시하는 다른 평가들의 목적은 무엇인가? 너무 과하거나 불충분한 목적을 가지고 있지는 않은가? 평가가 만들어진 목적에 부합하지 않은 상태로 수집된 정보들이 있는가? 있다면, 장학담당자는 이러한 문

제를 해결하기 위해 무엇을 해야 하는가?

2. 또한 당신의 데이터 목록을 만들어 보고, 행정적인 측면과 관심 있는 범위에 있어서 당신의 평가 방식을 분류해 보자. 목적이 너무 과하거나 불충분한가? 평가가 만들어질 때의 목적에 부합하지 않은 상태로 수집된 정보들이 있는가? 있다면, 장학담당자는 이러한 문제를 해결하기 위해 무엇을 해야 하는가?
3. 컴퓨터 데이터 시스템 목록을 작성하여 교사가 다른 데이터 시스템에 어느 정도 익숙한지 평가해 보자. 가장 자주 사용하는 데이터 시스템은 무엇이며, 가장 익숙한 시스템은 무엇인가? 다른 것들보다 유독 더 자주 사용하는 기능이 있는가? 교사에게 유용성을 특히 많이 제공하는 기능이 있는가? 오히려 사용되지 않는 기능이 있는가? 일부 교사는 이러한 시스템을 정기적으로 또는 잘 이용하지 않는 경우가 있는가? 학교에서 컴퓨터 데이터 시스템의 사용을 활성화하기 위한 활동을 계획해 보자.
4. 학교에서 목적, 범위, 관심 분야에 따라 수집되는 다양한 유형의 정보를 보여 줄 수 있는 전체적인 그림을 만들어 보자. 이러한 데이터들이 컴퓨터 데이터 시스템을 활용할 경우 매우 편리하다는 점을 강조하자. 학교의 사명과 일치하는 평가 실행을 위해 향후 어떤 작업이 이루어져야 하는가? 교사들 간의 평가 주기 차이가 당신의 평가 방식에 어느 정도로 반영되었는가? 학생들은 이러한 주기에 어떤 방식으로 참여하는가?

참고문헌

Baker, E. L. (2005). Technology and effective assessment systems. *Yearbook of the National Society for the Study of Education*, 104 (2), 358–378.

Black, P., & Wiliam, D. (1998). *Inside the black box: Raising standards through classroom assessment.* Phi Delta Kappan, 80 (2), 139–148.

Brown, S. L., & Eisenhardt, K. M. (1997). The art of continuous change: Linking complexity theory and time-paced evolution in relentlessly shifting organizations. *Administrative*

Science Quarterly, 42, 1–34.

Cohen, G. L., Garcia, J., Apfel, N., & Master, A. (2006). Reducing the racial achievement gap: A social-psychological intervention. *Science*, 313 (5791), 1307–1310. doi:10.1126/science.1128317

Datnow, A., Park, V., & Wohlstetter, Priscilla. (2007). *Achieving with data: How high-performing school systems use data to improve instruction for elementary students.* Los Angeles, CA: Center on Educational Governance, University of Southern California.

Greenhow, C., Robelia, B., & Hughes, J. E. (2009). Web 2.0 and classroom research: What path should we take now? *Educational Researcher*, 38(4), 246–259. doi:10.3102/0013189X09336671

Fenner, D. (1999). *Ethics in education.* New York, NY: Garland Press.

Hatt, B. (2011). Smartness as a cultural practice in schools. *American Educational Research Journal.* doi:10.3102/0002831211415661

Means, B., Padilla, C., DeBarger, A., & Bakia, M. (2009). *Implementing data-informed decision making in schools: Teacher access, supports and use.* Washington, DC: U.S. Department of Education, Offi ce of Planning, Evaluation and Policy Development.

Richardson, W., & Mancabelli, R. (2011). *Personal learning networks: Using the power of connections to transform education.* Bloomington, IN: Solution Tree.

Supovitz, J. A., & Klein, V. (2003). *Mapping a course for improved student learning: How innovative schools systematically use student performance data to guide improvement.* Philadelphia, PA: Consortium for Policy Research in Education.

Tucker, A. L., & Edmondson, A. C. (2003). Why hospitals don't learn from failures: Organizational and psychological dynamics that inhibit system change. *California Management Review*, 45(2), 55–72.

Tucker, B. (2009). *Beyond the bubble: Technology and the future of student assessment.* Washington, DC: Education Sector.

Pfeffer, J., & Sutton, R. I. (2006). *Hard facts, dangerous half-truths, & total nonsense: Profi ting from evidence-based management.* Boston, MA: Harvard Business School Press.

Polikoff, M. S., Porter, A. C., & Smithson, J. (2011). How well aligned are state assessments of student achievement with state content standards? *American Educational Research Journal*, 48 (4), 965–995. doi:10.3102/0002831211410684

Wayman, J. C., Stringfi eld, S., & Yakimowski, M. (2004). *Software enabling school improvement through analysis of student data* (No. 67). Center for Research on the Education for Students Placed at Risk.

Wayman, J. C., & Stringfi eld, S. (2006). Technology-supported involvement of entire faculties in examination of student data for instructional improvement. *American Journal of Education*, 112(August), 549–571.

Wayman, J. C., Cho, V., & Shaw, S. (2009). *First-year results from an effi cacy study of the Acuity data system.* Austin, TX: The University of Texas at Austin.

Wayman, J. C., Cho, V., & Richards, M. P. (2010). Student data systems and their use for educational improvement. In P. L. Peterson, E. Baker, & B. McGraw (Eds.), *International Encyclopedia of Education* (Vol. 8, pp. 14–20). Oxford: Elsevier.

Wellman, B., & Lipton, L. (2004). *Data-driven dialogue: A facilitator's guide to collaborative inquiry.* Sherman, CT: MiraVia, LLC.

Part 3.

장학의 실제

제9장

장학과 평가: 혼란과 명료화

개요

앞으로 몇 개의 장에서 학교와 교육구에서 이루어지는 장학활동의 다양한 방법들에 대하여 탐구해 보고자 한다. 장학활동이 이루어지는 방법에 있어 평가는 한 구성 요소이다. 그러나 평가는 다양한 목적, 다양한 초점, 다양한 표현을 내포하는 다양성을 띤 활동을 포괄하는 일반적 용어이다. 장학은 전통적으로 평가를 의미해 왔기 때문에 다양한 형태의 평가를 구분하는 것이 좋을 것이다. 장학활동은 그 활동이 내포하는 평가가 어떤 종류인가에 따라 아주 상이하게 보일 것이다.

장학활동과 관련하여 지속적이고 해결될 것 같지 않은 문제는 교사들이 장학에 평가가 포함되어 있다고 인식하는 것이다. 그러한 인식은 장학담당자가 교사의 학급 활동에 대하여 혹은 교수활동 수행 능력에 대하여 부정적인 판단을 내리는 권한을 가진 사람이라는 것을 의미한다. 그러한 부정적인 판단은 교사에 대한 자료 파일로 작성되게 되고, 교사 해고, 임금 동결 혹은 시보 근무 등 매우 불리한 결정으로 연결될 수도 있다. 종종 교사들은 동료 장학이 평가와 다소 거리가 있으므로 자원하여 동료 장학을 받아들이려 한다.

이 장에서는 "평가"라는 용어가 앞에서와 같이 부정적인 의미로 해석되는 것은 인정하지만, 유익한 의미로 해석되기도 하는 것을 밝히려 한다. "평가(evaluation)"라는 용어에서 "사정(assessment)"이라는 용어로의 전환을 탐색해 보려 한다.

평가의 주체

평가는 위에서 부정적으로 해석된 활동보다 훨씬 더 일반적인 활동이다. 인간은 지속적으로 자신들이 속한 상황뿐 아니라 자신들을 평가한다(Becker, 1971; Goffman, 1959). 사회화 과정의 중요한 측면은 말과 행동에 있어 사회적인 패턴의 점진적 내면화이다. 어린이들은 부모들에 의해서 상황에 맞는 반응을 하도록 양육된다. 부모들이나 아동 서적 혹은 작품에 의해서 규정되어 있는 "나쁜 남자 아이"와 "나쁜 여자 아이"라는 나쁜 표본상이 있을 뿐만 아니라, "착한 남자 아이"와 "착한 여자 아이"라는 좋은 표본상이 있다. 아이들은 어떤 상황에서 무엇을 해야 하는지에 대하여 그들의 양육자들의 반응을 주시하면서 성장한다. 이런 상황에서 남을 기분 좋게 하기 위하여 어떻게 반응을 보여야 하는지? 남들이 나를 어떻게 생각해 주기 바라는가에 따라서, 나 자신을 유능하게 보여야 하는지, 침착하게 보여야 하는지, 스타일 있게 보여야 하는지, 품행이 바른 어린이로서, 팀의 한 구성원으로서, 남을 즐겁게 하는 사람으로서, 다소 거친 사람으로서, 혹은 세련된 여자로서 등등 나의 역할을 얼마나 잘 수행하고 있는지, 자신의 언어, 의상, 행동에 대한 지속적인 모니터링은 주변 환경 안에서 타인들의 긍정적 혹은 부정적 반응에 따라 그들이 원하는 사람으로 형성되어 간다 (Becker, 1971).

개인들은 경험에 대하여 즐겁게 혹은 불쾌하게, 활달하게 혹은 따분하게, 도전적으로 혹은 평이하게, 바람직하게 혹은 바림직하지 못하게, 달리 표현하면, 다소 긍정적 반응이나 부정적 반응을 보인다. 평가한다는 것은 본질적으로 가치롭게 여기는 자신에 대한, 또는 개인적으로 가치롭게 여기는 경험과 상황에 대한 내면적 대화이다. 자기 평가가 어느 날에는 매우 긍정적일 수도 있지만, 어느 날에는 매우 부정적일 수 있으며, 어느 날에는 성공적으로 골 득점을 할 수도 있지만, 어느 날에는 골이 넓은 골문을 벗어날 수도 있다. 평가는 사람들이 매우 일상적으로 하게 된다.

한편 다른 사람에 의하여 평가를 받는다는 것은 전혀 다른 이야기가 된다. 어린이들은 부모, 교사, 어른들에 의하여 지속적으로 평가를 받는다. 그 평가가 대체로 호의적일 경우에 어린이들은 좋아하며, 긍정적이며, 가치롭게 느낀다. 그 평가가 대체로 부정적일 경우에 움츠러들고, 위축되고, 무능하게 느끼고, 창피하게 느낀다. Becker(1971)와 Goffman(1959)의 연구는 사람이 자존감을 어떻게 보존하는가를 밝혔다. 어떤 사람의 성취에 대한 계속적이고 가혹한 부정적 평가는 그 사람의 삶의 의욕을 죽여 버린다. 어엿한 사람이 된다는 것은 그 사람에게 있어 평생을 살아가는 데 어려움을 극복할 수 있는 동기부여가 된다. 다른 사람 눈에 쓸모없는 사람이 된다는 것은 삶의 의미를 잃어 버리거나 혹은 다른 사람들에게 자신이 그럴듯한 사람이라는 것을 보여 주기 위해 공격적인 행동을 유발한다. 사람의 성공적 사회 활동은 개인적 정체성의 한 부분이기 때문에, 자신의 활동이 잘못 평가되면 자신의 정체성에 문제가 야기된다.

능력 있는 성인으로서 자신의 정체성은 전문적 지위와 위업으로 확인된다. 자신의 전문적 수행이 적절치 못하거나 불만족스럽게 판단되면, 그의 타인과의 관계성도 침해받게 된다. 대부분의 학교의 교직문화 속에서 교육행정가의 장학지도를 받게 되는 것이 위협으로 느껴지므로, 평가받는다는 것이 바람직하지 못한 경험으로 인식되는 것은 이해할 만하다.

교원노조가 교사 평가의 내용 및 절차를 제한하는 단체교섭에 많은 에너지를 투입하는 것을 생각해 볼 때, "평가받는다"라는 것에 대한 부정적인 의미와 반대를 이해할 수 있다. 성공은, 수업 코치와 초임 교사 멘토들에게 그들이 교사들을 평가하지는 않는다는 것을 확실하게 할 때 가능하다는 연구들이 있다(Trombly, 2012). 교사들은 동료들이 자기를 평가하지 않기 때문에 행정가들보다 동료들로부터 도움을 받으려 하는 경향이 훨씬 크다. 2장에서 살펴본 바와 같이, 교사들은 주정부 혹은 지역의 기준 중심 테스트에서 학생들의 낮은 학업성취로 인해 매스컴에서 부당한 비난을 받게 된다. 그래서 교사들이 평가받는 것에 대하여 방어적인 것을 이해할 만하다.

장학에 있어 용어 수정: 사정 대 평가

Michael Scriven(1967)은 "형성 평가"라는 용어를 처음 사용한 학자이다(Cizek, 2010). Scriven이 프로그램 평가에서 사용하던 형성 평가라는 용어의 개념을 학생 학습과 교사 평가에 사용한 것이다(Cizek, 1997). 그러나 Cizek는 평가라는 용어가 어떤 활동과 상황과 학습에 대한 효과 등에 관한 정보를 수집하는 것 이외에도 어떤 활동에 대한 가치 판단 혹은 사람이 그 활동을 수행할 수 있는 '능력'에 대한 가치 판단을 의미함을 시사한다.

Scriven(1965)과 다른 학자들(Bloom, Hastings, & Madaus, 1971)은 학생 학습에 대한 형성 평가와 총괄 평가를 구분했다. 형성 평가(formative evaluation)는 학습 활동이 진행 중일 때, 학습 활동의 예상되는 효과와 그 효과를 높이기 위하여 학습 활동의 수정에 관하여 가능한 피드백을 제공한다. 형성 사정(formative assessment)은 학습 종결 단계에서가 아니라 학습 활동이 진행 과정에서, 보다 진단적이고 명시적으로 제시된다. 형성 사정은 학습 과정의 초기 단계에서 학생 학습의 문제점을 찾아내고 학생의 실수나 오류를 수정하도록 학생을 도울 뿐 아니라, 성공적인 학생 학습을 지원하기 위해 제공된다. 그런 점에서 형성 사정은 학습의 한 과정이다. 형성 사정은 학습에 관한 사정이라기보다, 학습을 '위한' 사정이다. 형성 사정은 학생 자신이 학습을 주도하게 하는 책임감뿐 아니라 습관적인 자기사정 기술을 개발하게 하려는 의도도 있다(Andrade & Cizek, 2010).

형성 사정은 수업 과정을 개선하기 위한 피드백도 제공한다. 학생 학습에 대한 총괄사정과 형성 사정에 대한 이해는 교사 활동에 대한 총괄적 장학과 형성적 장학의 이해로 연결된다. 장학 상황에서는 교사와 장학담당자 사이에 협동적인 관계를 상정한다. 교수활동에 대한 형성 평가는 교사의 '능력'에 대한 판단이 아니라, 어떤 교수법 전략이 학생 학습활동의 질에 더 효과적인가에 대한 협동적 대화를 이끌어 낸다. 즉 수업 상황에서 좋은 학생 학습활동의 증거를 찾음으로써 교수활동 및 학습활동에 대하여 피드백을 제공하려고 한다. 그것은 수업이 진행되면서, 학생이 요점을 파악하고 있는가, 이슈를 분석할 수 있는가, 문제를 풀 수 있는가, 배운 것을 다른 상황에 적용할 수 있는가 등을 살펴봄으로써 교사와 학생 사이에 보다 진단적인 탐구를 의미한다. 이러한 상황에서 학생이 수업에서 의도된 내용을 학습하고 있다는 증거에 대하여 교사와 장학담당자 사이에 대화가 필요하게 된다.

Cizek(1997)는 평가라는 용어가 학생 학습에 영향을 주는 교사의 '능력'에 대하여 판단하거나 등급을 매긴다는 느낌이 너무 강하다고 한다. 대신 그는 장학담당자들이 '평가'라는 용어보다는 '사정'이라는 용어를 사용하라고 제안한다. 그는 장학 과정에 대한 적절한 관점으로, 장학담당자는 좋은 교사상을 규정한 교사 평가서에 적혀 있는 능력을 판단하기보다, 교사들이 학생 학습에 영향을 주는 다양한 교수법 전략의 효과를 사정하는 데 협조해야 한다고 한다. 장학담당자들과 교사들은 학생 학습의 증거를 사정하는 데, 학생 요구, 흥미, 재능에 관한 정보를 사정하는 데 서로 협조할 수 있다. 그래서 교수활동 계획이 학생들의 학습 노력에 충실히 접근할 수 있도록 할 수 있다.

주정부와 지역의 책무성 요구와 관련해서 장학담당자는 자신을 달리 보는 것이 필요하다. 장학 정책과 실천에서 주된 초점은 교수활동과 학습 활동에 대하여 '협동적인 장학활동'이 이루어져야 한다는 것이다. 이런 관점에서 보면 '교사도 학생의 학습 활동을 장학지도한다'는 점에서 역시 장학담당자라 할 수 있다. 교사는 학생 학습활동에 대해 장학담당자와 협동 사정을 하기 위해 전통적인(현재는 변혁적인) 장학담당자 역할을 담당하는 사람과 함께 활동한다. 학생 학습 활동이 부정확하거나 불완전하거나 혼란스럽거나 형식적이거나 흥미 부족이거나 단절적으로 보이지는 않는가? 혹은 학생이 학습 전반을 잘 이해하고 있는가, 이전 학습과 잘 연결되는가, 학습이 충실하게 전개되었는가, 실생활에서의 문제나 이슈와 연결되어 있는가?

교사와 장학담당자는 교실에서 학생의 학습 활동 과정을 사정하는 과정에서, 다양한 수업 전략들이 학생 학습을 자극하고 수정하고 고양하는 효과를 보이는지 점검하게 된다. 초점은 교사를 판단하는 데 있지 않고, 수업 전략이 학생 학습에 미치는 효과를 판단하는 데 있다. 달리 표현하면, 누가 평가받고 있는가 하는 점은 학생과 관련이 있다. 특히 학생이 목표한 수업의 성취와 관련이 있다.

장학담당자와 교사의 관계는 대부분의 경우 상급자와 하급자의 관계가 되어서는 안 되며, 교실에서 교수활동의 효과를 증진시키기 위해 서로 협조하는 전문적인 동료 관계가 되어야 한다. 장학활동의 과정은 부족한 교사를 솎아내는 것이 아니라 학생 학습의 질을 높이기 위해 부족한 교수활동을 변화시키는 것이 되어야 한다. 이러한 관점에서 장학은 학생 학습의 질을 높이는 활동과 관련된 활동이다.

장학 정책과 실천에 대한 논의에서 일상적으로 부적절하며 비전문적이고 비효과적인 교수활동을 하는 교사들 문제를 간과하자는 의미는 아니다. 그 문제는 장학담당자의 법적이고 전문적인 책무의 하나이다. 그럼에도 불구하고 우선적인 관심사는 학생 학습의 질을 높이는 활동이다. 장학담당자들은 학생 학습의 질을 높이는 활동을 방해하거나 위협하는 문제를 다루어야 한다. 장학담당자들의 공통적인 과제는 교사들과 협력하여 교사들의 교수활동을 개선하기 위하여 효과적인 교수활동과 비효과적인 교수활동을 사정하는 것이다.

장학활동의 과정이 어떠해야 하는가 하는 문제는 누가 평가 과정을 주도하는가 하는 문제와 연결된다. 장학담당자들과 교사들은 교수-학습 활동 과정의 복잡성에 대하여 더 잘 알고 있어야 하며, 학습 과정에 긍정적 혹은 부정적으로 영향을 미치는 복합적인 외부 및 내부의 영향력을 알아야 한다. 장학담당자들과 교사들은 장학활동의 과정에 있어서 학생 학습에 강조를 두고, 교사들의 교수 전략과 교과 내용 지식뿐 아니라 학습자의 사회문화적 상황, 가정 상황, 개인 흥미와 재능, 학업 습관 등에 대해서도 복합적인 대화를 가질 필요가 있다. 그러한 대화는 다양한 새 교수 전략들(문화적응적이고 차별화되고 다문화적인 전략들, 학생들 흥미와 재능 및 인생사와 관련된 학습활동)에 대하여 탐색하여, 수업의 질에 긍정적으로 영향을 미치는 변인들 및 부정적으로 영향을 미치는 변인들과 연결하게 된다.

장학활동의 목적

이 절에서는 장학활동의 목적을 관료적 목적, 형성적 목적, 총합적 목적 등으로 구분하여 살펴보고자 한다. 이미 밝혀진 바와 같이 장학활동의 목적은 장학담당자와 교사가 무엇을 할 것인가의 초점을 보여 준다. 장학담당자와 교사는 장학활동의 목적에 대하여 확실하게 알고 합의가 필요하다.

많은 학교에서 교사 평가는 전통적으로 관료적 기능, 즉 교사들이 이미 세워져 있는 통일된 교수법 기준을 충족하고 있음을 확인하는 기능을 수행해 왔다. 교사들이 정해져 있는 교육과정을 가르치고 테스트하는 교수활동을 통하여 학교가 해야 하는 기능을 수행한다고 가정하는 것이다. 교사들은 정해진 교육과정에 초점을 두면서 교실에서 학생들이 교과서 학습 습관, 숙제로 제시된 과제 해결, 시험 보게 될 내용 암기 등 좋은 학습 습관을 개발하도록 하고, 교실에서 질서를 유지하면 된다. 교사들을 좋은 교수활동의 주요 내용이 기재된 평가양식지에 3단계 혹은 4단계 척도로 등급을 매긴다. 교장 혹은 교육구 장학담당자는 교사를 일 년에 한두 번 관찰하고, 평가양식지의 개선 요망 사항에 대해 한두 마디 기재하고, 교사 보관함에 보관해 둔다. 그것으로써 "질 관리"를 위한 법률적 요건 및 교육구 요건을 충족하게 되는 것이다.

한편에선 관료적 관행이 현재도 많은 교육구에서 행해지고 있지만 책무성 정책은 종래 일반화된 교사의 교수법 행동에 초점을 두던 것을 기준 근거 시험을 통해 나타나는 학생의 학습을 통한 성취에 초점을 두는 것으로 옮겨가고 있다. 교사 대상의 장학적 평가 기능으로서 관료적 및 질 관리 기능이 유지되고 있는 한편, 강조점이 학생들의 학습 특히 저성취 학생들의 학습에 대한 교사들의 전반적 영향에 주어진다. 요즘 교장들뿐 아니라 교육구의 장학담당자들은 주정부, 교육구, 교실 평가와 관련하여 모든 학습자들의 학업 성취 증진을 위해서 교사들과 함께 일할 것이 요구되고 있다(그림 9-1 참고).

이러한 변화는 장학활동의 과정에 있어서 대대적인 방향 전환을 초래하게 되었다. 그러한 변화는 무엇이 평가되어야 하는가에 대한 새로운 해석을 요구하게 되었다. 주정부 교육부는 '기준 근거 시험(standard-based exams)'에 나타난 학생 성적 연례보고에 맞추어 교사 질관리 평가라는 관료적 목적의 장학활동을 수행해 왔다. 주정부 책무성 정책하에서는 교사들이 수년간 학생들 성적 향상

• **관료적 목적**	세워져 있는 통일된 기준에 근거하여, 교사 성취 모니터링에 관한 법률적 및 교육구 요건을 충족하기 위함
• **형성적 목적**	교수 활동 전, 중, 후에 학생 학습을 증진할 수 있는 교수 요인들을 개선하기 위함
• **총합적 목적**	다양한 근거를 토대로 기대되는 성과와 관련하여 교사의 전반적 능력을 평가하기 위함

[그림 9-1] 교사 장학의 목적 요약

에 실패하는 경우 해고될 수도 있다.

학교에서는 장학담당자와 코치 및 학과장과 같은 지원 인사가 학업 성취가 낮은 학생들을 지도하는 교사들과 동료적인 방법으로 협조하면서 학생들의 시험 성적을 높이도록 다른 수업 전략과 좋은 교육과정 자료를 찾아보는 일을 한다(Knight, 2009). 그들의 작업은 관료적이라기보다는 형성적이다. 그들의 목표는 보다 효과적인 교수 전략을 교사 혹은 교사 팀과 함께 구축하는 것이다.

교사 지도성의 출현

지난 십수 년 동안 교육 공동체는 교사들, 특히 학업 성취가 높은 학생뿐 아니라 낮은 학생을 위한 교육과정 재구성을 위해서 좋은 교사 팀에 주의를 기울였다(Lieberman & Miller, 2004; Harris & Muljs, 2005; Darling Hammond, 2010). 교사들은 매일 학생들과 활동하는 사람들이다. 학부모와 후원자들로부터 떨어져 있으나, 교사들은 분명히 학교 정책을 다루는 주정부 교육부 인사들 혹은 주의회 인사들보다도 학생들에 대한 보다 직접적인 지식을 가지고 있다.

매스컴에서 들려오는 교사 해고라는 단순한 해결책보다, 교육구에서는 특히 학업 성취가 낮은 수준의 다양한 학생 집단에 초점을 맞추어서 교직원들이 적절한 교수법 전략을 개발할 수 있는 능력을 키워 주어야 한다는 책임감을 인식하고 있다. 달리 표현하면, 전에는 교사들의 직무가 모든 학생들이 좋은 교육에 접근할 수 있는 균등한 기회 제공이라는 요구를 만족하기 위하여 교육과정을 전달하거나 가르치는 것으로 기대되었다. 만약 수업을 들은 학생들이 교사들이 제시하는 시험에 통과하지 못한다면, 그 실패는 학생들이 흥미와 동기와 지능이 부족하거나 노력이 부족하거나 부모의 지도가 부족하기 때문인 것으로 비난받았다. 거의 예외 없이, 그러한 비난은 교사를 제외한 다른 사람들에게 부어졌다. 간단히 말하면, 교사들이 모든 학생들의 학업 성취를 보장할 수는 없다는 입장이다. 지능의 정상분포 곡선을 고려한다면, 어느 일정 퍼센트의 학생들이 학업에 실패하는 것은 불가피하다는 생각이었다.

새로운 책무성 정책이 교사들은 모든 학생들의 학업 성취에 책임을 져야한다고 요구했을 때, 사실 대다수 많은 교사들은 성취가 낮은 학생들을 대상으로 하여 성공적으로 수업을 진행할 수 있는 능력 혹은 융통성을 개발하지 못한 상태였다. 대부분의 교사들은 모든 학생들의 성공적 학업을 보장하라고 채용된 것이 아니요, 대학 과정이나 전문성 개발 과정에서 잘 준비된 것도 아니었다 (Elmore, 2002). 장학담당자들이 그런 능력을 갖추고 있는 것도 아니었다. 교사리더, 코치, 교육과정 전문가들의 점차적인 개발이 교사들의 부족한 부분을 보충하는 데 도움이 되었다. 그러한 능력과 융통성을 개발하기 위해서는 광범위하고 지속적인 전문적 개발 노력이 필요했다. 교육구와 주정부가 학생 성취 격차를 메우기 위해 노력하는 한 교사 능력 구축 노력은 지속될 것이다. 불행히도 일부 교육구에서는 교사 평가에서 일반적 교수 실천에 초점을 두고, 학교 차원의 능력 구축과 분리되어서 개별 교사에게 초점을 두는 장학활동 과정을 활용하고 있다.

형성적 및 총합적 장학활동

앞의 장학 관련 문헌에서는 형성적 장학과 총합적 장학을 구분했다. 형성적 사정은 수업 종료 시보다 수업과 학생 학습이 진행되어 가는 동안 사용되는 것으로 보다 진단적이고, 명시적이다. 그것은 수업 과정의 초기에 학생들의 학습에 있어서 특별한 문제를 확인할 뿐 아니라 성공적인 학생 학습을 지원하고 학생의 실수나 오해를 수정하도록 학생을 돕도록 한다. 그런 의미에서 형성적 사정은 수업 과정의 한 부분이며, 학습을 사정하는 것이 아니라 학습을 위한 것이다. 형성적 사정은 교사들이 자기 학습을 주도할 책임감뿐만 아니라 자기 평가 기술을 개발하도록 돕는다(Andrade & Cizek, 2010).

총합적 장학활동

전통적으로 교사에 대한 관료적 평가는 총합적 평가이다. 일반화된 교사 행동들이 좋은 수업을 나타내는 것으로 보고, 교사의 수업에 대한 가치와 질을 판단한다. 불행하게도 한두 개의 교실을 관찰하는 것은 교사의 능력을 판단하는 총합적 평가를 하는 데 너무 부족하다(Stodolsky, 1984; Nelson & Stassi, 2000). 그런 점에서 전통적인 장학활동들은 총합적인 사정의 조건을 충족하지 못하는 무작정 되는 대로 하는 사정이다(Stodolsky, 1984).

책무성 요구가 학생 학습의 성취에 초점을 둘 때 임상 장학은 '모든' 학생들이 무엇을 학습하는가에 관한 정보를 수집하기보다는 계속 교사들의 수업 행동에 초점을 두고 있었다. 임상 장학 지지자(Goldhammer, 1969; Cogan, 1973)들의 입장을 고려한다면, 교사 행동의 기술에 초점을 두는 것은 모든 학생들의 학습 성취를 위한 책무성 정책이 도입되기 전에는 무난했다. 근래 많은 학교에서 임용되어 있는 코치의 활동은 보다 적정한 교사 전략을 개발하기 위하여 코치가 교사 팀과 함께 활동하며, 학생 학습에 관한 자료를 수집하고 사용할 때 임상 장학 기법의 몇 가지 요인을 활용한다(Trombly, 2012). 정책과 실제에 있어서 이러한 변화에 비추어 볼 때(그림 9-2 참조), 우리는 형성적 및 총합적 교사 장학에 대하여 수정된 개념과 기술을 제안한다.

과거 관점	새로운 관점
교사 행동의 항목에 초점	학습에 대한 교사의 효과에 초점
행정적인 요구 사항의 충족	학습에서 개선에 영향
장학담당자의 권위에 근거	장학담당자와 교사 간에 협조
정밀하게 구조화된 관찰	반응적인 수업과 교육과정 기준을 중심으로 융통성이 있는 관찰

[그림 9-2] 교사 장학의 역할과 목적의 바람직한 변화

형성적 교사 장학의 재정의

요즘 교사 책무성이 요청되는 상황에서, 형성적 교사 장학은 다수 교사들 사이에 그리고 다수 학교나 교육구 인사들 사이에 교사 수업 활동과 학생 학업 성과 사이의 연결을 평가하고 개선하기 위하여 협동적 관계를 요구한다. 형성적 장

학에 대한 간단한 개념 정의는 형성적 사정과 (a) 교사의 교육활동상 학생들과의 관계, (b) 교사의 교과내용 지식, (c) 학생 학습 성과를 지원할 수 있는 교사의 학생 학습 활동 설계 및 촉진(제7장에서 설명됨) 등과 같은 사항에서 개선을 요한다. 교사의 교육활동상 학생들과의 관계는 상호간에 의사소통을 촉진하며, 교사들이 학생들의 배경, 흥미, 재능 등을 이해하는 것을 도와주며, 자존감과 동기를 높여 학생들이 학습 활동에 참여하도록 도와준다. 전공 분야에 대한 교사들의 풍부한 지식은 교사들이 교육구와 주정부의 교육과정 기준에 대한 이해와 그것을 학생들의 생활 경험 및 그들이 살아가는 세상과 연결시키는 것을 도와준다. 교사들의 학생 학습 활동 설계 및 촉진 활동은 학생들이 목표한 학습 활동의 성과와 연결된다. 장학에 대한 재개념화는 교수-학습 활동의 복잡성에 대한 인식을 내포한다. 장학에 대한 재개념화는 어떤 때는 교사들의 지식과 이해가 선도하기도 하며, 어떤 때는 장학담당자들의 지식과 이해가 선도하기도 하는 등 다양한 대화 및 토론과 연결된다. 달리 말하면, 장학의 과정은 어떠한 수업 상황에서는 어떠한 교수 전략이 효과적인가, 어떠한 수업 상황에서는 어떠한 학생 활동이 효과적인가, 어떠한 자료가 교사의 수업 설계 아이디어에 잘 맞는가, 어떠한 자료가 학생 학습에 대한 평가를 잘 지원하는가 등에 관한 동료적인 대화를 포함해야 한다. 이러한 대화와 결정은 학습 성과가 좋은 학생들뿐 아니라 학습 성과가 낮은 학생들의 요구도 고려하여 이루어져야 한다.

상호간 질문을 제기하고 학생 성과에 대한 자료를 분석하는 것은 교사들의 통찰력을 학생 학습 활동을 증진하는 새로운 방법과 연결시키는 데 도움을 주게 된다. 장학담당자와 교사는 학생 학습 활동의 질을 높이기 위해 무엇을 해야 하는지를 상호 협동적인 과정을 통하여 배워야 된다. 종종 형성적 장학활동 과정에는 학생들을 위하여 무엇이 좋은가를 살펴보고 협의하기 위하여 다수의 교사를 참여시켜야 한다.

총합적 교사 장학

총합적 교사 장학은 다양한 기법과 활동을 통하여 교사들이 지도하는 모든 학생들의 학습 성공을 지원할 수 있는 적절한 수준의 교수 능력을 보여 주려는 교사와 학교 혹은 교육구 행정가들의 협동적이고 통합적인 노력을 포괄하는 것이라고 재정의할 수 있다. 어떤 경우에 평가는 모든 학생들의 학습 성공을 지원하기에 부적절하고 문제가 되는 수준의 수업 능력을 찾아내서 교사를 보호 관찰하거나, 혹은 일련의 총합적 평가를 거친 후에 교사 근무 계약을 해지하게 하기도 한다. 진단적 관점에서 진행되는 전문적 발달 프로그램 안에서 교사의 특정한 능력을 개발하려는 형성적 장학 과정과 달리, 총괄적 장학은 교사의 다양한 능력을 점검하고 다양한 출처들을 통해 자료를 수집한다. 그러한 출처들은 학급 관찰, 단원 구성 및 수업 계획 포트폴리오, 교사 출제 시험 및 시험에 대한 피드백, 수업 계획과 교육과정 기준에 맞춘 학생 평가 및 기준 근거 시험에서 학생 성과 간의 일관성 등이다. 총합적 사정은 특정한 교수 능력에 초점을 맞추기보다는 넓은 범위에 걸쳐 이루어지게 된다.

교사들에 대한 총합적 사정은 모든 기준에서 좋은 교사를 찾아내지는 못한다. 그러나 교사가 담당하는 모든 학생들의 성공적 학습 성과를 가져올 수 있는 좋은 교수 질의 보편적인 증거를 찾으려 한다. 총합적 사정은 항상 행정적 의사결정(정년 보장, 교육구 우수 교사 등급 조정, 교사 개발 임용)을 위한 근거를 제시하므로, 행정적 의사결정을 정당화할 다양한 증빙 자료를 필요로 한다. 유사하게 총합적 평가는 부정적 의사결정을 정당화할 수 있고 동시에 적법 절차(due-process)를 만족할 수 있는 충분한 증거를 제시해야 한다.

형성적 장학의 적용

형성 평가는 초임 교사가 경력 교직원 멘토, 코치, 학과장과 함께 상호 협동적으로 수행할 때 더 잘 이루어질 것으로 기대된다. 초기 2~3년 교직경력 기간에는 항상 가파른 학습 곡선을 그린다. 일반적으로 연말에 하는 총합적 평가 이외에, 다양하고 지속적인 형성 평가가 초임 교사 기간에 있어야 한다고 본다.

형성적 장학은 학교 차원 혹은 학년 차원에서 다양한 저성취 학생 집단을 다루는 경력 교사들과 함께 일하는 장학담당자의 과업 수행 성격을 나타낸다. 전통적인 임상 관찰 형태의 장학을 교사들에게 시행하기보다, 장학담당자는 교사가 주도하는 토론과 브레인스토밍에 참여하여, 교사들의 학습 및 열의 수준을 알아보고 교사들의 활동이 장학활동의 요건들을 만족하도록 인도한다. 유사하게 학교는 학교 전체 차원에서 새로운 시도, 예를 들면 교실 수업시간에 디지털 교단을 사용하기 혹은 학교 전체 차원에서 다양한 과목에 걸쳐서 읽기와 쓰기 도입하기 등을 시도할 수 있다. 그런 경우에 장학담당자는 그러한 시도가 잘 이루어지고 있는가에 대해 토론하고 교사들의 활동을 지원하는 데 대부분의 교실 관찰 및 후속 활동 시간을 사용할 수 있다. 장학활동으로 수행되는 교실 관찰은 학교 차원의 새로운 시도의 성공을 촉진하기 위한 방향으로 초점을 맞추어야 한다.

총합적 평가에서 도움이 필요한 것으로 판단된 가임용 교사에 대하여 능력 개발을 위한 방법으로 형성적 장학이 활용될 수 있다. 예를 들어, 가임용 교사가 특수한 요구가 있는 아동 수업에서 부족한 모습을 보이는 경우가 있다. 행정팀이 아닌 장학담당자가 숙련된 특수 교사와 함께 부족한 교사를 돕기 위하여 노력할 수 있다.

총합적 장학 평가도 진단적이고 교사 성장을 도모할 수 있는 것처럼, 형성적 교사 장학과 총합적 사정 과정은 상호 연결될 수도 있다. 다른 면으로는 형성적 장학과 총합적 장학은 교사 교직 발달 과정에서 상이한 목적으로 활용될 수 있다.

총합적 평가의 적용

총합적 평가의 네 가지 적용은 다음과 같다. (1) 종신임용 결정을 위한 준비, (2) 매 3년 정도 내부적인 책무성 점검, (3) 교육구 우수 교사 지명을 위한 점검, (4) 교사 가임용 상태에 대한 행정적 처리 준비 등이다.

많은 교육구에서 초임 교사는 종신임용을 위한 행정적 결정이 이루어지기 전에 3년 정도 적절한 수준의 교수 기본 능력을 개발할 시간을 갖게 된다. 그런 결정 전에 초임 교사는 다양한 집단의 학생들을 잘 가르칠 수 있으며, 교실 수업을 교육과정 기준에 맞출 수 있으며, 학생들의 흥미와 통찰력을 고려한 수업 계획을 세울 수 있으며, 문화적으로 적응적이고 차별화된 수업을 할 수 있는 기술을 개발하도록 기대된다. 교육구에서 종신임용을 받는다는 것은 교사가 학생들의 학업적 성공을 지속적으로 증진시킬 수 있다고 판단된 것을 의미한다. 종신임용 결정 전 포괄적인 총합적 사정은 첫 2년 동안 각 연말의 총합적 사정을 포함하며, 동시에 첫 3년 동안 각 해에 규정된 교사 성장을 보여 주는 교사 수업 포트폴리오도 제시해야 한다. 포트폴리오는 정교하게 구성된 교육과정 단원 및 수업 계획, 교육과정 기준 및 학생 실생활 적용을 보여 주는 다양한 학생 테스트, 교육구 및 주정부 테스트에서 다양한 집단 학생들의 학업적 성공을 보여 주는 점수 등을 포함해야 한다. 장학담당자들의 제안과 추천뿐 아니라, 임상 관찰 기록들도 포함되어야 한다. 달리 표현하면, 종신임용 전 총합적 사정은 3년 동안 교사가 학급내 다양한 도전을 다루는 능력, 다른 교사들과 일할 수 있는 능력, 학부모들과 효과적으로 소통하는 능력, 힘들어하는 학생들을 다루는 능력, 학교생활에 참여하는 능력 등에서 성장한 모습을 보여 주는 전체적인 그림이다.

교사가 종신임용 심사를 통과한 후에, 많은 교육구에서는 매해 교사들의 전문적 발달을 위한 계획과 활동에 대한 중간 보고서를 포함하여, 매 3~4년 주기로 교사들의 계속적인 전문적 발달에 대하여 보다 총합적인 심사 일정을 세운다. 이러한 총합적인 심사는 교사 프로젝트와 주도적 활동에 대한 포트폴리오, 교사의 학교 차원의 재교육 활동에 참여한 자료들을 포함한다. 모든 학생들의 학업적 성취를 성공적으로 지원한 증거가 핵심 요소가 된다. 심사에서는 수년간 교사의 전문적인 능력에서 지속적이고 집약적인 기록들이 드러나야 한다. 이러한 과정은 10장에서 자세히 다루어질 것이다.

몇몇 교육구에서는 뛰어난 교사의 활동과 학교 공동체 갱신에 기여한 사항 등을 확인, 인정하는 방법이 마련되어 있다. 탁월한 성취 교사로서 인정을 받기 위한 조건을 확인하기 위하여 수년간 교사의 활동에 대한 아주 엄격한 총합적 평가가 선행되기도 한다.

끝으로 가임용 교사를 정식 임용할 것인지 아니면 해임할 것인지에 대한 행정적 결정을 위한 총합적 평가가 있다. 해당 평가 절차는 제11장에 자세히 기술되어 있다.

요약

이 장은 모든 어린이들의 학업적 성공에 대한 책무성 요구가 장학의 용어 및 실제에 있어서 어떠한 변화를 초래하고 있는지를 기술했다. 교사 평가의 범주가 "수업 및 학습 활동에 대한 장학"이라는 용어로 교체되었다. 장학은 장학담당자와 교사가 함께, 보다 명확한 형성 평가를 통하여, 효과적인 학생 학습 활동을 중심으로 수업이 재설계될 수 있는 방법을 탐구하기 위한 동료적 책임에 초점을 맞추게 되었다. 변화된 장학의 실제에서, 교사는 평가의 초점이 아니라, 학생 학업 성공에 영향을 주는 수업의 효율성이 초점이 된다. 학생 학업 성공은 주정부 및 교육구 테스트에서 수락할 만한 수준의 성적 취득을 의미한다. 그러나 제 5, 6, 7장에서 본 바와 같이, 학생 학업 성공에 대한 판단시 보다 넓은 의미 있는 자료가 필요하다. 총합적 장학은 모든 학생들의 학업 성공을 도모할 수 있는 교사의 능력과 역량에 관한 의미 있는 자료를 수집하기 위하여 장학담당자와 교사가 함께 하는 협력적인 책임을 의미한다. 그래서 주 및 지역 정부가 요구하는 외부 책무성을 충족할 뿐 아니라, 모든 학생들의 학업 성공을 요구하는 학교 내부 책무성도 충족해야 하는 것이다.

후속 활동

1. 교장과 함께 어떻게 교사 장학을 수행하는지 대화해 보자. 당신은 형성적 장학과 총합적 장학을 구분할 수 있는가? 교장의 장학은 모든 학생들의 학업 성취 증거에 초점이 있는가 아니면 교사 행동에 초점이 있는가? 교장은 지역 교육과정 기준을 어떻게 자신의 장학활동과 연결시키는가?

2. 교육구는 장학담당자를 대상으로 하여 지속적 교육 및 재교육을 실시하는가? 교육구는 어떻게 장학활동의 질을 관리하는가?

참고문헌

Becker, E. (1971). *The birth and death of meaning. Second Edition.* New York: The Free Press.

Bloom, B. Hastings, T.,& Mad면, G. F.(1971). *Handbook on formative and summative evaluation of student learning.* New York: McGraw-Hill.

Cizek, G. J. (2010). An introduction to formative assessment. In H. L. Andrade & G. J. Cizek(Eds.), *Handbook of formative assessment*(pp. 3-17). New York: Routledge.

Cizek, G. J. (1997). Learning, achievement, and assessment: Constructs at the crossroads. In G. D. Phye (Ed.), *Handbook of classroom assessment* (pp. 1-32). San Diego, CA: Academic Press.

Cogan, M. L. (1973). *Clinical Supervision.* Boston: Houghton Mifflin.

Darling-Hammond, L. (2010). *The flat world and education.* New York: Teachers College Press.

Elmore, R. (2002). *Bridging the gap between standards and achievement: The imperative for professional development in eduction.* Washington, DC: Albert Shanker Institute.

Goffman, E. (1959). *The presentation of self in everyday life.* Garden City, NY: Anchor Books.

Goldhammer, R. (1969). *Clinical supervision: Special methods for the supervision of teachers.* New York: Holt.

Harris, A., & D. Muljs (2005). *Improving schools through teacher leadership.* Maidenhead, UK: Open Univesity Press.

Knight, J. (2009). *Coaching: Approaches and perspectives.* Thousand Oaks, CA: Corwin Press.

Knight, J. (2007). *Instructional coaching: A partnership approach to improving instruction.* Thousand Oaks, CA: Corwin Press.

Lieberman, A. & Miller, L. (2004). *Teacher leadership.* San Francisco: Jossey Bass.

Nelson, B. S. & Stassi, A. (2000). Shifting Approaches to Supervision: The Case of Mathematics Supervision. *Educational Administration Quarterly,* 36(4), 553-584.

Scriven, M. (1967). The methodology of evaluation. In R. W. Tyler, R. M. Gagne, & M. Scriven(Eds.), *Perspectives on curriculum evaluation* (pp. 39-83). Chicago: Rand McNally.

Stodolsky, S. (1984). Teacher evaluation, The limits of looking. *Educational Researcher,* 13(9), 11-18.

Trombly, C. E. (2012). *Comfort with complexity: An examination of instructional coaching in three suburban school districts in Massachusetts.* Dissertation submitted in partial fulfillment for the degree of Doctor of Philosophy in the Lynch School of Education at Boston College.

제10장

형성적 장학

개요

이전 장에서 우리는 장학이 일반적인 교수활동에만 집중하고 있는 것, 즉 학생의 학습 성취도와는 분리되어 생각되고 있다는 점을 극복하고자 했다. 다시 말하면, 모든 학생들의 학습에 영향을 미칠 수 있는 수업을 개선하기 위한 장학, 교사와 장학담당자의 공동책임(co-responsibility)에 기반한 장학을 재조명하고자 했다. 또한, 우리는 교수활동(teaching)에 있어서 형성 평가(formative assessment)와 총괄 평가(summative assessment)를 보다 명확히 구분하려는 시도를 했다. 두 평가의 형태를 비교하고, 학문적 범주 사이에서의 차이를 분명하게 규정하려는 시도는 지속적으로 이루어지고 있는 편이며, 이론적 측면에서의 차이점들이 구분되기는 하지만, 실제 현장에서는 중복되어 사용되는 경우가 상당히 많다.

이에 따라 행정 관리의 업무를 담당하고 있는 장학담당자들에게 우리의 의견을 제안하고자 한다. 장학담당자들은 행정가로서 항상 교수 과정(teaching process)의 질적 관리에 대한 책임을 가지고 있다. 이러한 책무는 달리 이야기하면, 교사들이 모든 학생들이 학문적 성취를 달성할 수 있도록, 학생들을 촉진할 수 있는 역량을 교사들이 갖추는 것에 대해 고민하고 신경 쓰는 것을 의미한다. 학교는 이러한 역량을 갖추고, 해당 업무를 수행할 수 있는 다양한 교사들로 구성되어 있다. 만약에 학교 교사들 중에서, 자신이 담당하고 있는 학급의 학생들 모두가 학문적 성취를 얻도록 지원하지 못하는 교사가 있다면, 그들은 학교에 교사로 남아 있어서는 안 될 것이다. 이러한 말들은 때로는 "여기에 버릴 아이들은 하나도 없다."라고 표현될 수도 있다.

그러나 전적으로 우수한 교사들이 배치된 학교를 누구나 열망하고 있음에도 불구하고, 학교에 근무하는 모든 교사가 우수하지는 않은 것이 현실이다. 학교 행정가들은 이러한 현실을 받아들여야 하지만, 이러한 현실 속에서도 학교가 모든 학생들의 학문적 성공을 촉진할 수 있는 교사들로 채워질 수 있도록 노력할 책임이 있다. 학교 행정가는 학생들의 학문적 성공을 촉진하는 능력이 부족한 교사들을 발견했을 때, 그들이 취약한 부분의 능력을 향상시키고, 이를 통해 실질적인 전문성을 신장하도록 이끌 책임이 있다. 초기에는 이러한 교사들의 취약한 부분이 충분한 개선이 이루어지는 것을 확인할 때까지, 그들을 가임용 신분(probationary status)의 상태로 둘 수도 있을 것이다.

즉 모든 '장학의 순환과정(supervisory cycle)' 속에서, 행정적인 책무를 지고 있는 장학담당자들은 "이 교사는 자신의 수업에서 모든 학생들의 학문적 성공을 촉진할 수 있는 타당한 능력을 갖춘 교사인가?"와 같은 암묵적 질문을 바탕으로 장학을 시작할 수 있다. 그리고 대부분의 장학담당자들은 처음부터 바로 긍정적인 답변만을 떠올리게 될지도 모른다. 그러나 장학담당자는 학교의 모든 학생들에 대한 관찰, 교사의 인공적 산출물, 그리고 학생 평가를 통해 증거를 수집하여 해당 질문에 대한 답변의 사실 여부를 입증해야 하는 책무를 갖는다. 즉, 장학의 초기 과정에서 초점을 총괄 평가에 맞추는 것이다.

이러한 총괄 평가를 통해 얻어진 결과와 증거들을 바탕으로, 모두가 타당한 교육적 역량을 갖추었다는 것이 판명되면, 장학담당자는 목표를 달성하거나 잃은 것처럼 보이는 몇몇 학생을 위한 명확한 전략에 대해 교사와 대화하면서 형성 평가로 평가의 방향을 옮길 수도 있다. 같은 맥락에서, 어느 정도의 역량을 갖춘 교사를 상대하는 장학담당자는 효과적이지 못한 교수법에 관련된 증거들을 해당 교사와 함께 검토하고, 더 효과적일 수 있는 방법을 교사와 함께 브레인스토밍함으로써 좀 더 형성적 장학 형태에 집중할 수도 있다. 이와 함께 한 교사가 가진 약점이 되는 부분에 강점을 가진 다른 교사와 팀을 구성하는 것도 가능하다.

해당 교사가 어떠한 실천-성장 과정을 경험하고 있는지를 이해하기 위한 후속 조치 기간(follow-up session)은 교사가 성장했다는 증거를 확인하고 알려줄 수 있다. 이와 관련된 간단한 예를 들면, 형성 평가와 총괄 평가 간에는 개념적으로 뚜렷한 차이가 있지만, 실제 현장에서는 두 평가 형태가 종종 중복된다는 점을 충분히 기억할 수 있도록 돕는 것을 들 수 있다.

이러한 맥락에서, 우리는 현재 형성적 장학-임상 장학과 코칭에 관련된 두 전략을 탐구하고자 했다. 이러한 두 전략은 모두 교사와 학생의 학습 요구에 폭넓게 초점을 맞추는 동시에, 교실에서의 학습 활동에 보다 깊게 접근할 수 있다는 장점을 갖는다. 또한, 이러한 전략들은 학교 행정가들(교장, 장학담당자들)이 학교에서 성공적인 실천 공동체를 형성하기 위해 교사들과 함께 협력하길 원할 경우, 수업 지도성(instructional leadership)이 어떤 모습이어야 하는지를 알려 줄 수 있는 새로운 방향을 제시하게 된다. 그리고 이러한 공동체는 모든 학생들의 향상된 학습을 위한 책임을 증가시키게 된다.

이 두 가지 전략을 통해, 학생들의 학습을 완전히 새롭게 바꾸겠다는 책임감을 모두가 갖게 되는 것은 현실적으로 불가능할 수 있겠지만, 서로 다른 학교들의 여러 시책들을 전체적으로 결합시킬 때 바람직한 변화가 이루어지는 데 크게 기여할 수 있다.

임상 장학

임상 장학은 그 당시의 고정적이고 관료적인 관행적 장학을 극복하려는 노력의 일환으로 Robert Goldhammer(1969)와 그의 멘토이자 하버드 대학 교수인 Morris Cogan(1973)의 영향 아래, 20세기 후반(1951~1975년)에 등장했다. 그들의 노력은 개선된 교육과정 개발, 학습 이론, 그리고 과학과 수학의 국제적 재능을 개발하는 데 있어서 지속적으로 경쟁을 강화하려는 교육계의 다른 움직임들과 무관하지 않았다(Bruner, 1960). 이러한 의견은 대체로 교수법 개선과 교과 내용에 철저한 기반을 두고 더욱 창의적이고 학생의 흥미를 불러일으키며 "학문 분야의 구조"와 관련한 고차원적인 사고 능력에 초점을 두는 것이었다(Bruner, 1966).

교사와 장학담당자들에게 임상 장학은 어떠한 교육학적 전략을 통해 학생들의 관심을 끌고 수업에 참여시킬 수 있을지, 임상적 증거를 분석하는 한 방법으로 여겨졌다. 수업이 진행되는 동안에 장학담당자는 교사를 관찰하며 작성되는 학생들의 수업 참여에 대한 증거를 수업 계획서(teaching protocols)와 관련시켜 문서화함으로써, 수업에서 어떠한 활동이 일어나고, 전체 수업 계획이 어떻게 작용할 것인지, 어떤 부분에서 개선이 요구되는지를 장학담당자와 교사가 함께 검토할 수 있었다. 중요한 것은 최소 하나 이상의 수업에 있어서 교사의 교수법을 개선하는 것은 개개의 교사와 함께 작업하는 장학담당자에게 달려 있는 경향이 있었다. 이 "임상적" 접근은 사실상 하버드 교육 대학원에 재학 중인 예비교사들이 교생 실습을 하는 동안 장학을 진행한 Goldhammer의 작업 과정에서 이루어졌다. 따라서 임상 과정이 어떻게 "자연스럽게" 개발되어 가고, 예비교사들이 '교사'로 바뀌어 가는지 관찰하는 것이 어렵지 않았다.

오늘날 학교에서 일반적으로 실시되고 있는 임상 장학은 학교의 전반적인 조직 생활과 구분되어 독립적으로 존재하지는 않는다. 그것은 인간, 재정, 기술, 정치적 자원과 학교와 지역구 문화, 교육과정 목표와 자원, 교수법의 분배, 강의 순서, 학급의 일상, 주간과 연간 일정 내에서 실시된다. 엄격하고 관료적인 권위와 통제에 의해 지배되고 있는 학교 시스템 내에서 실시되는 임상 장학은 공통적-표준화된 기준, 문화적으로 반응하는 학습 환경에서의 분산적 리더십, 내재적 책무성에 가치를 둔 학교 시스템 내에서의 임상 장학과는 다르게 실시될 것이다.

일반적으로 임상 장학은 교사들과의 면대면 접촉을 통해 교사의 수업을 개선하고, 교사 전문성을 향상시키려는 목적을 갖는다. 여러 측면에서, 일대일의 대응관계는 교실 수업을 개선하는 것과 전문적 성장을 촉진하는 것 사이에 존재하며, 이러한 이유로 교사 능력의 개발과 임상 장학은 분리될 수 없는 개념이자 활동이 된다. 이러한 측면에서 평가는 어떻게 이루어져야 할까? 평가는 교사, 행정가, 장학담당자 등 교육 전문가들의 업무 중 자연스러운 한 부분이며, 지속적으로 이루어지게 된다. 교사, 행정가, 장학담당자들이 내리는 모든 의사결정은 모종의 평가(종종 암묵적인)를 기반으로 한다. 평가는 가치를 평가하는 것이고, 가치를 평가한다는 것은 어떠한 판단을 내리는 것이다. 이러한 일들은 교육 전문가들의 삶에서 자연스럽게 나타나는 것들이고, 임상 장학의 중요한 한 측면이자 교사 개발의 또 다른 형태이다.

여기서 우리가 강조하는 것은 임상 장학을 일반적인 교사의 교수법, 수업활동 등에 대한 판단만으로 하기보다는 학생의 학습과 그 증거에 초점을 맞추자는 것이다. 간단히 말해서, 교사들이 자신의 실천적 활동을 연구하고, 교사 스스로의 학습과 교수 활동 전문성을 향상시키기 위해 협력할 수 있는 하나의 방법이 바로 임상 장학이다.

교사 개인의 실천 활동에 대한 연구는 자연스럽게 평가를 수반한다. 그러나 총괄 장학과는 달리, 임상 장학은 모든 학생들의 학습에 영향을 미치는 교사의 일반적인 능력을 평가하는 데 많은 관심을 기울이지 않는다. 오히려 임상 장학은 모든 학생들, 혹은 때때로 부진한 학생들을 위한 특수한 학습법을 이끌어 내는 데 필요한 특별한 교수방법들의 영향을 더 중요하게 인식한다. 임상 장학이 총괄 장학의 공식적 과정 내에서 사용되는 경우, 학생들의 학문적 성취를 이끌어내는 교사들의 역량에 관한 긍정적이거나 부정적인 증거들이 나타나 는데, 이는 보통 다수의 다른 증거 자료들과 함께 일련의 복합적인 임상 장학의 사건들을 수반한다. 교사는 모든 학생들의 학업 성취에 영향을 끼칠 수 있는 일반적인 능력을 갖추어야 하는 직업이지만, 직업적으로 무책임한 교사들이 있을 수 있기 때문에, 매년 한 번 이상의 수업 방문을 통해, 긍정적이거나 부정적인 총괄적 판단이 이루어질 필요가 있다.

임상 장학의 순환과정

임상 장학은 다양한 형태로 이루어질 수 있지만, 일반적으로 다음과 같은 다섯 단계의 순환과정으로 이루어진다.

1. 장학담당자와 교사 간의 관찰 전 협의회
2. 하나 이상의 수업 관찰 및 그 외 다양한 교수학습 자료나 산출물에 대한 수집
3. 관찰 중 수집된 자료의 분석 및 교사와 협의하고자 하는 잠재적 토론주제 도출
4. 교사의 자기평가 및 장학담당자의 피드백이 포함된 관찰 후 협의회
5. 협의회 이후의 분석 결과, 합의된 결과, 후속 단계를 기록

관찰 전 협의회

임상 장학의 여러 단계들 중에서 가장 중요한 것은 관찰 전 협의회이다. 이 단계에서는 관찰과 여러 자료 수집 전략을 위한 틀이 만들어지고 장학을 하는 사람과 장학을 받는 사람 간의 합의가 이루어진다. 만약 장학 순환과정에 참여하는 것이 장학담당자나 교사 중 한 사람 혹은 둘 모두에게 처음이라면, 장학담당자는 초기에 교사와의 신뢰관계를 구축하는 것이 중요하다. 때로는 장학담당자 본인이 교사였을 당시에 "받았던 장학 경험"에 대해 자세히 이야기하고, 어떻게 그 과정을 명확히 이해할 수 있었는지를 설명하는 과정을 포함하기도 한다.

보다 자세하게 다섯 가지의 단계를 검토하는 것만으로도, 교사들의 긴장감을 줄일 수 있고, 교사들에게 무엇을 기대하고 있는지를 알려 줄 수 있다. 또한, 총괄 평가와 형성 평가 사이의 차이점을 설명하는 것은 불안감을 일부 해소하는 데 도움이 될 수 있다. 장학담당자는 임상 장학의 순환과정이 학생들의 학습과 관련한 증거에 초점을 둔 협력과정임을 강조해야 한다. 특히 학습이 부진한 학생들을 위해 어떤 조정들이 필요할지 함께 탐구하게 될 것이다. 시간이 한정적이기 때문에, 장학담당자는 학생들이 어떻게 하면 학습을 가장 잘 할 수 있는지, 그리고 교사의 수업 계획은 이러한 부분들을 어떻게 고려하고 있는지에 대해 토론을 할 수도 있다. 이러한 토론은 해당 교사가 왜, 그리고 어떻게 지금과 같은 방식으로 수업을 계획하게 되었는지를 장학담당자가 이해하는 데 도움을 줄 수 있다.

관찰 전 협의회에서 장학담당자는 수업 시간에 학생들이 무엇을 느끼는지, 반항하는 학생들을 교사가 어떻게 다루고 있는지, 학생들과의 관계를 어떻게 설정하는지, 학생 개개인의 재능과 흥미를 활용하여 학업을 수행하게 하는 방법이 무엇인지 등을 확인할 필요가 있다. 이와 관련하여 장학담당자는 학생들이 수업에서 흥미를 느끼는 것이 무엇인지 포착하는 방법을 교사와 함께 탐색하기 위하여 학생이 "왜 우리가 이것을 배워야만 하죠?"라고 묻는 역할극을 원할지도 모른다. 이러한 토론은 다음 수업의 일부가 될 단원을 검토하고 보다 쉽게 구성하는 데 도움을 준다. 즉 교사가 해당 단원의 핵심 아이디어를 어떻게 이끌어 내며, 그것을 수업, 교수법과 어떻게 연결시킬 수 있을지에 대해 의견을 나눈다. 일부 장학담당자들은 수업이 지속적으로 어떻게 연결-전개되는지를 확인하고, 수업을 통해 학생들의 이해도가 향상되어 가는 것을 보다 분명히 인식하기 위해 연속해서 두 수업을 참관하길 원할 수도 있다.

교사의 위치에서 교사의 관점으로 교실 수업을 이해하는 것은 장학담당자로 하여금 앞으로 관찰하게 될 수업 장면에서 교사가 무엇에 중점을 두고 있는지를 알 수 있도록 돕는다. 즉 교사의 총체적, 전반적 목적이 특정 수업에서 어떻게 부합되어 이루어지는지를 이해하는 것은 장학담당자가 수업에서 관찰한 것을 해석하는 데 큰 도움을 줄 수 있다. 사전 관찰에 있어서 중요한 것 중 하나는 학생의 학습에 대한 증거와 그 학습 과정의 진전에 대한 교사의 인식이 중심이 되어 이루어져야 한다는 것이다. 이에 따라 몇몇 논의들은 향후 진행되는 수업 및 학습을 통해 예상되는 성과, 그리고 교육과정이 완료된 시점에서 기대되는 성과를 위해 학생들을 어떻게 참여시킬 것인지를 중심으로 이루어져야 한다.

관찰 전 협의회가 끝나면, 장학담당자와 교사는 앞으로 하게 될 수업에 대해 설명하는 리허설에 참여할 준비가 되어야 한다. 교사는 본인의 수업을 통해 얻을 수 있는 바람직한 결과에 대한 개요를 제시해야 하는데, 만약 하나 또는 그 이상의 교육과정 기준이 있다면, 교사는 이전의 수업을 전체 교육과정과 어떻게 연결시킬 것인지, 수업의 핵심 아이디어나 기술에 대해 학생들의 관심을 어떻게 유도하고 집중시킬 것인지, 어떤 학습 활동들이 학생의 참여를 독려하게 될 것인지, 수업에서 발생할 수 있는 문제점들은 무엇이고 어떻게 수업을 마무리할 것인지, 수업에서 학생들이 학습한 것을 어떻게 표현하게 될 것인지, 그리고 다음 수업을 어떻게 준비할 것인지 등에 대한 개요를 제공해야 한다.

관찰 전 협의회를 마무리하기 전에, 장학담당자와 교사는 수업을 관찰하는 동안 장학담당자가 무엇에 집중해야 하는지에 대해 합의해야 한다. 교사는 수업에 어려움을 겪고 있거나 학급 경영 문제에 대한 교육학적 대응을 고민하고 있었을지도 모른다. 즉 교사가 고민하고 있는 부분에 대한 장학담당자의 조언을 원할 것이다. 특히 첫 장학 과정에서 교사는 장학담당자에게 관찰의 초점을 결정하도록 맡겨 놓을 수도 있다. 관찰 전 논의에서 다루는 사항은 장학담당자가 초점을 맞춘 두 개 내지 세 개의 주제를 통해 쉽게 제시될 수도 있다.

다음으로 장학담당자는 초점을 맞춘 해당 주제가 교사에게 도움이 될 것인지에 대한 여부를 확인해야 한다. 가능하면 교사는 장학담당자가 도움이 될 수 있다고 제안한 영역에서 지원을 받는 것이 좋다. 그러나 장학담당자는 학생들의 학습에 대한 증거에 중점을 두고, 관찰을 요청받은 항목이 어떻게든 학생 학습과 연관성이 있는지의 여부를 명확히 판단하여 장학의 초점을 잃지 말아야 한다.

교수 관찰과 유용한 교수학습 자료-산출물의 수집

임상 장학 순환과정의 두 번째 단계는 교수 활동, 즉 교사가 학생을 가르치는 행위를 실제적이고 체계적으로 관찰하는 것이다. 이 단계에서는 교수 활동을 실행하고 있는(in action) 교사와 학생, 그리고 이러한 실행의 결과로서 일어나게 되는 교실 상황과 이야기에 초점이 맞춰진다. 보다 큰 관심과 고민이 필요한 것은 교사가 실제로 어떤 말을 하고 무엇을 하는지, 학생들이 어떻게 반응하는지, 그리고 관찰하고 있는 특정한 교수 활동 실행 과정 동안 실제로 어떤 일이 일어나고 있는지에 관한 것이다. 또한, 교수 관찰 단계에서 장학담당자는 해당 교사가 피드백을 요구한 부분과 쟁점에 대해 특별한 관심을 기울일 것이다.

몇몇의 장학담당자들은 그들이 관찰하고 있는 것을 기록하는 데 상당히 능숙하다. 어떤 장학담당자들은 관찰 전 협의회에서 언급된 교사의 관심사와 연결되어 있는 특정 현상을 기록하기 위해 개인 속기 기법이나 사전에 준비된 코딩 기법을 사용한다.

어떤 장학담당자들은 특정 영역에서의 강점과 약점을 알아내기 위해서 3점 척도에 따른 코딩 가감 시스템을 포함시켜 활용할 것이다. 종종 장학담당자들은 관찰 결과를 정리하는 데 있어서 수업의 초반, 수업의 전개, 학생 활동, 그리고 마지막으로 수업의 완료 시점에서의 관찰 결과라는 네 개의 구간으로 구분하여 표시할 것이다. 또 다른 장학담당자들은 교수 활동에 특별히 열심히 참여하고 있는 학생들 또는 반대로 산만하거나, 주의력이 낮거나, 수업에 비협조적인 학생들의 자리를 원으로 배치할 수도 있다. 이를 통해 학생들이 학습을 했다

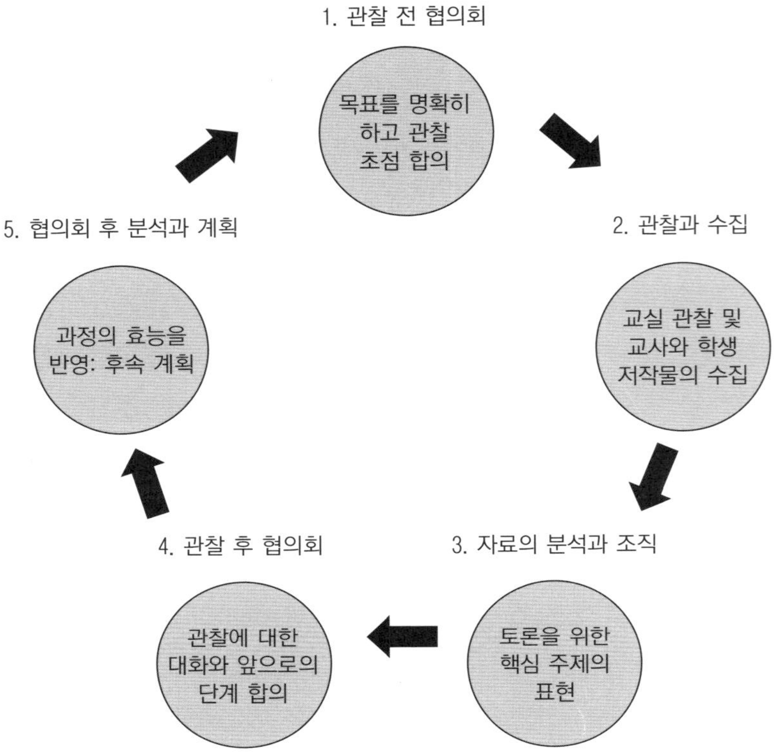

[그림 10-1] 임상 관찰 순환과정

는 증거 또는 학습 과정에서 이탈한 증거를 찾아낼 수 있는데, 이와 같은 종류의 접근은 협력학습 모둠 형태로 학습하는 학생들에게 적용할 수 있다.

학생 면담, 교실에서 활용된 산출물의 수집, 학생 평가표, 게시판 및 교실의 배열, 포토 에세이, 학생이 과제를 통해 달성한 것들의 목록, 학생들이 읽은 책 목록, 그리고 그 외 관련 자료들은 실제 교수 자료를 보충해 주고 명확하게 해 준다.

피드백을 위한 분석과 전략

임상 장학 순환과정의 세 번째 단계는 피드백을 위한 자료를 분석하고 구성하며, 임상 장학에 관해 토론하는 것이다. 이러한 분석 단계에서 장학담당자는 관찰을 통해 수집한 원 자료나 정보를 보다 다루기 쉽고, 의미 있으며 이해 가능할 수 있는 형태로 전환해야 한다. 이러한 분석은 교사가 장학담당자에게 주의를 기울여 주길 요청한 쟁점 또는 질문과 함께 시작해야 한다. 해당 쟁점들은 수업의 목적을 지원하는 교수 패턴과 관련되어 있을지도 모르고, 학생들이 아이디어를 떠올리거나 탐구하는 과정 속에서 노력하고 있는 중요한 순간에 관한 것일 수도 있다.

또한, 일부 학생들이 학습에 보다 열심히 참여하도록 할 수 있었지만, 놓쳐 버렸던 기회들과 관련되어 있을지도 모른다. 또는 수업의 마무리 단계에서 학생들이 자신의 학습에 관해 분명히 표현할 수 있도록 격려하는 성찰적 질문의 효과와 관련한 쟁점일 수도 있다. 다시 말해서, 관찰 전에 교사가 우려를 가지고 있던 부분들이 실제로 긍정적이거나 부정적인 영향을 미치는 일인지를 명확하게 밝히기 위하여 수업을 관찰하는 동안에 해당 정보들을 어떻게 수집해야 하는지에 관한 단계라 할 수 있다.

정보를 적절하게 구성한 후, 장학담당자는 이제 교사와 함께 일하기 위한 전략을 구축하는 데 주의를 기울인다. 장학담당자는 교사가 우려했던 부분들 중에서 반드시 해결되어야만 하는 부분들을 선정한다. 그리고 교수 실행에 관한 교사 자기평가의 일환으로, 장학담당자에 의해 모아진 증거를 해당 교사가 어떻게 인식하는지도 고려해야 한다. 교사 스스로 수업 계획서를 재설계할 필요가 있다는 제안과 그에 대한 근거들이 있다면, 교사는 그것을 인식할 수 있어야 하며, 학생의 학습을 촉진-향상시킬 수 있는 여러 교수방법의 개선을 장학담당자와 논의해야 한다. 해당 사안의 민감성을 고려할 때, 이를 위한 접근방법으로 장학담당자는 교사에게 브레인스토밍을 권유해야 한다. 이는 교사가 하나 이상의 접근방법을 시도하는 데 동의하는 것과 동시에, 그 결과까지 함께 고민해 볼 수 있다는 점을 고려한 조치이다.

장학담당자의 중요한 역할은 교사가 장학담당자의 권위적인 제안에 응하게 하기보다는 오히려 진정한 교사 학습으로 이어질 수 있는 평가를 담당하는 것이다. 이것은 일부 특정 사례에만 해당되는 것이 아니다. 특히 초임 교사와 함께할 때, 장학담당자는 수업에서 다른 교육학적 접근을 제안하는 것이 필요하다. 그 후에도 장학담당자는 추천된 새로운 접근법을 교사가 실제로 시도했는지 알아보기 위해 몇 주 동안 유심히 지켜보아야 한다.

관찰 후 협의회

임상 장학 순환과정의 네 번째 단계는 교사와 함께하는 관찰 후 협의회이다. 일반적으로, 관찰 후 협의회는 교사와 장학담당자가 사전에 동의한 소수의 쟁점들에 초점을 두고 이루어진다. 처음에 장학담당자는 관찰 전 협의회에서 논의된 특정한 관심사를 고려하면서, 수업이 어떻게 진행되고 있는지에 대한 교사 스스로의 평가, 즉 교사 자기평가를 요청해야 한다. 장학담당자에 의해 관찰된 쟁점들은 종종 교사의 자기평가에 잘 반영될 수 있다. 이 경우에 장학담당자는 교사의 자기평가를 간단히 확인할 필요가 있다. 협의회 전반에 걸쳐 유지해야 할 중요한 관점은 교수(teaching)적 측면에서 우수성을 갖는 것이 학생들에 대한 모든 교사의 책무이자 의무임을 상기시키는 것이다.

수업이 진행되는 동안 파악하지 못한 일부 결점들을 교사의 자기평가에서 발견한 경우에 장학담당자는 관찰에 입각한 증거를 제시하고 교사가 이러한 증거를 어떻게 해석하고 있는지 질문해야 한다. 장학담당자는 이미 형성된 평가 정보, 결과만을 제공하는 것이 아니라, 서술적인 정보를 제공해야만 한다. 지속되는 토론의 과정에서 장학담당자는 교사가 그런 방식으로 행동하게 되었던 정당한 이유를 발견할 수도 있다. 즉 교사의 특정 행동은 해당 학생에 대해 자신만이 가지고 있는 특별한 정보나 지식에 기인했을지도 모른다. 예를 들어, 학생의 부모가 이혼 위기에 처해 있고, 그 학생이 매우 감정적으로 혼란스러운 상태에 있었을 수도 있는 것이다.

학생의 상황을 알고 있는 교사는 수업에 집중하지 못하는 학생을 수업이 이루어지는 중간에 불러내기보다는 수업에 뒤처지지 않도록 돕기 위하여, 방과 후에 그 학생과 함께 작업하는 것을 계획했을지도 모른다. 또 다른 상황에서는 교사가 특별한 도움이 필요한 학생에 대한 정보를 전혀 알지 못하고 있을 수도 있다. 따라서 장학담당자는 교사가 그것을 인식할 수 있도록, 관찰로 얻어진 자료를 바탕으로 알려 줄 필요가 있다. 다시 말해서, 협의과정에서 중점을 두어야 하는 것은 교사에 대한 판단(특별한 도움이 필요한 학생에 대한 교수 경험이 미미한 교사인지, 정말로 배려하고 있다고 생각하는 교사인지)을 넘어, 특별한 도움이 필요한 학생의 내면에 있는 민감한 부분을 이해할 수 있도록 교사가 학습할 수 있는 기회를 주어야 한다는 것이다. 즉 모든 학생들에게 효과적인 방법이 무엇인지를 학습할 수 있도록 교사를 개선시키는 것이 목표이다.

관찰 후 협의회는 장학 순환과정을 통해 스스로의 장점 및 향후 개선해야 할 분야에 대해 학습한 교사에 관한 몇 가지 결과들로 이어질 것이다. 장학담당자들은 일부 교사들이 상당히 우수하기 때문에, 그 교사들로 하여금 초임 교사를 멘토링할 수 있는 훈련과정에 지원해 보기를 추천할지도 모르며, 훈련 후에는 그들의 학년군에서 다른 교사들과 함께 일종의 코칭 능력을 활용하는 것에 대해 고려할지도 모른다.

장학담당자들은 또 다른 교사들의 경우, 특정 분야나 영역에 있어서 개선이 필요하다는 결론을 내릴 수도 있다. 즉 교육과정의 특정 부분에서 개선이 필요한 교사의 교수법에 관한 것일 수도 있으며, 특별한 도움이 필요한 학생들을 그들의 수업에 참여시킬지 여부, 컴퓨터 지원 교육을 그들의 수업에 포함시킬지에 관한 것, 학생 평가를 중요 교육과정 기준에 맞게 조정하여 수업에 포함시킬지 여부 등을 결론으로 제시할 수 있다. 종종 장학담당자는 교사가 개선하려고 하는 영역에서 강점을 보이는 한 명 이상의 교사와 상의해 보는 것을 제안함으로써 그 약점에 대응할 수도 있다. 장학담당자는 그러한 종류의 협력이 효과가 있는지 알기 위해 한두 달간 후속 모임이 이어지도록 격려해야 한다.

협의회 후 분석

임상 장학 순환과정의 다섯 번째 단계는 협의회 후 분석인데, 과정의 마지막 단계이다. 이 단계는 세 가지 측면으로 구분하여 설명할 수 있다.

먼저, 첫 번째 측면은 장학담당자 스스로가 순환과정 동안 수행해 온 것들에 대해서 자기평가를 해야 한다는 것이다. 그것은 다음과 같은 질문들에 대해 응답하는 것을 포함한다. 순환과정에서 무엇이 잘 되었고, 잘 되지 않았는가? 더 좋은 장학담당자가 되기 위해 내가 배운 것은 무엇인가? 장학담당자로서 나의 수행 능력은 어떤 영역에서 개선될 필요가 있는가? 모든 장학담당자는 스스로를 개선하고, 전문성을 향상하기 위한 노력을 기울일 필요가 있다. 종종 장학담당자들은 장학을 받던 교사들에게 오히려 배울 내용이 있으며, 그것에 관심을 가질 필요가 있다. 때때로 장학담당자들은 교사의 장점이 실제로 무엇인지 알기도 전에 해당 교사를 미리 판단하고 있는 자기 자신을 발견할 것이다. 때로는 장학담당자가 학교에서 일어나고 있는 하나 이상의 갈등에 몰두한 나머지 수업 관찰에 충분한 주의를 기울이지 않을 수도 있다. 이러한 현상들은 향후 시정 조치를 위해 장학담당자의 일지에 반영되어야 한다.

협의회 후 분석의 두 번째 측면은 과정 자체에 대한 평가를 해야만 한다는 것이며, 다음과 같은 질문을 포함한다. 장학 과정은 교사에게 진정으로 도움이 되었는가? 우리는 평가 자료를 충분히 다루었는가? 장학 과정 내내 장학담당자와 교사가 서로 긴밀히 협력했는가? 과정이 진행되는 동안 신뢰와 투명성이 있었는가? 피드백의 비판적인 부분에도 불구하고, 즐겁고 정직한 순간들이 있었는가? 나는 이 순환과정을 통해 학생들이 더 좋은 교사에게 배울 기회를 가질 수 있게 되었다고 말할 수 있는가?

협의회 후 분석의 세 번째 측면은 다음과 같은 질문을 하는 것을 포함한다. 이 교사는 더 많은 장학의 도움이 필요한가? 예를 들어 학생의 학습 문제들을 식별하기 위해 학생 평가 피드백을 활용할 것인가? 초임 교사의 경우 종신 재직권을 약속받을 만큼의 가능성을 보여 주고 있는가? 종신직 교사의 경우 충분한 능력이 있는데도 불구하고 이러한 전체 과정을 받아들이지 않는다면, 우리는 그의 성장을 더 돕기 위해 무엇을 할 수 있는가? 다음의 몇 달 동안 교사가 필요로 하는 것에 관하여 교사와 나는 어떤 결론을 내리게 되었는가? 교사의 성장에 대한 후속 조치를 위하여 나는 어떤 약속을 설정해야만 하는가? 복도나 주차장을 지날 때 내가 방금 지도한 교사를 격려할 수 있는가? 학기 마지막에 성적이 부진한 학생의 향상을 확인해야 하는가?

장학은 종종 장학담당자와 교사 모두에게 터무니없이 시간을 낭비하는 일이 되기도 했는데, 그 이유는 기존의 장학이 긍정적 영향을 미치는 경우가 많지 않았기 때문이다. 긍정적 영향이 적었던 것은 대체로 교사의 개선을 위한 마무리 활동이 없기 때문에 발생했다. 또는 교사가 개선해야 할 영역에 대한 지원이 부족하거나 중요하고 오래 지속되어야 하는 개선 사항이 장학담당자에 의한 현실적이고 단기적인 목표에서는 빠질 수밖에 없었기 때문이기도 하다. 교사의 서류철에서 입수된 대부분의 교원 평가서에는 대개 교사의 교수법을 개선하는 것에 그치는 일반적인 제안점을 발견하게 되기도 한다.

그러나 만약 교사가 매우 무능하거나 일부 법률 또는 학교 정책을 위반하지 않았다면, 장학을 통한 대부분의 권고 사항들은 어떠한 패널티도 부과하지 않는다. 다음번에도 그 평가서에는 동일한 결함이 기록될 수는 있지만 개선하지 않는다고 하여 교사가 받을 패널티는 없을 것이다. 교사들은 장학 실행 이후에도 결과와 무관하게 일반적으로 계약서에 포함된 봉급 인상을 받게 된다.

그림 10-2는 교사와 장학담당자가 투자한 시간이 진정으로 교사의 성장을 이끌어 내기 위해서는 교사와 장학담당자가 지속적으로 협력해야 한다고 제안한다. 임상 장학 순환과정의 마지막 단계에서 의미하는 것은, 구체적인 전문성 신장과 학생들의 학업 성취가 향상되었음을 분명하게 요구하는 후속 조치가 필요하다는 것이며, 이에 대한 책임이 강조되고 있다는 것이다. 그리고 그것을 입증할 때, 장학도 마무리될 수 있을 것이다.

이와 관련하여 모든 학생들의 학문적 성공을 향상시키기 위해, 주와 지역구에 외부 책무성을 도입하는 것은 교사들의 능력을 개선하는 데 있어서 교사 스스로가 책임과 책무를 갖도록 강조하는 방식이다. 즉 장학 과정의 마지막 단계를 보다 강조하는 방식으로서, 이러한 방식은 교사의 장학에도 큰 영향을 미치게 될 것이다.

장학담당자에 대한 비현실적인 시간 요구

대개 장학담당자가 근무하는 날에 발생하는 물리적인 문제들, 교사 스케줄, 행정적인 책임 경쟁, 경쟁적인 수요는 앞에서 기술한 장학 순환과정을 따르는 것을 어렵게 만들 것이다.

가임용 신분(probationary status) 형태에 있는 교사들에 관해서 교장, 교감, 그

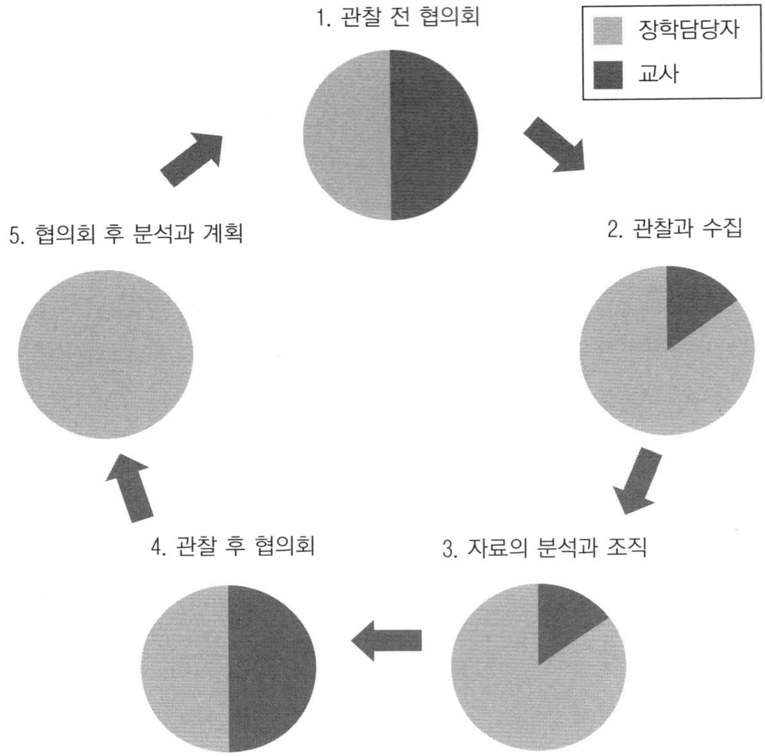

[그림 10-2] 임상 관찰의 협력적이고 문답적인 성격

리고 부장들은 더 엄격하고 철저한 임상 장학의 과정을 고수하는 반면에, 대부분의 교사 대상 장학은 교사의 행정 평가에 대한 관료주의적 요구를 만족시키는 데 목적을 두고, 축약된 버전의 임상 장학 과정을 수행할 것이다.

확실히 교장은 모든 학생들의 학업 성취에 영향을 미치는 전체 교사들의 역량을 구축하는 데, 즉 장학에 책임을 져야 한다는 것, 그리고 자신의 바쁜 일정과 업무를 소화해야 한다는 두 과업 사이에서 매우 곤란한 갈등 상황에 직면해 있다. 많은 교장들은 이전에 교실 수업에서 수행했던 과업보다 더 많은 관심과 노력을 기울임에도 불구하고, 교사들과 함께 수업 개선의 핵심 쟁점에 대한 장시간의 토론이나 탐구에 참여할 시간이나 자세, 이유도 갖지 못하고 있는 상황이다. 교장을 비롯한 장학담당자들이 교실을 방문할 때 뛰어난 수업에 대해 응원하여 용기를 줄지는 모르겠으나, 이러한 고부담 책무성의 시대에 교실의 모든 학생들의 학업 성취를 높이기 위해 전체 교사들의 역량을 고양하는 세밀한 작업은 이루어지기 어렵다. 제2장에서 우리는 하루에 백 명 이상의 학생들을 가르치는 중 · 고등학교의 교사들이 모든 학생들의 학습을 지도하고 동기부여가 부족한 학생들에 대해 개별적으로 따로 대응해야 한다는 것과 유사한 비현실적 요구에 직면해 있다는 것을 언급했다.

잘 설계된 수업 코칭 프로그램은 그러한 요구에 대한 공급을 도울 수 있다. 학교장은 그들의 주요 리더십 책무에 주력해야 한다. 그 책무는 학교가 나아가야 할 방향에 대한 비전을 제시하고, 간절하고 높은 기대감을 조성하며, 학생의 필요에 초점을 맞춘 협력적인 문화를 만들고, 학부모와 지역 사회가 학교 일에 참여하도록 유도하는 것이다(Steiner & Kowal, 2007).

장학담당자 역할의 관리적인 측면과 함께 이러한 책무들은 대체로 임시직 교사들, 그보다 조금 나은 수준의 교사들, 계약직 교사들에 대한 평가를 제외하곤 수업 개선에 대한 직접적인 개입을 상당히 제한한다. 다른 한편으로, 학교장은 교감 및 부장교사 등의 전문성 있는 구성원들이 학교 전체의 수업 개선을 현실적으로 지원하기에 충분히 유연한 장학 체제를 운영할 필요가 있다. 이러한 체제는 리더십 체제를 포함하거나 또는 보완되어야 한다. 학교의 모든 학생들의 학업 성취를 지원하기 위하여 학교의 내재적 책무성을 총괄적으로 보장하려는 교장은 수업 개선 체제를 지원하고, 모니터링하며, 설계함으로써 수업 리더십을 행사한다.

학교장이 학교에 코칭 프로그램을 도입하거나 또는 학구(學區)에 장학담당자를 초빙했을 때, 수업 코칭 프로그램의 요소가 각 학교와 교수진, 학생의 특정 요구에 부합하게, 설계하는 것보다 더욱 중요하다는 것을 보여 줄 것이다(Steiner & Kowal, 2007). 코칭 프로그램이 활성화되기 전에 그 목적과, 교수진 및 학생들의 필요에 부합하는 장단기 목표를 명확하고 설득력 있게 설명해야 한다. 그리고 학교와 지역구 리더십이 주도적으로 이를 뒷받침해야 한다(Trombly, 2012).

코치의 업무는 교사를 평가하는 것이 아니라 학생의 학습 향상을 목표로 한 수업 계획의 적절한 수정 방안을 탐색하는 것으로, 개인과 교사 집단이 함께 지원적이고 협력적인 태도로 작업하는 것이 강조되어야 한다. 코치와 교사의 협력은 지정된 연도나, 수년 동안 교사 평가 절차에 대한 만족이 이루어짐으로써 인정받을 수 있게 된다. 교사로 하여금 자신의 평가에 대해 만족할 수 있도록 지원하기 위한 개인 성장 계획을 수립할 수 있도록 허용된 학구에서는 코치와의 협력이 보다 원활하게 이루어지고 있다. 코칭 프로그램과 장학 프로그램 모두가 강조하는 것은 학생의 학습 성취 향상이다. 따라서 두 프로그램의 목표와 함께 교사의 참여는 우수한 교수 방향으로 성장하기 위한 학교의 감독을 만족하는 것으로 여겨질 것이다.

코칭 프로그램에 대한 설계, 모니터링, 그리고 지원은 학교장이 다음과 같은 네 가지 활동을 감독하는 것을 포함한다. 즉 수업 코치의 선택, 수업 코치의 지속적인 개발과 준비, 수업 코칭의 실제, 그리고 자체적인 코칭 과정의 향상과 수업 개선에 대한 영향 평가이다(Steiner & Kowal, 2007). 일부 설정에서 코칭 프로그램은 학교 또는 학군에 있는 학생들 사이에서 크게 벌어진 학력 격차를 감소시키는 데 주력하게 될 것이다. 또 다른 지역구들에서 코칭 프로그램의 초점은 그들의 수업에 더욱 엄격하게 교육과정 기준을 포함시키기 위하여 교사들의 일반적인 능력을 개발하는 것을 포함할지도 모른다. 이러한 내용들은 모두 학생들의 학업 성취를 향상시키기 위한 것이다. 여전히 다른 지역구들의 초창기 코칭 프로그램은 오직 수학과 읽고 쓰는 두 가지 학업 분야에만 초점을 맞추었다.

West(2009)는 수업 코칭을 교육과정 기준과 표준 기반 시험의 변화에 따라 발전하는 것으로 보았는데, 그녀는 이러한 현상이 긍정적 측면과 부정적 측면 모두를 포함하고 있다고 여긴다. 먼저 부정적 측면은 그것이 교수와 코칭 교사들의 기계론적 방식을 야기하게 된다는 것이고, 긍정적 측면은 교수와 교수 코칭이 더 깊은 전문화로 이어질 수 있다는 것이다. Bean 외(2010)는 그들의 연구에서 코칭 과정이 교사들에게 학생 개개인의 요구를 충족시키기 위한 수업을 차별화시키는 데 성공했다는 긍정적 결과를 도출했다. 또한, Trombly(2012)는 그의 연구를 통해 코치와 교사의 광범위한 스펙트럼에 걸쳐 학교 리더십에 대한 책임을 분산하는 것이 가능함을 증명했다.

임상 장학과 코칭 역동성의 유사점

우리는 코칭의 비평가적인 성격을 강조하면서 형성 평가의 두 가지 계획을 구분했지만, 두 가지 측면은 모두 비슷한 목적이 있다는 것을 파악할 수 있었다. 즉 '학생 학습 향상(improving student learning)'에 중점을 두고 일부 교수 전략의 다양한 영향의 '근거'를 함께 탐색하며, 모든 학생들의 학업 성취를 높이기 위해 상호 책임을 지고, 그 목적을 위한 수업 계획서의 축적된 지식을 개발하고 확장하는 것이다.

교수 신념, 학생들을 향한 태도, 학생들이 학업 내용을 학습하는 방법에 대한 이해 등과 관련한 관찰 전 협의회에서 두 가지 자료가 유용한데, 그것은 수업 계획서와 학습에 대한 학생 참여에 관한 자료이다. 또한, 그 자료를 검토하고 수정사항을 논의하는 관찰 후 대화에서 가까운 미래에 그 수정사항을 시도해 보는 데 중점을 두며, 학생 학습에 대한 자료들의 영향을 평가하는 것을 수반한다.

이것은 코치가 자신의 코칭을 수행할 때 임상 장학의 다섯 단계를 꼭 따라야 한다는 것을 의미하지는 않는다. 오히려 형성 평가의 형태만을 전적으로 추구하는 것은 교사 대상 장학이 관료주의적 성향을 갖는 것과 상당히 유사한 것처럼 보인다. 같은 맥락에서, 학생의 학업 성취 향상 목표를 추구하는 것에 대한 관심 또한 규정된 경계를 넘는 것을 허용할 수도 있는 것이다.

형성 평가 참여의 가치

이 책의 여러 개정판 중 첫 번째 책의 제목은 '장학: 인간의 관점(Supervision: Human Perspectives)' 이었다. 우리는 이 책을 개정해 오면서, 모든 개정 과정에서 그 주제를 다루었지만, 이 시점에서 보다 명확하게 표면화되었으면 한다. 즉 형성적 장학은 학교에서 교사 및 다른 전문가들과 함께 직접 얼굴을 대면하면서 작업하는 전문성 신장과 관련된 장학담당자들 또는 코칭 동료들을 포함한다.

장학담당자와 코치의 일은 자동차와 트럭의 오일을 교환하고 컴퓨터 전자 부품을 교체하거나 조립 라인에서 로봇 제조를 지속하기 위해 보수하는 정비공의 업무처럼 이루어지지는 않는다. 또한 그들의 일은 통계를 분석하고 보고서를 차트와 그래프로 만드는 일과 관련이 깊지도 않다. 그들의 일은 인간(human beings)과 연관된다.

확실히 여기서의 인간은 정책 입안자들과 대중들의 기대를 요구받는 전문가들이다. 또한, 장학담당자와 코치는 위 인간들이 스스로 인식하고 있는 이미지를 바로잡도록 돕는 정신 치료사도 아니다.

그러나 그들은 아직 어린 학생들, 그리고 그들의 업무를 개선하려는 교사와 함께 일함으로써 사람을 위하여 사람이 하는 작업(human work)을 하는 것이다. 그들이 완전히 숙달했을 것으로 예상되는 다양한 대인관계 기술들에도 불구하고 전문직 업무와 관련된 대인관계 일은 매우 복잡하다.

요컨대, 그 일은 함께 일하는, 복잡한 관료적 권위 체계를 넘어선, 시험 성적 및 학업 성취, 저조한 성과에 대한 꼬리표, 위험에 처한 학생들, 성취 격차에 대한 전문적인 정책 범주를 넘어서 — 비록 이 용어들이 그들의 담론과 관련 있을지라도 — 그들을 하나의 인간으로 인식하고, 그들 또한 하나의 인간으로 참여할 것을 요구한다.

일의 그러한 형식들을 넘어서, 장학담당자는 함께 일하고 있는 사람에 대해 인간적인 배려를 할 필요가 있다. 그것은 그들에게 한 명의 인간으로서 참여하라는 것을 의미하기도 한다. 조직의 환경은 역할, 기능, 통제, 결과, 산출물 규모, 그리고 기한 등 비인격적인 관념에 집중하는 경향이 있다. 참여자의 인간성과는 거리를 둔 이러한 개념들을 이용한 담론들은 사람을 원인 및 예측 가능한 효과, 시스템에서 교체할 수 있는 부품처럼 취급하는 경향이 있다. 관료제에 기반한 학교 시스템 내에서도 이러한 관념이 팽배한 경향이 있다.

그러나 학교의 일은 공장이나 병원 또는 감옥의 일과는 다르다. 특히나 학교의 일은 인간, 사람이 하는 일이다. 그것은 세계에 대한 이해와 지역사회의 일원으로서, 또 한 개인으로서 자신을 종합적으로 개발할 필요가 있는 젊은 사람들을 위한 일이다. 지역사회의 관심 안에서 인간으로서 생존, 발달을 책임지고 있는 교사들은 이 일의 목자이고 재배자이며, 제작자이다. 이 일은 자신의 이익만을 위한 것이 아니라, 지구라는 행성에서 살아가는 인간 실존의 궤도에 참여하고 기여하기 위한 지식 분야의 숙달을 포함한다.

장학담당자와 코치는 젊은 사람들의 입장에서 그 일을 성공시키기 위해 인간으로서의 투쟁에 참여할 필요가 있으며, 교사들의 입장에서 그 일을 하는 사람들 중에서도 아직 미숙한 젊은 사람들을 지원하고 안내하며, 관리할 필요가 있다. 이 장에서는 형성 장학의 작업에 대해서 이와 같은 암묵적 정의를 내렸으며, 다음 절부터 더욱 상세하게 이러한 참여의 문제에 대해 살펴보고자 한다.(참고: Robert J. Starratt, 학교 리더십 재조명: 학교의 일을 통해 인간 개발을 최우선으로(Refocusing school leadership: Foregrounding human development throughout the work of school), pp. 93–00. New York: Routledge, 2011로부터 개정)

미덕으로서의 참여

완전한 참여는 자기 앞에 무엇이 있는지 잘 알고 있는 것을 의미한다. 그것은 다른 사람이거나 책의 한 구절, 또는 직원이 작성한 메모나 책상 위에 있는 한 송이 꽃일 수도 있다. 참여한다는 것은 사람을 초청하거나 의사소통을 하거나, 또는 스스로 무언가를 드러내는 것과 같다. 만약 상대방이 우리에게 참여하지 않는다면 우리도 참여할 수 없다. 상대방의 참여는 내가 누구인지, 내가 이 상황에 대해 느끼고 있는 것이 무엇인지, 지금 당장 당신이 진정으로 생각하기 원하는 부분이 무엇인지에 대해 어떻게든 말해야만 한다.

참여한다는 것은 자신의 내부에 상대방을 둔다는 것, 상대방을 긴밀히 살핀다는 것, 상대방의 소리, 몸짓을 살핀다는 것을 의미한다. 이는 또한 상대방의 메시지를 귀담아 들으며, 당신의 자발적 신뢰를 통해 다른 사람에게 진심으로 응답하고 있다는 것을 전달하는 무언의 메시지이다. 그리고 당신이 무관심하게 일을 보던 자신만의 발코니에서 내려오는 것, 온전한 관심으로 상대방과 관계를 맺는 것, 즉흥적으로 무언가를 말하는 것에서 발생할 수 있는 자발적 위험을 감수하고, 진심으로 상대방의 진정성에 반응하는 것을 의미한다.

이러한 참여 방식이 당신과 상대방이 속해 있는 조직의 상황과 맥락을 무시하는 것을 의미하진 않는다. 또한 조직 역할을 무시하라는 것도 아니다. 그렇지만 조직 범주의 경계와 조직에서 규정되어 있는 역할을 넘어 함께 살아가고 있는 사람 사이의 교환을 의미한다. 자발적인 교환이 모든 경계로부터 자유롭다는 것을 의미하지는 않는다. 오히려 그 교환은 조직 경계에 더하여 문화적 경계를 암묵적으로 인정한다. 그러나 이러한 제약조건 안에서 두 사람 사이의 신뢰와 진정한 의미를 갖는 무언가를 찾는다(Taylor, 1991). 모든 사회적 교환의 전략을 따라 일종의 즐거움과 만족, 그리고 동시에 존엄성과 명예를 얻는 것이 인간의 일(human work)이다.

사람들은 자신이 본질적으로 수행해 온 역할로서 참여하게 된다. 그들은 내부에서 무슨 일이 일어나고 있는지를 알기 위하여 상대방의 언어, 자세, 몸짓을 읽는 방식으로 상대방에게 참여한다. 건축가, 변호사, 의사, 사회학자, 문법학자, 문학 비평가, 심리학자, 생화학자, 수학자 그리고 공항 보안 요원과 같은 전문가들은 어떤 것의 내부에 참여하는 훈련을 한다. 그들은 겉으로 드러나는 모습과 내부 구조, 과정, 역사, 포부, 그리고 가치를 식별한다. 실제로 참여한다는 것은 앎의 한 형태이다. 그러나 그것은 또한 공개, 초대, 의사소통과 친교의 한 형태이다. 참여한다는 것은 상호간의 참여에 의해 전달되는 지식을 바탕으로 하기 때문에 상대방에게 반응하는 행동을 취한다.

우리는 자신의 본래 모습 그대로 어떤 것에 참여한다. 만약 우리가 고집불통이라면, 그 어떤 상황에서도 이미 심한 편견에 의해 왜곡된 상태로 참여할 것이다. 우리는 또한 우리의 역사에 따라 참여한다. 때때로 그 참여는 어린 시절 성적 학대의 뿌리 깊은 기억, 때로는 사랑으로 충만한 가정에서 어린 시절의 추억, 때로는 차별에 대한 일생의 기억과 관련된다. 어떻게 상대방이 우리에게 참여할 것인지에 대한 여부는 스스로의 성향이나 우리가 우리에게 참여하려는 상대방을 허용하는 것에 달려 있다. 보다 깊이 있게 참여하는 것은 우리에게 무언가를 요구하는 것과도 같다. 그것은 우리가 경험하는 세계의 중심부를 차지하는 것으로부터 우리 스스로를 몰아내기를 요청한다. 그것은 확실한 자기 변위와 다른 사람들이 우리의 공간에 들어오도록 두며, 그 후 그 사람들을 적극적으로 진정한 대화에 끌어오는 것을 필요로 한다.

이런 적극적인 참여는 서로를 대하는 방식의 암묵적인 인식에서 시작된다. 서로 관련이 있는 이러한 방식은 경험하는 세계를 그 밖의 다른 모든 것들과 구별하는 것이다. 우리의 참여는 우리 주변에 있는 사람과 자연에 이바지한다. 참여에는 부정적인 의무와 긍정적인 의무가 함께 있다. 즉, 우리는 우리 주변에 있는 것들과 사람들에게 참여하기 위해 도덕적 의무가 있다. 우리가 운전하고 있거나 농담, 또는 사랑을 하고 있는 중이거나 계정을 유지하거나, 수업을 하고 있는 중에 절반만 참여하는 것은 다른 사람들에게 매우 쉽게 해를 입히는 원인이 될 수 있다. 우리는 절반만 참여하는 것을 해서는 안 될 의무를 지고 있다. 만약 책임을 져야 한다면 우리는 주도적으로 참여를 해야 한다. 우리의 참여는 우리의 진정성과 다른 사람들의 진정성을 활성화시킨다. 바로 이러한 종류의 참여가 미덕인 이유이다.

긍정적 참여

긍정적 참여는 당신이 함께 일하는 사람 또는 사람들에 대한 배려를 최우선시한다. 그것은 그들을 내면으로 깊이 존경할 뿐만 아니라, 다양한 방법으로 그들에게 분명하게 의사전달하는 것을 의미한다. 무엇보다도, 그 메시지는 리더의 행동에 아주 명확하게 수용될 것이다.

그러한 행동은 다음과 같은 명확한 메시지를 전달할 수 있다. 학교에서는 어떤 사람도 목적을 달성하기 위한 수단으로 활용될 수 없다. 각각의 모든 사람들은 고유의 존엄과 가치를 누려야 한다. 우리는 사람들이 서로에게 관심을 보이고 도움을 주길 기대한다. 우리는 모든 사람들이 풍부한 재능과 좋은 아이디어를 가지고 공동체의 삶의 질을 풍요롭게 할 것이라고 생각한다.

학습활동은 긍정적 참여에 대한 근본적인 제도적 맥락을 제공한다. 학교는 지역사회에 봉사하는 공공기관으로서 최선을 다해 모든 아이들을 교육해야 하는 과업을 갖는다. 따라서 장학담당자의 긍정적 참여는 모든 학생들을 위한 양질의 학습 환경을 조성하기 위해 지역사회와 함께 일하는 공동 헌신적 맥락에서 긍정적으로 인식된다.

그 임무 내에서, 교사, 상담교사, 학생, 부모, 간호사, 사회 복지사, 관리인, 비서, 버스 운전기사, 식당 직원, 그리고 다른 사람들은 그 임무와 관련된 일에 그들의 재능과 기술을 제공해 준다. 그러나 이러한 노동자들은 사전에 프로그래밍된 기능대로 수행하는 로봇이 아니다. 그들은 무지와 혼란, 그리고 수시로 변하는 위험한 일에 종사하는 사람들이다.

그것은 위험한 일이다. 왜냐하면 교사들은 잠재적으로 교사와, 그들이 요구하고 있는 교육과정이 무엇인지 파악하기 위해 부단히 애쓰는 동안 교실 공개 토론회에서 당혹감, 조롱, 모욕에 노출되어 상처받기 쉽기 때문이다. 또한, 교사들은 그들의 교실을 방문한 교장 앞에서 서툰 사람처럼 보일 수도 있는데, 이 또한 위험한 일일 수 있다.

본질적으로 도덕적 의무가 있는(Starratt, 2007) 학습 활동은 긍정적 참여를 필요로 한다. 번창하기 위한 인간의 일(human work)로써 학습 활동을 하기 위해서는 긍정적 참여가 요구된다.

이러한 교육 공동체 내에서, 가족의 은유가 적용되고 모든 사람들은 긍정적인 모습을 보이게 된다. 그리고 때때로 학교 도처에서 기념행사를 찾아볼 수 있으며, 다양한 프로젝트에 참여한 교사 팀과 학생 팀의 사진이 학교 게시판을 장식한다. 심지어 좋지 않은 날에도 학교에 있는 사람들이 서로의 참여하에 있을 때 존경과 유머, 아이디어와 비판의 공유, 그리고 "고마워", "잘했어!", "우리는 그것에 대해 이야기할 필요가 있어"와 같은 말을 큰 소리로 인사하는 분명한 긍정적 흔적들이 나타난다.

거의 항상 장학담당자의 긍정적 참여는 직원과 학생들 사이에서 긍정적 참여를 불러온다. 그러나 긍정적 리더는 서로의 긍정적 측면을 표현하는 공동체를 위해, 그리고 강한 공동체 의식에 대한 지속적인 개발을 위해 주, 월, 학기의 단위로 학내의 구조와 절차, 의식을 구축하려고 시도할 것이다.

때로는 부모와 대화하기 위해 더욱 형식적으로 구조화된 과정이 필요하다. 또는 갈등을 겪고 있는 그룹의 불만을 털어놓고 화해를 모색하기 위해 마련된 교실인 "홈베이스"를 필요로 하고, 때로는 교사 노조 임원들과 일련의 공유 모임을 갖거나 학교의 단점을 드러낼 회의 모임도 필요하다. 그러한 의식 속에서도 '직원과 학생들에게 인사하고 격려와 응원, 지원, 상담과 같은 구축을 통한 리더의 가시적 참여'라는 한 가지는 변하지 않을 것이다.

수권적 참여

참여의 두 번째 형식은 그에 대한 긍정으로부터 나온다. 수권적 참여(enabling presence)는 다른 이들의 곤경과 잠재성에 적절히 대응하고, 자신이 처한 상황에서 시행 가능한 측면들을 살펴볼 수 있도록 한다. 수권적 참여는 나는 혼자 할 수 없다, 당신은 혼자 할 수 없다, 오직 우리가(we) 그것을 할 수 있다와 같은 전제로 시작한다. 즉 수권적 참여는 다른 사람과 함께하는 상황에 자기 자신을 완전히 끌어들이는 것을 의미한다.

또한, 가능성과 능력, 여러 제약들뿐만 아니라 이러한 한계점들을 포함한 학교의 제도적 환경은 모든 상황을 맥락화한다. 수권적 장학담당자는 교사와 함께 학생들이 더 성공하는 방법을 비롯하여, 교사의 업무에 더 큰 성취감과 만족감을 이끌고 수업을 효율적으로 만들 잠재적인 교육학 개발 방법을 문답을 통해 탐구한다.

때때로 수권적 참여는 듣는 것에 초점을 두기도 하며, 그를 통해 교사들은 설명이 필요한 문제들을 말하거나, 학교에서 채택될 수 있는 아이디어를 제안하기도 한다. 이 경우 수권적 참여는 상대방이 이미 그들이 찾고 있는 해답을 가지고 있지만, 더 분명하게 그 관점을 탐구할 필요가 있다는 확신과 상대방에 대한 존중 모두를 전달해야 한다.

수권적 참여는 또한 상대방이 새로운 것을 시도하도록 두는 과정 속에서 그들의 판단이 옳을 것이라 신뢰해야 한다. 수권적 리더는 또한 적절한 안전조치 및 제도적 지원을 통하여, 새로운 아이디어를 위협하는 요소들과, 그로 인한 요구를 들어줄 책무에 대하여 소통할 필요가 있다.

다른 상황에서, 수권적 참여는 연구의 다양한 사례 — 그들 자신의 교수 · 학습 환경에 적용 가능한 모범 사례—를 살펴보도록 교사를 격려하기 때문에 보다 주도적일 수 있다. 일부 장학담당자의 수권적 참여는 교사-리더십 위원회의 보다 제도화된 실천으로 이어지며, 그것은 교사들의 새로운 수업 기술, 새로운 평가 기술, 그리고 학생 활동의 진단을 위한 내부 루브릭의 개발을 탐구하는 동료 프로젝트 팀 설립을 지지한다.

더 나아가, 일부 장학담당자의 수권적 참여는 또래 교수, 학생 자치의 새로운 측면을 중심으로 그들 자신의 주도성을 개발하기 위해, 또는 학생회 간의 갈등 해결을 위한 학생 주도 방법을 개발하기 위해 학생들의 집단과 작업하도록 교사들을 격려할 것이다.

이러한 종류의 수권적 참여는 역량 강화에 관심을 갖는다. 학교 개선, 역량 강화에 대한 국가의 주안점이 행정가들의 최우선 의제로 나타난다(Adams & Kirst, 1999; Elmore, 2002). 여기서 우리가 제시할 점은 역량 강화가 단순히 정책 구현의 문제가 아니라는 것이다. 역량 강화는 사람이 서로에게 참여하는 방법에 관한 깊은 신념의 문제이며, 그 신념을 학교의 제도 속으로 이끄는 것에 대한 문제이다—실제로 어떻든지 간에, 국가 정책 입안자는 그것이 좋은 아이디어라고 생각한다. 그리고 장학담당자의 수권적 참여는 제도적 사명과 학교의 제도적 제약 및 가능성을 고려해야 한다.

그러나 수권적 참여는 또한 긍정적 참여, 즉 타인에 대한 개방적 태도를 가져온다. 그러한 개방적 태도는 재능과 관심, 희망과 공포, 강함과 여림의 혼합체로서의 인간을 인정하고 기꺼이 받아들인다. 학교, 교사들, 그리고 학생들에게 가능한 것이 무엇인지는 제도적인 정책과 자원들의 제한을 받는 것이 사실이지만, 확실한 것은 이러한 제약이 변화될 가능성이 있다는 것이고, 이러한 가능성을 믿는 교사들과 학생들의 창의력, 재능에 의해 확장될 수 있다는 것이다.

장학담당자와 코치들의 수권적 참여는 교사들 사이에서 특정 능력을 구축할 수 있도록 유도한다. 그러한 능력은 어떻게 아이들이 배우고 배우지 않는지에 대한 더 크고, 세심한 진단을 발달시키는 것을 포함한다; 학생들의 학습 잠재력을 발현시키기 위해, 개선을 위해 그들이 필요로 하는 제도적 지원을 제공하기 위해, 소위 성취가 낮은 편인 학생들에게 더 큰 배려가 이루어지게 된다.

그들의 업무는 교수에 대한 반성적 사고 및 창의성에 대한 더 다양한 접근들과, 다양한 문화들에 대한 더욱 세심한 접근을 필요로 할 것이다. 그리고 그러한 문화들의 다양성은 그로부터 비롯되는 통찰력으로 인하여 풍요로운 학습을 이끌어 올 것이다.

한편, 장학담당자와 코치의 수권적 참여는 교사 역량의 더 큰 발전을 장려하여 교실을 활기차게 만들 수 있도록 장려하는 방향으로 이루어져야 한다. 그러나 동시에, 이른바 학교 개선 역량 강화 리스트라는 것은 무기력하고, 졸음이 오는 교실 교수법으로도 연결될 수 있다. 분명 교사들이 엔터테인먼트 사업을 하는 것은 아니다. 그러나 수업은 확실히 학습 과정을 생동감 있게 만들기 위해서 상상력, 유머, 그리고 모험의 막대한 투입이 필요하다. 합리성은 좋은 것이지만, 인간은 단순히 논리적 기계가 아니다. 세상을 공부하는 것에 매력을 느끼기 위해서는 삶, 아름다움과 비애, 신비와 세계의 복잡성 안에서 근본적인 휴먼 드라마를 인지할 필요가 있다. 교실에 수권적 참여를 끌어들이기 위해서 장학담당자들과 코치들은 교사들과 교실 학습이 활기를 띠게 만드는 방법을 논의할 것이다. 그들은 하나의 새로운 교실 전략에 만족하는 것이 아니라, 교실에 흥분과 열정이 흘러 넘치기를 바랄 것이다. 수권적 참여를 하는 장학담당자와 코치들은 교사들과 학생들 사이의 이른바 '효능감'이라는 것을 개발할 것이다 (Ashton & Webb, 1986). 개인적으로도, 그리고 전체적으로도, 그 정신은 교사들이 자신의 일에 온 정신을 쏟아 부었을 때 학생들은 반드시 어떤 의미에 도달할 것이며, 교사들은 모든 교육학적 문제가 이성적인 해법을 갖고 있음을 알게 될 것이다.

'효능감'은 전지전능한 낙관적 주장은 아니다. 오히려, 그것은 코스의 완벽함이 아니라 시간이 지남에 따라 점차적으로 개선되는, 모든 상황이 개선될 수 있다는 실용적인 이해로 받아들여져야 한다. 이와 유사하게, 장학담당자, 코치, 그리고 교사들의 수권적 참여는 학생들을 "난 이것을 할 수 있어" 또는 "우리는 이것을 할 수 있어"와 같은 효능의 태도를 높이는 발달로 이끌 수 있다. 이것은 현실의 일시적 실패를 부인하는 것이 아니다. 하지만 학습에 대한 이러한 태도는 실패로부터 배울 수 있음을, 그리고 다음번에는 개선될 수 있음을 기대하게 한다.

비판적 참여

비판적 참여는 일에 대한 표준적 기준과 기대에 주목하게 하는 참여의 형식이다. 따라서 비판적 참여는 부정적일 필요가 없다. 비판적 참여는 또한 연극 평론가가 좋은 연기를 리뷰하는 것과 흡사하게, 좋은 수행에 대해 주목한다. 교사들과 학생들은 그들의 작업이 예상 기준에 도달했는지 초과했는지 알 필요가 있다. 장학담당자들은 잘한 일에 대한 칭찬에 관대하다. 따라서 교사들과 학생들이 양질의 수행에 참여하고 있다는 것을 알게 한다.

그러나 좋은 수행의 반대는 평범하거나 부진한 수행이다. 그리고 장학담당자는 수행에 어떤 것이 문제 부문으로 나타나는지 확인하는 것을 어려워한다. 그러나 이런 식의 비판적 참여에서 장학담당자는 사람(person)이 아닌, 활동(activity)에 대한 비평에 전념할 것이다. 그리고 장학담당자는 판단을 표명하기보다는 질문을 함으로써 그러한 부분을 교사가 반성적으로 평가하도록 격려할 것이다. 장학담당자의 비판적 참여는 양질의 학생 학습을 위한 장학담당자의 역할 중 하나이다.

비판적 참여의 또 다른 측면은 장학담당자 또는 코치와 교사 사이에 대인관계와 관련된 오해와 갈등을 포함한다. 상대방과의 우연적 만남에서 비판적 참여는 두 방향으로 작업할 수 있다. 이는 타인과의 만남을 위험한 것으로 감지하거나 진심 어린 의사소통의 단절 원인으로서 자신에 대한 비판적 평가와 진정으로 의사소통하는 능력을 차단하는 타인의 존재에 대한 비판적 평가로 구분된다. 비판적 참여는 장학담당자와 코치에게 그들과 교사 사이에 있는 문제를 명확히 규정하도록 요구한다. 그러나 이러한 문제를 명명하는 것이 일방적이어서는 안 된다. 양쪽 모두 참여해야 하며 서로의 사례를 경청하고 그 상황이 서로에게 무엇을 요구하는지를 알아야 한다. 비판적 참여는 자유방임적 참여, 또는 절반만 참여하는 것의 정반대적 측면으로 가장 잘 이해될 수 있을 것이다.

자유방임적 참여, 또는 절반만 참여하는 장학담당자는 평균적인 성과를 충분히 잘한 것으로 받아들인다. 그리고 만약 교사가 교실 앞에 있고 학생이 그들의 정해진 자리에 앉아만 있다면 학교가 잘 운영되고 있다고 만족하기도 한다.

절반만 참여하는 장학담당자는 매일 얼마나 많은 시간이 낭비되는지, 지루한 수업에 의해 허비한 학생들의 시간, 공문서 작성에 소비한 교사의 시간, 교수학습을 쓸모없어 보이게 하는 회의에 얼마나 많은 시간을 할애하고 있는지 이해할 수 없으며, 결국 장학을 실패하기도 한다. 절반만 참여하는 장학담당자는 모든 교사와 학생에게 속해 있는 거대한 잠재력을 통찰하는 데 실패하게 된다. 잠재력은 학업에 대한 최소한의 헌신과 약간의 통제력을 확보하는 일상적인 학교생활에 의해 가려진다. 비판적인 장학담당자는 교사와 학생 간의 만남에 대한 희망과 기대를 비축해 간다. 그리고 "그것이 학생들이 기대하는 것인가?", "그것이 학교를 다니는 동안 기대하는 것인가?", "그것이 우리 모두가 우리 자신에게 기대하는 것인가?"와 같은 질문을 한다.

비판적 참여는 우연히 발생해서는 안 된다. 그것은 인간이 형성한 대인관계, 제도, 그리고 정책 등의 혼란스러운 현실을 인정하고, 인내할 수 있는 의미를 포함해야 한다. 그렇다고 비판적 참여가 냉소주의에 기반을 두는 것은 아니다. 오히려 인간 조건에 대한 연민과 희망에 기반을 둔다. 그것은 높은 이상에 뜻을 두는 인류에 대한 연민을 기반으로 한다. 그럼에도 연약함과 나약함이 가능성을 과대평가하거나, 아니면 관련된 위험성을 인지하고 두려움을 느끼게끔 하여 뒷걸음질치게끔 만들기도 한다.

비판적 참여는 희망을 중심에 두고 있다. 왜냐하면 인간은 새로운 가능성을 창조하기 위해 억압적인 상황을 내적 힘으로 전환시키는 탄력성을 반복해서 입증해 왔기 때문이다. 결과적으로 비판적 참여는 학교의 핵심 업무, 즉 교수학습을 촉진하기 위한 책무성을 기반으로 하고 있는 것이다.

요약

이 장에서 우리는 형성 장학과 그것에 밀접하게 관련된 지원과 코칭을 강조했다. 두 경우 모두 학생들의 학업 성취를 보다 효과적으로 향상시키기 위한 방법을 모색하기 위해 교사들과 공동 작업을 강조하고 있다. 학교 행정가들, 특히 학교장은 모든 교사와 임상 장학의 전체 순환과정에 참여하게 되는데, 그들의 능력을 제한하게 되는 다른 업무나 책임들도 발견하게 될 것이다.

그럼에도 불구하고, 그들은 학교에서 모든 학생의 학업 성취를 높일 수 있는 세부적인 개선점들과 진행 중인 사항을 확인하는 코칭 프로그램을 확립하고 모니터링하며 평가하는 교수 리더십에 대하여 자신의 책임을 행사해야 할지도 모른다. 이 장의 결론에서는 장학담당자와 코치가 교사와 함께 작업하는 참여의 질을 강조한다.

후속 활동

1. 당신의 학교나 학교 체제는 교사들의 종신 재직권을 획득하려는 초임 교사들의 성공을 촉진하기 위해 임상 장학(전체 주기에서)의 실행 사례를 수집하고 있다. 이러한 과정이 코칭에 의해 보완되고 교사를 유지하는 데 어떤 차이를 만드는지 생각해 보자.
2. 당신의 학교나 학교 체제에서 학업 수행력이 저조한 학생이 높은 수준의 학업 성취를 달성하도록 돕기 위해 어떤 종류의 코칭 방법을 사용할 수 있는지를 생각해 보고, 해당 코칭 프로그램의 장점과 단점을 함께 고민해 보자.
3. 장학과 코칭 과정이 교사와 코치, 장학담당자 사이에서 유의미하게 인식되고 있는지, 그리고 정확한 의사소통을 통해 이루어지고 있는지 알아보기 위해 일부 교사들을 인터뷰해 보자.

참고문헌

Adams, J. E., & Kirst, M. W. (1999). New demands and concepts for educational accountability: Striving for results in an era of accountability. In J. Murphy & K. Seashore (Eds.), *Handbook of research on educational administration* (pp. 463–489). San Francisco: Jossey Bass.

Ashton, P. T., & Webb, R. B. (1986). *Making a difference: Teachers' sense of effi cacy and student achievement*. New York: Longman.

Bean, R., Draper, J., Hall, V., Vandermolen, J., & Zigmond, N. (2011). Coaches and coaching in Reading First schools: A reality check. *The Elementary School Journal*, 111 (1), 87–114.

Bruner, J. (1960). *The process of education*. Cambridge, MA: Harvard University Press.

Bruner, J. S. (1966). *Toward a theory of instruction*. Cambridge, MA: Belknap Press.

Cogan, M. (1973). *Clinical supervision*. Boston: Houghton Miffl in.

Elmore, R. (2002). *Bridging the gap between standards and achievement: The imperative of professional development in education*. Washington, DC: Albert Shanker Institute.

Goffman, E. (1059). *The presentation of self in everyday life*. Garden City, NY: Doubleday Anchor Books.

Goldhammer, R. (1969). *Clinical supervision: Special methods for supervision of teachers*. New York: Holt.

Kowal, J. and Steiner, L. (2007). *Instructional coaching. Issue Brief.* The Center for Comprehensive School Reform and Improvement. www.centerforcsri.org.

Sergiovanni, T. J., & Starratt, R. J. (1969). *Supervision: Human Perspectives*. New York: McGraw-Hill.

Starratt, R. J. (2007). Leading a community of learners: Learning to be moral by engaging the morality of learning. *Educational Management, Administration, and Leadership*, 35 (2), 165–183.

Starratt, R. J. (2011). *Refocusing school leadership: Foregrounding human development throughout the work of the school* (pp. 93–100). New York: Routledge.

Steiner, L. and Kowal, J. (2007). *Principal as instructional leader: Designing a coaching program that fits. Issue Brief.* The Center for Comprehensive School Reform and Improvement. www.centerforcsri.org.

Taylor, C. (1991). *The ethics of authenticity*. Cambridge, MA: Harvard University Press.

Trombly, C. E. (2012). *Comfort with complexity: An examination of instructional coaching in three suburban school districts*. Unpublished dissertation, The Lynch School of Education, Boston College.

Tschannen-Moran, B., & Tschannen-Moran, M. (2011). The coach and the evaluator. *Educational Leadership*, 69 (2), 10–16.

West, L. (2009). Content coaching: Transforming the teaching profession. In J. Knight (Ed.), *Coaching: Approaches and perspectives* (pp. 113–144). Thousand Oaks, CA: Corwin.

제11장

장학과 총괄 평가

개요

이 장에서는 지금까지 살펴본 총괄 장학의 극적인 변화를 살펴볼 것이다. 이 변화는 일부 학군과 주(예를 들어, in Dayton, Ohio, in Charlotte-Mecklenburg, North Carolina, and in Cincinnati, Ohio)에서 적어도 1년 동안 형성되어 왔다. 그럼에도 연방정부의 '아동낙오방지(No Child Left Behind)'와 '최고를 향한 경쟁(Race to the Top)' 정책들은 각 주와 지역구들로 하여금 교사 총괄 평가에 대해 더욱 포괄적인 접근방식을 개발하도록 하기 위한 유인책으로 도입되어 왔다.

재단은 또한 교사 평가를 국립학교 개선 활동의 핵심에 두고자 연구개발비를 지원해 왔으며, 연방정부와 재단은 상당한 양의 자금을 만들어 왔다. 이는 무엇이 양질의 교수법을 구성하고, 그러한 양질의 교수법을 개발하기 위해 주와 지역구들은 어떠한 전략적 활동들을 고안해 내야 하는지를 분명히 규정하기 위한 노력이었다. 이러한 정책 환경 속에서, 교사와 학습자 모두의 이익을 위하여 총괄 장학의 실제가 어떻게 재정립되고 있는지를 명확하게 이해하기 위한 노력들이 이루어지고 있다.

새로운 총괄 평가 실행에 대한 주요 영향 요인

미국의 여러 주들에 의한 최근의 노력들은 더 완벽하고 철저한 교사 평가 프로그램을 시행하기 위한 것이었으며, 많은 주들과 학군에서 기반이 되어 온 초기 발안들의 영향을 받고 있다. 이 발안들은 학생의 학습에 영향을 미치는 것으로 밝혀져 온 교사의 활동들에 대한 연구를 기반으로 하고 있다. 다음은 더 중요하며 꾸준히 논의되고 있는 일부 발안들에 대한 고찰이다.

국가전문성교수기준위원회

학습활동을 돕는 요인이 무엇인지에 대한 수십 년간의 연구는 일반적인 교수 능력과 주요 역량을 표면화해 왔는데, 이것은 학문적 성취에 있어 우수한 학습 활동 및 성장을 이끌고 있는 것으로 보인다. 주 면허 시스템이 초임 교사들이 갖춰야 할 교수 주요 역량의 기준을 제시하는 한편, 국가위원회 프로그램을 통해 제공되는 자격증은 뛰어난 경력 교사들을 가려내기 위한 기준을 설정한 것이다. 1989년 국가전문성교수기준위원회는 그러한 자격 검증 시스템에서 제시된 주요 역량들을 다음과 같이 "뛰어난 교수의 다섯 가지 명제"로 요약했다.

1. 뛰어난 교사는 학생과 그들의 학습에 헌신한다.
2. 뛰어난 교사는 가르치는 교과를 알고 그 교과를 학생에게 가르치는 방법을 안다.
3. 뛰어난 교사는 학생의 학습을 관리하고 감독할 책임이 있다.
4. 뛰어난 교사는 자신의 실천 활동에 대해 체계적으로 사고하며 경험을 통해 배운다.
5. 뛰어난 교사는 학습 공동체의 일원이다.

이 다섯 가지 기준은 명백하고도 당연해 보일 수 있다. 그러나 각 기준은 본질적으로 상당히 복잡한 설명과 지속적이고 전문적인 실천을 수반하고 있다. 이러한 기준들에 의해 정의된 자격요건을 충족시키기 위해, 지원자들은 자신의 전문 역량이 수년간 성장해 왔음을 입증할 자료들과, 해당 기준들에 입각하여 제정된 법률들에 의하여 자신의 전문성을 입증할 많은 증빙자료들을 제출해야 한다.

「교사가 무엇을 알아야 하고 수행할 수 있어야 하는가(What Teachers Sould Know and Be Able to Do」 (NBPTS, 1989)에서는 뛰어난 교수법이 어떠해야 하는지에 대한 풍부한 해설을 담고 있으며, 이후로도 "좋은 교수법"에 대해 설명하려는 수많은 시도들을 유도할 수 있는 내용을 담아 후속 연구자들을 고무시켰다. 이 논문은 교사의 지식과 업무 수행에 관한 풍부한 태피스트리(tapestry)를 제공하며, 이는 학교 교육과정-교사-학생들 사이에서 이루어지는 학습 지원을 둘러싼 매우 흥미롭고도 뛰어난 교류들과 관련된 유기적 관계를 제시한다.

경력교사의 관리, 평가에 참여하는 모든 이들은 항상 이 논문을 준비해두고 참고할 수 있어야 한다. 앞서 소개된 기준들의 원본은 웹사이트 http://www.nbpts.org/UserFiles/File/what_teachers.pdf에서, "What Teachers Should Know and Be Able to Do."라는 제목으로 찾아볼 수 있다. 이후, 주요 관심사가 대학 기반 교원 양성 프로그램으로 이어지면서 미국의 주들은 그 프로그램을 마칠 때까지 교사가 무엇을 알아야 하고 수행할 수 있어야 하는지에 대해 확실한 기준점을 부여하기 시작했다.

교육 지도자 위원회(the Council for Chief State School Officers)를 필두로, 교육부로 하여금 일련의 기준들을 받아들이도록 하는 국가적 노력이 시작되었는데, 그러한 기준들은 초급교원자격(Intial Teaching License)을 얻으려는 초임 교사들의 역량을 평가하기 위한 것이었다. 이러한 노력의 결과, 1992년 「주정부간 초임 교사 평가와 지원 협회, 초임 교사 자격증과 개발을 위한 표준 모델: 주 대화를 위한 자원(the Interstate New Teacher Assessment and Support Consortium, Model Standards for Beginning Teacher Licensing and Development: A Resource for State Dialogue)」 초판이 발행되었다.

InTASC 기준의 개정판은 미국의 다수의 주에 의해 받아들여진 공통 핵심 교육과정 기준에 따라 2011년에 발행되었다. 개정된 InTASC 기준들은 (1) 학습자와 학습, (2) 내용 지식, (3) 수업 시행, (4) 전문인이 가져야 할 책무라는 네 가지 범주로 분류되었다.

초기의 기준들이 초임 교사의 능력을 평가하도록 고안된 반면, 개정된 기준은 다양한 경력의 교사들을 일련의 기준으로 평가할 수 있도록 만들어졌다. 후자는 또한 이러한 평가방법이 각자의 발전과 숙련도를 반영할 것이라는 기대를 갖고 있었다.

개정판의 제목은 초판과의 차이점을 반영할 수 있도록 「핵심 교수법 표준 InTASC 모델: 주 대화를 위한 자원(InTASC Model Core Teaching Standards: A Resource for State Dialogue)」으로 변경되었다. 그들의 핵심 교수법 표준은 표 11-1에 요약되어 있다. 개정된 기준은 다음과 같이 세 부분으로 분리되어 제공되었다. 첫째, 교사들에 대한 주 또는 지역구의 기대를 "큰 그림"으로 제시한다.

〈**표 11-1**〉 InTASC 핵심 교수 기준

학습자와 학습(Learner and Learning)
Standard #1: *학습자의 발달.* 교사는 인지, 언어, 사회, 정서, 신체의 개별 영역 내에서, 그리고 각 영역들의 교류 속에서 학습과 발달이 다양하게 일어남을 인식하여 학습자가 어떻게 성장하고 발달하는지를 이해하며, 발전적이고 도전적인 학습 경험을 적정 수준에서 계획하고 수행한다.
Standard #2: *학습의 개인차.* 교사는 학생의 개인차에 대한 이해 및 다양한 문화와 지역사회에 대한 이해를 활용하여 모든 학습자가 각각 높은 수준의 성취를 도모할 수 있는 학습 환경을 조성한다.
Standard #3: *학습 환경.* 교사는 개별학습과 협동학습을 지원하고, 긍정적 사회적 상호작용과 학습 과정에서의 적극적인 참여, 자기 동기화 등을 격려하는 환경을 조성하기 위해 다른 사람들과 협력한다.
내용(Content)
Standard #4: *내용 지식.* 교사는 자신이 가르치는 교과목의 중심 개념, 탐구방법, 구성 등을 이해하고, 학습자가 그 내용을 완전히 습득하도록 돕는 쉽고 의미 있는 학습 경험을 고안한다.
Standard #5: *내용의 적용.* 교사는 서로 다른 개념들이 어떻게 연결되는지를 이해하고, 다양한 견해들을 활용하여 지역사회 및 세계적인 이슈들에 대하여 학습자들이 비판적 사고, 창의성, 협력적인 문제해결력을 가질 수 있도록 돕는다.
수업 실제(Instructional Practice)
Standard #6: *평가.* 교사는 다양한 평가 도구를 이해하고 활용하여 학습자들을 스스로의 성장에 참여시키고, 학습자들의 진척을 평가하며, 교사 자신과 학습자들의 의사결정을 이끌어 낸다.
Standard #7: *수업을 위한 계획.* 교사는 지역사회의 특징, 학생들에 대한 지식뿐만 아니라, 교수법, 학제들 간의 기술, 교육과정, 교과목의 지식에 근거하여 모든 학생이 철저히 학습 목표를 달성하도록 지원하는 수업을 계획한다.
Standard #8: *수업 전략.* 교사는 다양한 수업 전략을 이해하고 활용하여 학습자들이 교과목의 내용과 각 내용의 연관성을 깊이 이해하고, 해당 지식을 의미 있게 적용하는 기술을 기를 수 있도록 돕는다.
전문적 책무(Professional Responsibility)
Standard #9: *전문성 신장과 윤리적 실천.* 교사는 스스로의 전문성 신장을 위해 노력-참여하고, 명확한 근거를 활용하여 자신의 교수, 특히 자신의 행동이나 선택이 다른 사람(학습자와 그의 가족들, 다른 전문가들과 지역사회)에게 미친 영향 등을 지속적으로 평가한다. 또한 각 학습자의 요구를 만족시키기 위해 교수법을 개선한다.
Standard #10: *리더십과 협력.* 교사는 적절한 지도력과 기회를 모색하여 학생들의 학습을 책임지고, 학생들의 성장을 위해 학습자와 그의 가족들, 동료 교사들, 학교의 기타 전문가들 및 지역사회의 구성원들과 협력하며, 교직에 대한 전문성을 신장시킨다.

출처: Council of Chief State School Officers, *InTASC Model Core Teaching Standards: A Resource for State Dialogue.* Washington DC, 2011, pp. 8–9. Copyright by the Council of Chief State School Officers, Washington, DC.

둘째, 각 기준을 수행하기 위한 확실한 기준을 제시한다. 셋째, 교사들로 하여금 평가의 대상이 되는 수업 시행 능력, 지식 및 기술들을 익히고 개발할 수 있도록 주 또는 지역구가 제공해야 하는 교사 전문성 신장 프로그램을 제안한다. 이러한 기준들은 독립적인 평가 척도로써 작용하는 것이 아니라, 전문성 신장을 위해 필연적으로 연결되어 상호의존적으로 기능하며, 교사들의 지속적 능력 개발을 장려한다.

다른 한편으로 그것들은 하나의 평가 도구로써 각 기준들을 충족시킬 다양한 역량들을 설명하는 설명어들에 의해 보완되기도 한다. 즉 기준을 수행하기 위해 추정 또는 기대되는 지식(knowledge), 그리고 교사의 업무 수행을 형성하고 고양하는 경향이 있는 소양들(dispositions)이다. 이러한 두 가지 지표는 교사의 역량이 교사 가이드북에 나오는 교육학적 레시피의 기계적인 실천방법이 아니라 학생들 한 명 한 명의 수준에 맞는 학습방법들에 대한 세심한 이해와 헌신에 근거함을 보여 준다. 이러한 기준들에 부합하는 관점들의 기본적인 설명은 앞선 장들에서 전술되었다.

"주 대화(state dialogue)"라는 문서의 제목은 각 기준들과 지표들이 교육과정 기준, 교육적 리더십, 학생들의 하위공동체 등을 다룬 타 주의 문서들에 부합할 것이라는 것을 암시한다. 또한 그것은 이러한 기준들이 새로운 자원들과 혁신, 보다 창의적인 발안들로 훗날 개정되리라는 바람을 담고 있다.

교원 성과급 프로그램

교사의 총괄 평가에 상당히 큰 영향을 미친 또 다른 발안은 교원 성과급제(Teacher Advancement Program)이다. 이 프로그램은 좋은 교수법의 개발 및 발전을 촉진하기 위해 Milken Family 재단에 의해 창설되었으며, 다음과 같은 네 가지의 요소들을 포함한다. 첫째, 교사들에게 다양한 지도 책무와 그에 따른 보상을 지원하는 다중 경력 경로(multiple career paths), 둘째, 새로운 수업 전략들을 개발하기 위해 다른 교사들과 함께 일하는 지속적인 전문성 신장(ongoing applied professional growth), 셋째, 학생들의 학문적 성장을 촉진하는

TAP 강의 기술, 지식, 책무들을 규정하며 교육 목적으로 이용될 학생 성적 책임(instructionally focused accountability), 넷째, 교사 실적과 학생의 학습 성장 간의 관계를 반영하는 성과급(performance-based compensation)이다. 각 요소들은 독립적으로 적용될 수 있지만, 상호 보완되었을 때 프로그램은 더욱 큰 힘을 얻게 된다.

TAP 발안에 참여하는 학교와 지역구들은 학생 학습을 향상시키는 다양한 교수 접근들을 함께 탐구하기 위해 교사들에게 정기적인 시간을 마련해 주는 것에 동의해야 한다. TAP의 이 두 번째 프로그램은 학교 개선 노력에 있어 교사 평가에 더 큰 비중을 두고, 교사 관리하에 수업과 학생의 학습 활동을 개선시키려는 목적을 갖고 있다. 결국, 이러한 교사의 업무들은 일부 리더 교사들에 의해 개선될 수 있을 것이다. 이 리더 교사들은 보다 많은 시간을 할애하여 초임 교사들의 멘토 역할을 할 수도 있고, 혹은 수석 교사로서 교내 교육과정을 조정하고 전문성 신장 노력에 대한 계획을 세우고 감독할 수 있으며, 또한 동료 평가를 수행할 수 있는 이들이다. 이를 통해 리더 교사들은 교사들에게 적용 가능한 다양한 경력 경로를 제시하고, 그들의 다양한 지도자적 공헌에 대해 추가적인 보상을 받을 자격을 얻게 된다.

세 번째 요소인 수업 책무성의 이행은 교장을 포함한 다양한 평가자에 의해 교사가 일 년에 4~6차례(한 학기에 2~3차례)에 걸쳐 평가받을 것을 요구한다. 평가자들은 동료 교사들의 교수에 대해 피드백을 제공하고 수업 관찰에 참여하는 동안 평가 능력을 기르기 위한 집중적인 훈련을 받아야 한다.

이러한 평가는 TAP 구현의 중요한 부분이 될 것이고, 평가자의 역할을 맡은 사람들은 해당 훈련 기간 동안 상당한 학습을 필요로 할 것이다. 그들은 학생의 지속적인 학문적 성장에 대한 책무, 내용 관련 지식, 그리고 교수 기술 및 방법 등에 대한 TAP 기준에 익숙해져야 한다. 또한, 평가자들은 그러한 기술, 지식, 책무를 수행하는 교사들의 숙련도를 확실히 인식할 수 있어야 하며, 수업 시연을 통한 지속적 성장을 위해 명확한 피드백과 후속 조치를 제공하는 것에 능숙해야 한다. 이들의 평가 자료들은 그것이 평가 대상들의 성장과 숙달에 기여했는지 확인하기 위해 정기적으로 평가되어야만 할 것이다.

이러한 평가요소들의 효과적이고 신뢰도 높은 실천은 충분한 시간을 가져야 하며, 또한 총괄 평가 이전의 논의를 통해 본인들 스스로의 업무 적합성을 고려해 보는 과정을 필요로 한다. 동료 평가에 대한 그들의 숙련도는 평가의 대상이 됨과 동시에 문답적인 과정을 포함하는데, 이는 평가받은 교사의 교수가 그러한 평가를 받을 만한지를 확인하기 위함이다. 대부분의 경우 TAP를 채택한 학교에서는 '예비 기술의 발달, 시스템 이행에 대한 이해, 요구된 수업과 조직 구성, 재정 지원'의 네 가지 요소를 시도해 보기 위해 일 년 이상의 시간이 주어진다.

네 번째 요소인 성과 관련 보상은 비교적 까다로운 편이다. TAP를 사용하는 여러 지역구에서는 주 시험 결과로 오직 수학과 언어 과목만을 다루어 학생 성장의 부가적 가치 유무를 측정하는 측면으로만 사용했다. 이로 인해 중학교와 고등학교에서 다른 과목을 가르치는 많은 교사들은 학생 학습에 부가적 가치를 부여하는지에 대한 여부를 측정할 수 있는 학생 성취의 결과들이 없었다.

그러나 TAP 시스템 시행을 관리하기 위해 Milken Family 재단에 의해 설립된 독립적 주체인 NIET(the National Institute for Excellence in Teaching)에 의해 수행된 평가는 TAP 발안의 성공에 대한 여러 주의 다양한 지표들을 보고했다. 해당 지표들은 국가시험 점수의 타당성에 대한 교사들의 의혹에도 불구하고 (Solomon et al., 2007), TAP를 실시하는 학교들이 그렇지 않은 학교들에 비하여 학생들의 학문적 성취, AYP 결과, 교장 및 교사들의 TAP에 대한 지지율 모두가 높게 나타나는 결과를 보여 주었다.

학생 성장에 대한 교사의 영향력을 판단하기 위한 근거자료로 주나 국가의 시험 결과들을 사용하는 것에 관한 문제는 여전히 논쟁의 대상이 되고 있다 (Braun, 2005; Darling-Hammand et al., 2012). 현재 상황에서 주 시험은 특정 학년, 수학과 언어 등의 특정 과목만을 테스트하는데, 이로 인해 테스트를 받지 않은 학생을 둔 모든 교사들은 평가 대상에서 초기에 제외된다.

한 명의 교사가 여러 과목을 가르치는 초등학교에서는 교사들의 배경지식과 교수 기술의 수준이 과목에 따라 상이하게 나타난다. 예를 들어, 한 교사는 수학을 가르치는 것에 능숙한 반면, 언어 과목을 가르치는 것은 능숙하지 못한 모습을 보인다. 또 다른 교사는 언어 과목을 가르치는 것은 능통하지만, 수학에 대한 전문성은 높지 않은 편이다.

Hammond와 그의 동료들(2012)은 표준화된 평가를 통해 나타난 학생 성취 점수를 전적으로, 혹은 주요한 근거로 삼아 교사 개인의 능력을 평가하는 것이 부적절한 이유에 대하여 포괄적으로 설명했다. 그들에 따르면 교사의 통제를 벗어나 성취 점수 변동에 영향을 미치는 너무 많은 혼란 변수들이 매년 다르게 나타나고 있다.

한편, 시험에서 높은 학생 성취도와 관련된 전반적인 교사의 실천 활동이나 능력을 확인하기 위해, 즉 연구 목적으로 표준 시험 내 학생 점수의 표본을 다수 사용하는 것은 양적 측정 방법으로서 매우 적절하다. 그리고 바로 이 부분에서, 특정 교사들의 실천 활동을 다른 평가 대상들보다 중요시하는 연구기반 증거들이 생성된다.

교수활동을 위한 틀

Charlotte Danielson의 일은 PRAXIS III 평가를 이용하여 초임 교사들의 실제 교수 기술과 수업 활동을 평가하는 업무를 맡은 평가자들을 훈련시키는 것이다. 그녀는 자신의 일을 통해, 교수활동을 위한 자신만의 틀을 개발했다(Danielson, 1996). 그녀는 교사 평가가 좋은 시스템을 통해 이루어질 때 얼마나 강력해질 수 있는지에 대해 살펴보았다. 좋은 시스템이란, 양질의 교수활동에 의해 지지받으면서도 특정 행동들에 대한 단순하고 진부한 요인들로부터는 영향을 받지 않을 정도로 포괄적이어야 한다.

그녀는 좋은 교수활동과 관련하여 계획과 준비, 교실 환경, 수업, 전문적 책무성의 네 가지 영역을 설계했다. 각 영역에는 4~6개의 전문적 실천의 요소가 포함되어 있다. 전체 시스템은 단순히 초임 교사만을 위한 것이 아니라 경력 교사 또한 사용할 수 있도록 설계되었다. 다음의 표 11-2는 FFT를 요약한 것이다. Danielson은 표본(templates)과 틀(frameworks)을 구분하여 제시하고 있다. 표본은 장학담당자가 사용하는 것이 더 좋다. 왜냐하면 표본은 교사들의 수업 등

〈표 11-2〉 전문적 실천의 요소들

영역 1: 계획과 준비

요소1a: *교과내용과 교육학 지식의 입증*
- 내용 지식
- 전제조건 관련성에 관한 지식
- 교육학 관련 내용에 관한 지식

요소1b: *학생들에 관한 지식의 입증*
- 연령 집단별 특성에 관한 지식
- 학생들의 다양한 학습 접근에 관한 지식
- 학생들의 지식과 기술에 관한 지식
- 학생들의 흥미, 여러 배경에 관한 지식

요소1c: *수업 목표의 설정*
- 가치
- 명료화
- 다양한 학생들을 위한 적합성
- 밸런스

요소1d: *자원에 관한 지식 입증*
- 교수를 위한 자원
- 학생을 위한 자원

요소1e: *일관성 있는 수업 설계*
- 학습 활동
- 수업 자료와 자원
- 수업 집단
- 레슨과 단위 구조

요소1f: *학생 학습 평가*
- 수업 목표와의 일치
- 준거와 기준
- 계획을 위한 활용

영역 2: 교실 환경

요소2a: *존경과 친밀한 환경 조성*
- 교사와 학생 간 상호작용
- 학생과 학생 간 상호작용

요소2b: *학습을 위한 문화 확립*
- 내용의 중요성
- 학습에서의 학생들의 자신감
- 학습과 성취를 위한 기대

요소2c: *교실 절차 관리*
- 수업 집단의 관리
- 수행의 관리
- 자료와 물품의 관리
- 수업 외적인 의무의 수행
- 자원봉사자와 보조교사의 장학

요소2d: *학생 행동 관리*
- 기대
- 학생 행동의 모니터링
- 학생의 나쁜 행동에 대한 반응

요소2e: *물리적인 공간 조직*
- 기자재의 안전성과 준비
- 학습에의 적용과 물리적 자원의 활용

영역 3: 수업

요소3a: *명료하고 정확한 의사소통*
- 방향과 절차
- 구두 언어와 문자 언어

요소3b: *질문과 토론 기술의 사용*
- 질문의 질
- 토론 기술
- 학생들의 참여

요소 3c: *학생들의 학습 유도*
- 내용의 제시
- 활동과 과제
- 학생의 팀구성
- 수업 자료와 자원
- 구조와 속도

〈**표 11-2**〉 전문적 실천의 요소들 (계속)

요소3e: *유연성과 민감성의 입증* 레슨 조정 학생에 대한 반응 지속성 **영역 4: 전문적 책무성** 요소4a: *교수에 대한 성찰* 정확성 미래 교수에 활용 요소4b: *정확한 기록 유지* 학생 과제 완성도 학생 학습에의 과정 수업 외적인 기록	요소4c: *학부모와의 의사소통* 수업 프로그램에 관한 정보 개별 학생들에 대한 정보 교수 프로그램에 학부모 참여 요소4d: *학교와 지역구에 대한 공헌* 동료와의 관계 학교에 봉사 학교 행사나 지역 프로젝트 참여 요소4e: *전문적인 신장과 발전* 내용 지식과 교육학적 기술의 향상 전문직으로서의 봉사 요소4f: *전문성 발휘* 학생에게 봉사 지지 의사결정

에서 관찰할 수 있는 것들에 대한 평가, 또는 대조의 대상이 되는 일련의 교수 행위를 제공하기 때문이다.

표본 목록에 있는 교수 행동들이 더 많이 관찰되어 대조 가능할 때, 또한 그러한 항목을 설명하는 과정에서 더 높은 점수를 얻었을 때 보다 효과적인 교수 활동으로 평가된다. 그러나 어느 특정 항목이 적절한지, 주어진 상황에서 어느 특정 항목이 무엇을 의미하는지, 목적, 수업, 학생 집단에 비추어 무엇이 적절하고 적절하지 않은지에 대한 논의나 고민은 없다. 오직 그 목록만이 중요한 것이며, 다른 상황은 신경 쓰지 않는다. 다른 교사의 의도 또한 중요하지 않게 여겨진다.

또한, 다른 학생들의 요구나 흥미도 고려되지 않는다. 장학담당자가 아니라 표본이 결정을 한다. 표본이 장학의 증거가 되며, 이것은 곧 교사와 장학담당자의 능력을 단순화시킨다. 대부분의 장학담당자들은 표본이 결정적인 요소가 되었을 때, 교사들이 배우게 될 가능성이 줄고 그들의 역량이 향상될 가능성이 낮다는 것을 안다.

이에 반해, 틀(framework)은 모든 사람으로 하여금 더 많은 일을 하도록 한다. 교사와 장학담당자는 다음의 질문들에 대해 함께 논의해야 한다. 교사가 의도하는 것은 무엇인가? 이러한 교사 의도들을 이해하고, 얼마나 달성되었는지를 평가하는 데 가장 중요한 지표는 무엇인가? 가장 중요한 기준을 선택하는 데 영향을 미칠지도 모르는 학생들의 특징이 있는가? 어떤 기준이 강조되어야 하고, 어떤 방식으로 강조되어야 할지를 결정하는 데 고려되어야 할 교과 내용의 특성은 무엇인가?

Danielson은 자신이 제시한 틀이 특정 교수 방식이나 교수에 대한 특정 접근 방식을 지지하는 것이 아님을 지적한다. 오히려 틀은 그대로 따라야 하는 각본이라기보다는 교사들로 하여금 다양한 가능성에 대해 생각하게 하고, 주어진 학생 집단과 특정 교실 상황에서 어떻게 나타나는지에 대해 장학담당자들과 논의하게 함으로써 교사들에게 도움을 줄 수 있다.

'Race to the Top'의 영향

미국 연방정부는 "Race to the Top"의 영향으로, 학교 개선을 위한 가이드라인을 채택한 학교 시스템과 주를 지원하기 위해 막대한 자금을 할당했다. 해당 자금의 지원 자격을 얻기 위해, 학군과 주 교육부는 증거기준을 갖출 수 있는 훨씬 더 복잡하고 광범위한 범위의 교장 및 교사 역량 평가를 고안해야 했다. 이러한 평가 가이드라인은 주 시험에서의 학생 성취 자료뿐만 아니라 학교기반 평가 또한 교사의 평가에 포함되어야 한다고 제안한다.

심지어 이 제안은, 교사 평가의 일정 정도가 표준화된 시험 점수 결과로 학업 성취도를 평가하고자 하는 부가적 개념도 암시하고 있다. 교원단체들뿐만 아니라 주 및 연방 교육부도 참여한 협상에서, 각 주와 학군들은 교사와 교장 평가에 포함될 예정인 학생 학습에 대한 근거 기반을 유지할 방법을 찾고 있다. 한편으로 그들은 표준화된 시험이 포함하지 않는 학생 학습 평가를 다룰 수 있는 심사 방안을 고려하고 있기도 하다.

전문성 신장 문화

위 제안들의 일관된 주제는 학교와 학군이 학교 내부의 폭넓은 전문성 신장 문화 속에 그들의 교육자 평가 체제를 두어야 한다는 것이다. 우리는 연방정부의 교육부에서 규정한 지침에 따라 미국의 주 및 학교 시스템이 고안해 낸 프로그램과 정책들 속에서 이러한 주제가 일관되게 나타나고 있음을 알 수 있다.

전문성 신장 문화는 초임 교사들에 대한 멘토, 코치, 수석 교사, 소모임 리더, 교장, 교감, 그리고 부서장들의 관심과 지원에서 시작된다. 그들은 자주 교실을 관찰하고 피드백을 주어 초임 교사가 좋은 교수의 기초를 다지고 성장할 수 있도록 돕는다. 그 피드백은 초임 교사들을 교육학적 전문성뿐만 아니라 교육과정의 세부 내용들과도 연관지어야 하는데, 그것은 그들이 인도받은 교육과정 표준들, 학생들이 수업에서 배운 것을 실제 삶에서 응용할 수 있도록 돕는 부모들과 가정 내 학습의 관련성, 그리고 학생 학습자와 이들의 요구에 대한 초임 교사와의 연관성을 심화하기 위함이다. 그리고 이러한 전문성 신장 문화는 새로운 아이디어를 시도하고 피드백을 얻기 위하여 하나 이상의 교실을 방문하는 경력교사, 그리고 학생 학습을 향상시키기 위해 여러 팀과 함께 일하는 경력교사들에 의해 모델링되어야 한다. 즉 초임 교사는 활동 중인 학습 공동체를 통해 가시적인 증거를 확인해야만 하는 것이다.

초기 수년 동안의 교수활동은 교사들에게 교사 경력에 대한 깊은 만족감을 주어 보다 열심히 업무를 수행하게 해야 할 뿐만 아니라, 창의적 활동을 함양시키고, 그들을 사회화시켜야 한다. 또한, 전문성 신장 문화와 일관되게, 교사 평가 체제는 어려움을 겪고 있는 교사를 위한 평가 체제를 마련하고 평가를 수행해야 한다.

이러한 평가들은, 학교의 목적이 학생의 학문적 성공에 있음을 유념하여야 하며, 학교, 지역구, 주 평가에서 학생 저성취의 증거를 기반으로 향상이 필요한 영역을 식별할 수 있어야 한다. 다시 말해 이 평가들은 모든 학생들을 학문적 성공으로 이끌 수 있는 역량 있는 교사들에게 기대되는 기술, 지식, 책무 등을 모든 교사들이 함양할 수 있도록, 어려움을 겪고 있는 교사들에게 전문성 신장의 기회를 제공함에 있어 학교 및 지역구가 일부 책임을 가지고 있음을 가정한다.

주 시책

모든 학생들의 학문적 성공을 촉진하기 위해 교사 능력 평가 및 평가 과정의 대대적인 정비를 집행하고 설계하는 주 교육부의 주요 업무 중 하나는 미국의 여러 주에서 진행 중인 시책을 검토하고, 여론이 고조되는 일에 대한 아이디어를 얻는 것이다. 주 정책 및 프로그램 시책들에 대한 모든 토론에서 이러한 노력들은 시민단체의 지도자들과 기업 부문 지도자들, 주 교육기관, 전문적 교육협회의 지도자들과 대학 교수, 교사들에 의해 강화되고 있다.

결코 완전한 것은 아니지만, 주 시책들에 대한 우리의 검토는 혼합된 형태로 나타난다. 일부 주는 벌써 출발선에서 벗어났다(미국 교육부에 의해 사용된 "Race to the Top"의 메타포를 활용하기 위해). 이러한 주들은 5년에서 10년 동안 그들의 최근 시책을 위해 힘써 왔기 때문에, 그들의 정책과 프로그램 설계가 어떻게 운용되고 있는지에 대해 약간의 경험을 가지고 있다.

또 다른 주에서는 향후 2년 안에 집행되기로 예정된 Race to the Top 지침에 순응하기 위한 포괄적인 정책과 프로그램 구축을 위해 5년 이상의 기간을 들여 노력하고 있다. 또 다른 주들에서는 정책 혹은 프로그램 설계에 포함된하나 이상의 구성요소들 — 특히 표준 시험에서 학생들의 점수를 기반으로 하는 교사 역량 평가에 대한 신뢰성 — 에 반대하는 교원단체에 막혀 교착 상태에 놓여 있기도 하다. 일부 큰 도시의 학군들도 교사 평가 지침의 일부 요소에 따르는 것을 거절했는데, 이로써 그들은 연방정부로부터의 수백만 달러에 이르는 지원금을 포기하는 대가를 치르기도 했다.

주 시책들의 국가 청사진이 균등하지 않은 반면, 모든 아이들의 학문적 성공을 위한 양질의 교수 촉진에 대한 문제가 국가의 최우선 사항임은 분명해 보인다. 대규모의 자본금 또한 그 최우선 사항에 전념하게끔 유도하는 중요한 요소 중 하나이다. 또한, 교사 평가도 바로 이 최우선 사항에 포함되는데, 이러한 교사 평가는 뛰어난 교수를 식별하고 보상하기 위해, 그리고 일정한 기준 이하의 교수활동을 향상시키거나 제거하기 위해 이루어진다.

게다가 학교 수행활동(school performance) 향상과 관련된 의제에서도 교사 평가가 더 이상 음지의 부차적인 일이 될 수 없다는 것은 분명해 보인다. 그것은 오히려 학교 개선 노력에 대한 복잡한 혼합체제 속에서 핵심 요소로 자리 잡을 것이다. 그것은 지역구, 주, 연방정부의 교육과정 표준과 더 밀접하게 연관될 것이며, 교내 전문성 신장 및 교육과정 표준들과 더 긴밀하게 관련될 것이고, 표준 시험에 대한 학생들의 역량에 반응할 것이다.

총괄 교사 평가와 연결된 주 시책의 공통 요소

교사 평가 자격을 취득하려는 이들과 교장이 되려는 사람들은 위에서 언급했던 학교 개선 노력과 관련된 혼합체제 내에서 맡은 역할을 다 할 수 있도록 더 많은 준비가 이루어질 필요가 있다. 교사 평가를 둘러싼 주 시책들에 대한 보고서에는 비슷한 요소들의 혼합체제가 상당부분 드러난다. 이러한 내용들은 모두, 포괄적인 프로그램 안에서 다음과 같은 요소들이 유기적으로 엮여 있음을 암시하고 있다. 우리는 이를 아래에서 확인하고, 각 요소들에 대해 논할 것이다.

- **유사하고 일반적인 교수 기술, 이해, 소양의 광범위한 사용.** 교사 평가를 둘러싼 주 시책들을 설명한 많은 문서들은 틀 또는 기준에 대한 하나 이상의 연구기반 준거를 적용 또는 사용하도록 권한다. 그것은 국가전문성교수기준위원회(NBPTS); 주정부 간 교사 평가와 지원 협회(InTASC); Charlotte Danielson에 의해 개발된 교수를 위한 틀(FFT), 또는 교수 지원 프로그램의 일환으로 NIET(the National Institute for Excellence in Teaching)에 의해 개발된 교수 기술, 지식, 그리고 책무 등이다. 4~5개의 틀, 기준 또는 범위, 그리고 그것들의 요소, 지표, 범주들로 이루어진 위 네 개의 문서를 모두 살펴보면, 다른 어휘를 사용하고 있기는 하지만, 내용상 유사성을 상당히 쉽게 발견할 수 있다.

  전반적으로, 각 주(state)의 문서는 모범적인 교수와 전문적 행동, 뛰어나거나 좋은 예들, 또는 비슷한 관점들에 대하여 언급하고 있다. 그러나 각 주는 다른 양식(pattern)과 약간 다른 강조점 또는 관점 안에서 그들의 기준이나 활동영역을 나타내고 있다.

그러나 이러한 문서들 모두가 교사의 교육과정 내용 지식, 학습자와 학습에 대한 이해, 학습 환경의 설계와 관리, 수업을 평가하고 전달하는 방식, 지속적인 전문적 성장에 대한 관심, 전문적 책무들, 그리고 학교의 삶에 대한 기여를 포함하고 있다.

뛰어난 교수의 구성요소들을 둘러싼 주 정책들은 모두 제7장의 교수 삼각형 모형의 유용성에서 강조했던 부분을 뒷받침한다. 교사는 학습자의 재능, 관심사, 가족 배경, 문화유산, 그리고 과거 학문적 성취 및 노력과 친숙해지면서 긍정적 관계로 받아들여 발전시켜야 할 뿐만 아니라, 교육과정 내용과의 협력관계 또한 즐겁게 인식해야 한다.

이 두 가지 관계는 교육과정과 학습자 사이에서 이루어지는 학습 커뮤니케이션을 촉진하여 다양한 학습 활동들을 설계하는 데 반영된다. 위에서 언급한 틀, 기준, 또는 범위에서 나타나는 여러 우수한 요소들이 좋은 교수와 양질의 학습 삼각형에서 암시된 우수한 요소들을 선회하고, 밝힌다(Lampert, 2001; Little, 2012).

논의. 교사 역량의 측정 수단으로서 일반적인 교사 수행에 대한 상대적이고도 균일화된 설명은 긍정적으로 받아들여질 수 있다. 첫 번째 장점은 교사가 한 주에서 다른 주로 혹은 한 지역구에서 다른 지역구로 이동하더라도 최소한 유사한 기준들을 지킬 수 있다는 것이다. 두 번째 장점은 적어도 교사가 양질의 학생 학습을 촉진하는 것으로 나타난 교수 계획서에 의해서 평가될 수 있다는 점이다. 끝으로 세 번째 장점은 교사가 평가자의 독단에 의해 평가되기보다는, 교수 수행 평가를 위한 증거기반의 명확한 지시문으로 평가 과정을 훈련받은 교육자에 의해 평가될 것이라는 점이다.

- **다각적인 교사 리더십에 관한 주요한 초점.** 주의 문서들은 대부분 학생

학습 향상을 위한 노력에 있어서 교사의 역할을 강조하고 있다. 그들은 교사가 다른 교사를 가르치고, 다른 교사로부터 교수를 개선하는 방법을 배우고, 학생 학습 향상을 위한 더 좋은 방법을 상상하며, 개발하기 위해 학생의 작업을 논의하는 교사들의 팀을 계획한다. 교사 평가에 관한 주 문서들은 교장과 교감만으로 좋은 교사 평가 시스템이 요구하는 모든 것을 수행하기에는 기술과 시간이 모두 부족하다고 인식하고 있다. 그것은 분노와 소외보다는 교사의 성장을 위한 것이기에, 제한된 기회에 지쳐 있는 재능 있는 학생들과 부진한 학생들을 위한 교수 전략 대안들을 탐구할 때, 교사와 장학담당자 간의 대화와 팀워크가 요구된다.

이러한 팀워크는 상당수의 교사와 함께 일하는 것에 책임이 있는 수석 교사, 코치, 멘토로서의 교사 개입을 필요로 한다. 이러한 리더 교사들은 그들이 맡은 일의 후속조치를 할 수 있는 시간을 허용받는다. 리더 교사들은 자신의 교실에서 2~3년 동안은 자유로워질 수 있고, 일부 교수 책무만을 유지할 수도 있다. 그러나 그들이 맡을 수 있는 다양한 역할들은 그들에게 추가적인 위신과 보상을 수반하는 더 많은 전문적 책무들을 맡게 되는 경력과 관련된 경로를 제공한다.

논의. 교사 역할의 다각화는 리더 교사들에게 필수적으로 요구되는 전문 역량의 개발이 이루어지지 않은 채, 바로 이러한 새로운 책무들을 시작할 수 있을 거라고 가정하지 않는다. 물론, 이미 자신의 교실이 있는 수석 교사일 경우에는 매일 반복되는 교수학습을 통해 성장할 수 있도록 초임 교사들을 지도하는 데 필요한 기술과 훈련을 반드시 받을 필요가 없다. 또한, 초임 혹은 초임을 갓 벗어난 교사들의 평가자는 사회에서 함께 일할 때 요구되는 성숙한 대화의 기술을 개발할 필요가 있다. 이는 그들이 까다로운 평가 절차에 노출됨에 따라 정체성이 위협받을 수도 있기 때문이다. 평가자는 형성 평가와 관련된 감성과 총괄 평가와 관련된 일련의 또 다른 감성을 개발할 필요가 있다. 따라서 수석 교사로의 진로 변경은 다양한 기술의 개발과 성숙한 발전에 대한 이해를 기반으로 한다. 그런데 어떤 이들은 이러한 필수적인 리더십

기술들을 익히는 데 실패하는 반면에, 어떤 이들은 이러한 기술을 이미 익혔음에도 불구하고 교실에 머물러 있기도 한다.

- **모든 주 문서들은 장학에서 차별화된 교사 리더십 역할과 교사의 전문성 신장에 대하여, 강력하고 지속적인 교장의 지원이 반드시 필요하다는 점에 주목한다.**

논의. 대부분의 문서들은 리더들의 리더로서 교장의 리더십 역할을 재정립하는 것을 의미하거나 리더들 사이에서, 리더로서 일부 교사들이 교장보다 교사의 전문성 신장을 촉진하는 것에 더 숙련되어 있다고 인식하는 것을 의미하고 있다. 어떤 경우에는, 학교의 실무가 학생들과 그들의 교사들에 의해 이루어지고 있으며, 교장의 역할은 조직의 구조 및 체계를 조정하여 학습자와 교사가 중요 업무를 잘 처리해 낼 수 있도록 지원하는 서번트 리더십(Greenleaf, 1991)의 형태를 보이고 있다고 간주한다.

교장의 중요한 기능 중 하나는 평가 시스템이 자격을 갖춘 평가자들에 의해 구성되어 있는지 확인하는 것이다. 능력의 수준을 보장한다는 것은 교장이 학생회에서 학생들에게 이야기하거나 교수회에서 교사들에게 고무적인 이야기를 하는 것보다는 학생 작업의 향상을 위해 더 많은 일을 한다는 것을 의미한다.

- **개선된 교사 평가를 위한 주의 제안서 모두는 정규 수업 시간 동안 만날 교사들에게 학생 작업에 대한 논의, 교육과정 재설계 계획, 곤란에 처한 학생들과의 소통을 위한 브레인스토밍, 타인으로부터 지속적인 배움, 실행 연구에의 참여 등과 같은 활동을 수행할 능력을 요구한다.**

논의. 그 무엇보다도 정규 수업 동안 이러한 종류의 작업이 가능한 시간을 만드는 것은 협력의 문화를 지속시킬 중요한 기반이 된다. 또한, 교사들로 하여금 그들이 열중하여 집단지성, 창의성, 에너지를 쏟을 때 풀 수 없는 문

제는 없을 것이라는 집단적 효능감을 증가시킬 수 있다.

이렇게 마련된 시간들은 교사들이 학생 평가의 채점방식 또는 어려운 실습 수업을 살펴보기 위해 코치를 만나고, 동료 수업 관찰에 대해 토론하는 것을 가능하게 한다. 그것은 전통적인 교실 평가가 잃어 버렸던, 교실 수업 관찰의 피드백에 대한 다양한 후속조치가 이루어질 수 있는 장을 마련할 수 있다.

- **초임 교사의 발전과 성장에 대한 주요 초점은 다음을 포함한다.**

1. 다양한 전문성 신장 시책으로의 참여, 부모와의 의사소통, 교실의 자원과 관리, 학교 정책의 이해와 실천, 학생을 향한 그들의 법적 책임 등과 관련하여, 프로그램화된 입문교육을 제공하기 위해 수개월에서 1년 정도의 유예기간을 둔다.
2. 일상적인 교실 수업의 기본적인 요구사항을 숙달하도록 1년 이상의 유예 기간 동안 멘토 교사와 함께 일한다.
3. 여러 교사들과 교장에 의해 교실이 관찰된 이후, 그들의 수업에 대한 성과와 어려움이 토론으로 이어질 것이며, 이후에 어떤 것에 더 많은 주의와 발전이 필요한지 그들의 교수활동에 대한 피드백으로 이어질 것이다. 이러한 관찰은 최소 6번의 방문(한 학기에 3번)을 포함해야 하며, 교실 평가자를 위한 훈련 프로그램을 통과한 동료 교사들에 의해 수행될 수 있다. 해당 교사는 최초 2년 동안의 근무기간 동안 개선-발전된 점에 대한 자기평가를 문서화해야 한다. 특히 자기평가는 지역구의 교사 평가 문서에 반영된 교수활동의 원칙과 지역구의 핵심 틀에 주의하여 작성되어야 한다. 종신직이 결정되는 이전 해에, 교사는 지역구의 평가 도구의 구성요소들 또는 틀, 원칙, 표준에 맞는 자신의 교수에 대한 자기평가를 준비해야 하며, 자기평가는 요구에 맞는 교수의 근거 사례를 제공해야 한다.
4. 모든 학생들의 학문적 성공을 향상시키기 위한 학교 차원의 노력으로, 다른 초임 교사들뿐만 아니라 경력 교사들도 전문성 신장 세션에

참석해야 한다.

5. 무엇이 효과적이고, 향상이 필요한지에 대한 자기평가에 덧붙여 단위 계획과 수업 관련 포트폴리오를 지속적으로 작성해야 한다. 포트폴리오는 특별히 창의적인 학생 학습 활동과 그 활동의 학생 수행에 대한 사례, 독창적이고 문화적으로 민감한 반응성을 지니는 교수 사례, 학부모와 소통했던 사례, 교사가 일부 학생에게 제공했던 피드백 사례 등을 학생 평가에 덧붙여 포함할 수 있다. 포트폴리오 구성을 위해 초임 교사는 때때로 경력 교사들뿐만 아니라, 멘토나 다른 초임 교사들과도 다양한 대화를 나누어야 한다.

논의. 일부 지역구와 주는 초임 교사의 멘토에 관한 매우 상세한 가이드북을 제공한다. 이 가이드북은 초임 교사와 함께 무엇을 검토해야 하는지를 월 단위로 명시하고 있다(Connecticut State Department of Education, 2012). 다른 지역구들에서는 교사 평가 항목을 반영하여 그들이 바라는 교수 전략과 수행을 담은 문서를 제공한다. 대체로 그 문서들은 각 판단기준하에서 전략과 수행에 대한 광범위한 사례들을 포함한다.

한편, 일부 주에서는 평가자를 위한 문서를 제공한다. 그 문서는 일부 수업 계획의 적절성을 교사와 함께 탐구하기 위해서 제공되며, 혹은 초임 교사가 하나 이상의 교육과정 표준을 가지고 자신의 수업에 대한 청사진을 그린 방법에 관한 대화가 가능할 수 있도록, 수업의 관찰자가 시험해 볼 수 있는 유용한 논의점들을 포함하고 있다.

교실 관찰자를 위한 훈련 프로그램에 시간과 비용을 투자하는 것은 일관적이고 유용한 방법으로 교육과정 틀을 수업에 연결시킬 수 있는 관찰자 및 평가자를 준비시키기 위해 반드시 필요하다. 이러한 교실 관찰자는 교사 수행에 대한 평가를 포함한 피드백을 제공해야 한다.

평가는 관찰자가 보고 들은 것으로부터 나온 증거에 의해 뒷받침되어야 하며, 이후 초임 교사는 이러한 증거들이 확실히 그 평가를 정당화하고 있는지를 평가자와 함께 논의해야 한다. 만약 교사가 그것을 이해하고 특정 부분의 개선을 위해 노력하려 한다면, 비록 때때로 고통스러운 내용이 있을 수도 있지만, 관련 대화를 나누는 것이 필요하다. 이러한 주의 계획들은 다수의 전문가에 의한 초임 교사 장학의 필요성을 일깨운다. 그리고 해당 장학은 조직적으로 일련의 등급이 규정된 지원과 수요를 통해 기대된 교사 성장 프로그램에 통합된다.

이제 초임 교사들은 학교 부임 첫날에 교과서를 건네받지 못하고, 교실로 안내받지 못하는 등, 그들 스스로 알아서 하라는 식으로 방치되어서는 안 된다. 초임 교사를 향한 관심과 지원은 이제 학교에서 담당할 전문적 책무의 일환이다. 초임 교사 생활의 3~4년 안에 시간, 비용, 그리고 인적 자원을 투자하는 것은 역량 있는 교사로 이루어진 교수단을 구축하는 데 큰 도움을 준다. 학습 공동체에서 환영받아 온 교사들은 구성원들을 지속적인 학습의 문화로 사회화시킨다. 이러한 맥락에서 관료주의적이고 고립된 활동을 중심으로 이루어지던 교실 관찰은 이제 사라지게 되었다. 오히려 장학은 점차적으로 모든 학생들의 학문적 성공에 주의를 기울이는 좋은 교수활동의 성장 촉진에 헌신하는 일련의 중요한 활동이 되어 가고 있다.

- **경력 교사들의 차별화된 평가를 위해 많은 주 정책과 프로그램이 마련되었다.**

논의. 학교는 평가를 통해 뛰어난 경력 교사의 역할을 선정해야만 할 것이다. 의미 있는 장학 순환과정에 대한 인식에 따라, 평가된 많은 교사들이 피드백, 논의, 그리고 후속조치를 위한 시간을 요구한다. 평가를 위해서는 많은 평가자가 필요한데, 충분한 능력을 갖춘 평가자가 많지 않을 뿐만 아니라 평가자를 길러내는 데 비용이 들기 때문에 3~5년 정도가 지나서야 제대로 된 평가가 이루어질 수 있다. 그 공백 기간 동안의 경력 교사들은 평가 요구사항을 만족시키기 위해 다양한 선택사항을 고를 수 있다.

이러한 선택사항들로는 첫째, 한 명 이상의 교사들이 학생 학습에 더 좋은 영향을 주어 개선될지도 모르는 그들의 교수 관점을 탐구하는 실행연구

프로젝트, 둘째, 문화적으로 민감한 교육학 기능을 개선하기 위해 연속되는 활동들의 공식적인 전문성 개발, 셋째, 교내, 또는 지역 내 수학 교육과정 개발 프로젝트에 대한 참여, 넷째, 학생의 능동적인 학습 증진을 위해 1년 이상의 기간 동안 이루어지는 컴퓨터보조 수업과 인터넷 응용프로그램 탐구 등의 내용을 포함하고 있다.

그들은 다른 교사들과 자신의 재능을 공유함으로써 학생 학습 향상에 기여하게 될 것이므로, 평가를 대체하기 위한 교사 컨설턴트, 코치, 멘토로서 일할 수 있다. 교사 지도자로서 그들의 역할은 종종 평가 자체에 대한 특정 형식을 포함할 수도 있다. 경력자이지만 어려움을 겪고 있는 교사들은 그들이 숙달되거나 해고될 때까지 평가됨과 동시에, 매년 풍부한 피드백을 제공받아야 한다.

어려움을 겪고 있는 교사들이란, 다음 학년으로 진급하는 데 실패하거나 주와 지역구 평가에서 수년 동안 계속해서 저조한 성적을 보이는 학생들을 지도하는 교사들을 의미하기도 한다. 일반적으로, 경력 교사의 평가는 기량을 발휘하지 못하는 교사가 가르치는 학생들에 대한 성취도에 초점을 두는데, 그러한 시각은 간혹 영재 학생들을 부당하게 희생시키기도 한다. 그 평가는 더 효과적인 교수활동 계획을 통해 기량 발휘를 못하고 있는 학생들의 능력을 보다 향상시킬 수 있도록 지원할 것이다. 효과적인 교수활동 계획은 전문성을 갖춘 코치 또는 동료교사와의 공동 작업을 통해 이루어질 수 있다.

- **교사 평가에 추가된 학생 학습의 포함.** 비록 우리가 검토한 교사 평가의 모든 주 정책 및 프로그램에서 발견되지는 않았지만, 교사 총괄 평가의 논의에서 학생 성과를 교사 수행 평가에 연결하고자 하는 것과 관련하여 충분한 논의가 있었고, 학생 성과의 포함을 지속적으로 예측해 왔다. 주 또는 지역 표준화 시험에서 학생 성장을 추적하는 것은 여전히 장애물로 남아 있다.

  주 시험에 의해 평가하지 않는 측면에서는 특정한 학문 영역에서 유효하고 신뢰할 수 있는 지역 평가를 설계하는 노력이 지속되고 있다.

Race to the top 가이드라인은 결국 주와 학군은 공통의 핵심 교육과정 기준을 채택하고, 이러한 기준들을 둘러싼 학생 성취에 대한 더 많은 공통 평가의 채택을 시작할 것이라고 가정한다. 그런데 이와 관련된 부가적인 활동을 지원하기 위한 재정의 문제는 아직 해결해야 할 과제로 남아 있다.

그러나 North Carolina에 있는 Charlotte–Mecklenberg와 같은 일부 학군에서는 교수 수행과 지역 및 주 시험에 의해 평가된 학생의 성장 사이의 관계를 구체화하는 작업을 몇 년에 걸쳐 수행해 오고 있다. Darling-Hammond와 그의 동료들(2012)은 자체 개발한 학생평가 보고서에서 애리조나의 진로단계 프로그램에 대한 Packard와 Dereshiwsky의 연구를 인용하여 다음과 같이 기술했다.

> … 학생의 학습 증진을 평가하기 위한 평가 도구 개발, 전후 시험에 대한 개발 및 평가, 미술, 음악, 체육 교육과 같이 정량화하기 어려운 영역에서 측정할 수 있는 결과에 대한 정의, 학생 학습 성장에 대한 추적 및 관찰과 같은 업무들을 수행할 수 있는 능력을 갖춘 교사들의 참여가 확대되었다. 그들은 또한 교육과정 개발의 중요성에 대해 더 크게 인식하고, 지역구 목표와 교육과정을 좀 더 일치시키며, 질 높은 내용, 기술, 그리고 수업 전략에서 증가된 역량을 보였다. …

논의. 모든 학생들의 학문적 성공에 대한 주장으로 인해, 주들은 해마다 모든 학생들의 학문적 성공을 촉진하는 학교의 역량이 발전하고 있는지 확인하기를 원한다. '어린아이는 소모품이 아니다(no young person is expendable)'라는 주장은 매우 긍정적으로 받아들여질 수 있다. 학교들은 경미한 영향력을 가진 이러한 조건하에서, 절대로 단 한 명의 졸업 실패도 수용해서는 안 된다고 주장해야 한다.

교사들은 모든 학생들의 학문적 성공을 촉진하기 위해 자신의 모든 힘을 다해야 한다. 학교의 평가 체제는 이를 위해 교사들과 함께 작업해야 한다.

많은 학생들이 졸업을 하지 못한다는 사실은 단지 교사의 실패만이 아니라, 교사 평가 체제의 실패라는 것도 인정해야 한다.

만약 교사 평가 체제가 진정으로 학생의 지속적인 실패를 막는 데 큰 영향을 미칠 수 있었다면, 우리는 학생들이 중퇴하거나 졸업을 실패하는 수치가 급격하게 감소하는 것을 확인할 수 있었을 것이다. 그러나 여전히 매우 많은 비중으로 실패와 중퇴가 지속된다는 사실은 우리가 아직 모든 학생들의 성공을 위해 제대로 작용할 만한 교사 평가 체제를 설계하지 못했다는 증거이다. 성공을 교사의 영향에만 초점을 맞추고 있는 상황이 현재 완벽하게 이해되지는 않지만, 그럼에도 불구하고 우리는 그 이해를 발전시키고, 그에 맞춰 교수를 변경하는 노력을 멈출 수는 없다(Hattie, 2012).

우리는 또한 높은 성취를 보이는 학군에 대한 문제를 인정해야 한다. 만약 그 학군의 학생 대부분이 이미 주 시험에서 충분히 높은 성적을 얻고 있는 경우, 그들의 성취도 향상 차이를 연간 비교하는 것은 성취도 향상이 제대로 이루어지고 있는지를 확인할 수 있는 방법이 되지 못할 것이다. 그렇다면, 학생들이 이미 상위권의 점수를 달성하고 있다면 그들의 교사들을 어떻게 평가할 수 있을까? 분명한 것은, 성취도 향상의 폭이 작다고 하여 해당 교사들이 저평가되어서는 안 된다는 것이다.

요약

앞선 고찰은 다년간 이루어진 총괄 평가에 있어서, 효과적이지 못한 체제가 무엇이었는지에 대해 의미 있는 점검이 필요함을 이야기한다(Starratt, 1997). 이와 관련하여 교사와 행정가의 평가 대책에 관한 매사추세츠 초·중등 교육 위원회 보고서는 전통적 체제의 결점을 다음과 같이 요약하여 제시했다.

- 평가의 요인으로 학생 결과는 거의 포함되지 않는다.
- 교육자 효과의 수준 차이를 분명하게 규명하는 데 실패하는 경우가 많다.

- 학교나 지역구 내 효과에 있어서 변화를 확인하는 데 실패하고 있다.
- 우수한 교육자를 좀처럼 선별해 내지 못한다.
- 수용 능력과 "할 수 있는 능력"의 문제에 대해 다루지 않는 편이다.
- 주 전역에 걸쳐 일치하지 않은 관행을 허용하여, 제대로 된 평가를 통해 측정하는 데 실패하고 있다.
- 교육자에 대한 투자 또는 지속적인 향상을 보장하는 데 실패하고 있다.
- 종종 자원이 부족할 때가 있으며, 이러한 부분이 심각하게 받아들여지지 않는다.

간단히 말해서, 빈약하게 이루어지는 실제적 평가는 더 좋은 지도, 더 좋은 교수, 더 좋은 학습, 그리고 더 좋은 학교를 촉진하기 위한 기회를 놓치게 한다(The Massachusetts Board of Elementary and Secondary Education Report of the Task Force on the Evaluation of Teachers and Administrators, 2011, p. 5).

과거에 실행되었던 전통적인 장학은 대개 목적에 함몰되었고, 또 그래야 한다고 여겨졌다. 그것은 기껏해야 일 년에 한 번 정도의 교실 방문으로 교장 또는 교감에게 급조된 장학 과정을 시행하게끔 부추겼을 뿐이다. 평가는 보통 일반적인 교사 행동의 표준안 목록을 사용했고, 개선을 위한 영역뿐만 아니라 주요한 강점 등은 포함하지 못했다.

이러한 전통적 장학 과정은 개선 필요성을 지적받은 여러 결점이 존재함에도 불구하고, 교사가 적정하게 효과적인 능력을 보유했는지 판단하는 데 한 번의 교실 방문이면 충분할 것이라고 상정했다. 또한, 장학담당자는 교사 평가에 대해 훈련받지 않았고, 때문에 집단적으로 그들이 관찰한 교수에 대해 유사한 평가에 도달할 수도 있을 것이라는 어떠한 신뢰성도 보장되지 않았다(Stoldowsky, 1984).

교사에 대한 장학 평가는 기본적으로 관료적인데다, 표면적으로 만족스럽게 여겨지는 일들을 교사가 수행하고 있는지를 보장하기 위한 법적 요건으로 보였다. 연구는 학생 졸업 실패와 중퇴의 높은 비율에도 불구하고, 교사의 90퍼센트가 일관되게 능숙하거나 그 이상의 역량을 갖추고 있다고 평가되는 것으로 나타났다(Little, 2009).

해외와 미국의 많은 주 교육부에서의 교사 평가 점검을 위한 노력이 급증하는 상황들은 총괄 평가에 대한 새로운 이해가 장학의 실제를 지도해야 한다는 점을 방증한다. 우선, 형성 장학과 총괄 장학의 구분을 명확하게 하고 그 중요성을 강조해야 한다.

총괄 평가는 교육자의 책임하에 모든 학생들의 학문적 성공에 긍정적인 영향을 미치기 위한 교육자의 다양한 역량을 함양하게끔 하는 것으로 이해되어야 한다. 몇몇 연구에서 실제적 교사 수업의 태피스트리는 교육과정 내용의 깊은 이해와 관련된 것으로 나타났고, 모든 학생들의 학문적 성공을 위해 열심히 일하는 소양은 학생의 학문적 성공과 연관된 것으로 보였다. 그 연관성은 학생마다 강도가 다를 것이고, 교실 밖 환경에 의해 촉진되거나 더디게 나타날 수 있지만, 한 학기 혹은 한 학년 동안 학생들의 학문적 성취 전반에 대해 교사의 능력이 어떤 영향력을 갖는지 보여 줄 것이다. 학생의 학습에 영향을 미치는 능력은 절대 완벽하지 않을 것이고, 그래서 항상 개선의 여지가 있다. 학생 성취도에 있어서 많은 교사들의 긍정적인 영향은 일부 학생과 적극적인 협력 관계를 구축할 수 있는 교사의 능력 여부로 인해 달라질 수 있다.

어떤 교사들은 AP(advance-placement) 과정에서 더 큰 영향을 미치고, 어떤 교사들은 어려움을 겪고 있는 학생들과 함께한 교육과정의 인지 시험(cognitive challenges)에서 더 큰 영향을 미친다. 대체로, 교사들 대부분은 학생 성취에 영향을 미치는 최소한의 전반적 능력을 갖추고 있는 편이다. 그러나 능력이 거의 없거나 매우 부족한 교사들에게는 서둘러 많은 관심을 유도하고 다른 경력을 추구하도록 권장해야 한다.

총괄 장학 평가는 교실에서 모든 학생들이 학문적 성공을 이루어 가는 데 있어서 교사들이 부족한 능력을 함양하게끔 그들을 지원하는 것을 목표로 한다. 초임 교사들의 장학을 고려할 때, 사실상 대부분의 초기 장학 사례들은 형성기에 있었다고 볼 수도 있다. 이러한 가정은 초임 교사가 여전히 그들의 교육과정 내용 지식을 개발하고 교수 전략을 위한 기법만을 개발하고 있다는 것에서 확인할 수 있다. 그들은 모든 학생들의 성공을 유발하기 위한 노력에 매우 헌신적일 수 있지만, 교수 능력의 다른 차원에서는 아직 발달의 초기 단계에 있다. 대체로 장학담당자의 노력은 지역구의 평가 체제에서 사용되는 교수 기준이 요구한 재능을 초임 교사들이 발달시킬 수 있도록 돕는다.

교장뿐만 아니라 코치, 멘토, 그리고 소모임 리더의 장학 작업은 초임 교사의 전문적 개발을 위한 하나의 요소로 볼 수 있다. 초임 교사가 3년차에 가까워질 때, 장학은 그들의 전반적인 능력에 대한 총괄 평가로 방향을 바꾸기 시작한다. 문제는 이제 "이 교사가 무엇을 배워야 하는가?"가 아니라 "이 교사는 모든 학생들의 학문적 성공에 영향을 미치고, 우리 기준에 의해 정의된 능숙한 교수활동에 있어서 모든 능력을 충분히 보여 주고 있는가?"가 되었다. 해당 교사의 교수활동에 일부 지속적인 노력이 필요한 영역이 있다 하더라도, 그의 능력이 종신임용 결정을 긍정적으로 검토할 만큼 탁월한지 장학담당자의 피드백은 이제 긍정적인 종신임용 결정을 보장하기 위해 필요한 교수활동 기준과 관련하여 특정한 개선점을 나타내는 자세한 지침이 될 수 있다.

보통 삼년 안에 입증되는 그들의 향상된 능력이나 부족한 능력이 종신임용을 결정한다. 종신임용 교사와 작업할 때에는 기준의 반영치와 발달된 능력에 대한 기대치가 더 높은 편이다. 전문성 신장 과정 참여에 대한 기대, 그리고 한 개 이상의 교사 평가 기준에 반영될 학교 전체 시책 참여로 인해 주기적으로 이루어지는 공식적 평가 또는 대안 평가는 학생의 학업 성취 및 성장에 영향을 미치는 교사의 전반적인 역량에 대한 포괄적인 시각을 기를 수 있다.

형성적 장학은 학생 성취에 대한 데이터를 분석하고, 학생 성적의 저조한 성과를 향상시키는 데 보다 효과적일 수 있는 교수활동을 탐구하는 것과 같은 지속적인 개선을 고려하는 자기평가로 시작해야 한다. 이 시점에서, 총괄 평가는 교사의 리더십 능력에 대한 여러 요인들을 찾고 다른 교사들의 성장에 도움이 될 수 있는 참여 확대를 유도하기 위한 제안을 할 수도 있다. 이러한 일련의 생각들은 코치와 멘토의 훈련, 전문성 신장을 위한 학교의 자체적인 프로그램과의 더욱 분명한 연관성에 대한 고민으로 이어졌다. 총괄 장학은 해마다 지속적으로 학생의 진척도를 파악하고, 모든 학생의 학업적 성공에 대한 큰 그림 속에서 교사의 영향력을 보는 경향이 있다. 또한, 총괄 장학은 전문성 신장활동의 후속 탐구활동에 학생들의 학업적 성공과 그 필요성에 대한 피드백을 포함시키는 경향이 있다. 이러한 전문성 신장활동은 낮은 성적의 학생들에게 보다 효과적일 수 있는 교수 능력 구축을 위한 것이다.

요컨대 학교 시스템 내에서 주변의 달라진 기대와 교사 평가 기준의 적용을 동일선상에 두는 장학 책무들의 재설계가 필요하다 할 수 있다. 이것은 장학이 더 나은 평가 작업이 되기 위해서는 장학 인사들의 지속적인 전문성 신장이 포함되어야 하며, 이와 관련된 문화가 형성되어야 함을 의미한다. 아울러 이것은 장학을 수행하는 사람들이 학교에 있는 동안에 보다 전체적인 장학 과정 내에서 철저하게 역할을 수행할 시간, 그리고 교사 학습 개선을 위해 제안된 전문성 신장의 여러 상황들을 접할 시간이 마련될 필요성이 있음을 의미한다. 또한, 장학에 대한 책임이 새로운 역할 속에서 타 교사들과 다양한 작업을 수행하게 될 교수진 구성원에게로 상당부분 이동함을 의미한다. 이러한 변화와 함께, 학교장은 정년보장을 받지 못한 교사와 어려움을 겪고 있는 경력 교사의 총괄 평가 과정을 신중하게 관리하고, 장학담당자가 보다 용이하게 발전적인 작업을 할 수 있도록 초점을 맞출 것이다.

학교장의 새로운 평가에 대한 기대와 함께, 학군은 학교장을 위한 전문성 신장의 지원에 보다 많은 관심을 가질 필요가 있다. 또한, 주 및 연방정부들은 교사 장학에 대한 새로운 접근방식들과 관련된 비용 증가를 충당하도록 도와야 한다.

참고문헌

Braun, H. (2005). *Using student progress to evaluate teachers: A primer on value-added models.* Princeton, NJ: Educational Testing Service.

Connecticut State Department of Education (2012). *Teacher evaluation and mentor guide.* Hartford, CT: Author.

Council of Chief State School Officers. (2011). *Interstate Teacher Assessment and Support Consortium (InTASC) Model Core Teaching Standards: A Resource for State Dialogue.* Washington, DC: Author.

Danielson, C. (1996). *Enhancing professional practice: A framework for teaching.* Alexandria, VA:

Association for Supervision and Curriculum Development.

Darling-Hammond, L. Amrein-Beardsley, A., Haertel, E., & Rothstein, J. (2012). *Evaluating teacher evaluation*. Phi Delta Kappan, 96(6), 8–15.

Greenleaf, R. (1991). *Servant leadership: A journey into the nature of legitimate power*. New York: Paulist Press.

Hattie, J. (2012). *Visible learning for teachers: Maximizing impact on learning*. London: Routledge.

Lampert, M. (2001). *Teaching problems and the problems of teaching*. New Haven, CT: Yale University Press.

Little, J. W. (2012). Professional community and professional development. In M. Kooy & K. van Veen (Eds.), *Teacher learning that matters: International Perspectives*, pp. 22-43. London: Routledge.

Little, O. (2009). *Teacher evaluation systems: The window for opportunity and reform*. Washington, DC: National Educational Association.

Massachusetts Board of Elementary and Secondary Education. (2011). *Report of the Task Force on the Evaluation of Teachers and Administrators*. Malden, MA: Author.

National Board for Professional Teaching Standards (1989). *What teachers should know and be able to do*. Arlington, VA: Author.

Packard, R., & Dereshiwsky, M. (1991). *Final quantitative assessment of the Arizona career ladder pilot-test project*. Flagstaff, AZ: Northern Arizona University.

Solmon, L., White, J. T., Cohen, D., & Woo, D. (2007). *The effectiveness of the Teacher Advancement Program*. Washington, DC: National Institute for Excellence in Teaching.

Starratt, R. J. (1997). Should supervision be abolished? In J. Glanz & R. Neville (Eds.), *Educational Supervision: Perspectives, Issues, and Controversies*, pp. 4–12. Norwood, MA: Christopher-Gordon Publishers.

Stoldowsky, S. (1984). Teacher evaluation: The limits of looking. *Educational Researcher* 13(9), 11–18.

U.S Department of Education. (2009). Race to the Top Program, Executive Summary. Washington, DC: Author. Retrieved September 12, 2012, 12:35 pm from http://www2.ed.gov/programs/racetothetop/executive-summary.pdf.

제12장

교육부의 장학 지원

개요

이전에 다룬 장들에서 장학에 대한 우리의 주된 관심은 장학에 영향을 끼칠 수 있는 다양한 맥락과 학교 수준에서 이루어지는 장학의 실행에 초점을 두어 왔다. 이 장에서는 우리의 관점을 지역 수준에서 논의해 보고자 한다. 먼저 우리는 장학을 위해 주 단위로 시행되는 표준 정책과 교사 성과급 정책에 관하여 교육부가 중요한 역할을 어떻게 할 수 있는지 초점을 둘 것이다. 이와 같은 논의를 바탕으로 장학에 대한 관련 정책 중에서 교육부의 역할을 구분함으로써 논의를 시작할 것이다. 이후 우리는 교육부가 지역, 학교, 관리자 수준에서 장학을 지원하기 위해 취한 조치들에 관한 조언으로 논의를 맺을 것이다.

교육부와 정책 환경

교육부의 역할은 때로 너무나 당연하게 수용되는 경향이 있다. 그러한 경향으로 인하여 학교 수준에서는 교육부의 이면에서 이루어지는 행위성과 합리성이 항상 명확하게 수용되지는 않는다. 많은 지역에서 교사들은 교육부 관리자들과 직접적이고 쌍방향적인 소통의 부재를 경험한다. Concoran, Fuhrman, Belcher(2001)는 지역이 발전을 뒷받침해 줄 수 있는 수단으로 몇 가지 방법을 소개한다. 이러한 방법들 중 가장 기본적인 범주가 무엇을 해야 하는지 결정하는 것, 어떻게 해야 하는지를 조직하는 것, 점진적으로 재조정하는 것을 포함함에도 불구하고, 이러한 과업들은 항상 행동으로 옮기는 것보다 말로 표현하는 것이 더 쉽다는 것이다. 이러한 각각의 과업은 미처 예상하지 못한 어려움을 동반한다. 교육부는 학교를 위해 무엇이 '최고'인지를 고민할 뿐만 아니라, 그들의 계획을 둘러싼 학교와 어떻게 의사소통을 하고 상호작용을 이뤄낼지에 대해서도 고군분투해야 할 필요가 있다. 얼마나 권한을 위임해야 하는지, 얼마나 학교에게 결정 권한을 남겨 두어야 하는지, 얼마나 많은 상담이나 지원을 학교가 필요로 하는지. 그리고 정책이 실행 단계에 들어섰을 때, 학교가 자발적으로 정책적 책임을 떠맡게 된다면 지역 수준으로 이루어지는 정책의 변화 단계를 감시하고 지시할 때 발생하는 부차적 도전 과제들을 마주하게 된다.

교육의 발전을 도모할 때, 교육부는 학생들의 효율적인 학업 성취에 대한 그들만의 관점뿐만 아니라, 주와 연방 정책의 입장에서 그들의 수요 또한 고려해야 한다. 교육 정책이 단지 학교를 선별하는 데 초점을 두어야 된다는 많은 전제에도 불구하고, 많은 정책적 시행 단계는 학교의 관점에서 정책이 어떻게 수용되어야 하는지, 그 수용은 어떤 과정을 거쳐야 하는지를 포함해야 된다. 예를 들면, Spillance, Reiser와 Reimer(2002)는 몇몇의 인터뷰가 정책 실행 단계에서 필수적인 요소로 작용할 수 있음을 제시한다. 사람들은 정책적 함의로부터 그들이 느끼는 바를 형상화하고 적합한 반응으로 정책 시행 과정을 떠올리도록 하는 특정한 맥락, 경험과 세계관을 가지고 있다. 이와 같은 차이에 의해 동일한 주나 연방에 속해 있음에도 불구하고 정책적 함의는 맥락에 따라 매우 상이한 양상의 실행으로 귀결될 수 있다. 이러한 역동적인 상황은 교육부가 정책 시행을 위한 자원을 어떠한 방식으로 책정하는지에 따라 조절 가능하다. Datnow(2006)는 포괄적 학교 개혁 실행 정책에서 예를 제시함으로써 교육부의 중요한 역할은 학교 수준에서 이루어질 수 있는 동기부여, 자원 배분, 지속적인 지원이라고 설명한다.

정책은 복합적인 차원에서 형성 배경이 조성될 뿐만 아니라 교육부는 부가적으로 지역 수준에서 발생하는 수요에 대응해야 할 의무가 있기 때문에 학교 수준에서 시행되는 정책은 꽤 다양한 양상으로 전개될 수 있다. 이전 장에서 우리는 정책에 대한 책무성, 교육과정 표준, 개별화된 교수를 둘러싼 다양한 요구가 장학의 맥락에서 어떻게 구체화되는지 논의하였다. 교육부는 이러한 요구에 확실하게 대응해야 하는 의무가 있음에도 불구하고, 우리는 다음에 제시된 글을 통해 두 가지의 다른 정책적 경향을 논의함으로써 교육부가 직면하고 있는 광범위한 요구의 수준을 설명해 볼 것이다. 각각의 정책은 국가적 경향에 의해 형성되었으나, 주마다 각각 다르게 수용되었다. 다음의 첫 번째 예시는 교원 평가와 장학에서 발생할 수 있는 직접적인 연관성을 제시한다. 두 번째 예시인 교원 성과급 제도는 정책이 어떠한 방식으로 교수, 학습, 장학 간의 상호 증진을 도모할 수 있는지와 관련된 구조를 제시한다.

교원 평가에 대한 주 단위 표준

장학의 시행과 연관된 한 정책적 경향은 교원 평가와 관련한 주 단위 표준의 변화를 야기할 수 있다. Hazi와 Arredondo(2009)는 이러한 정책들이 NCLB(No Child Left Behind) 정책의 시행과정상에서 어떻게 변화를 야기하는지 확인했다. 몇몇 전략을 특별하게 조치했음에도 불구하고, 주마다 변화가 발생하는 방법이 다르다. 이는 복합적인 이해관계자들에 의해 교원 능력의 질을 향상하기 위한 평가자 연수 증가 요구, 효과적인 교수의 구체적인 지시사항을 포함하는 교원 자격에 관한 개선된 정의, 평가가 이루어지는 참여 범주의 확장으로 귀결된다. 전반적으로 주들이 이로 귀결된 주장을 교원 포트폴리오, 참관, 학생 성취 데이터와 같은 훌륭한 교수를 측정하는 방법으로 전환을 시도하고 있다는 사실은 명백하다. 동시에 그 외에 지역적으로 결정할 필요가 있는 사안들에 대해서도 사전 연구가 이루어지기 시작했다. 이것은 각기 다른 학업 성취 수준을 가진 학교, 베테랑 교원에 대해 차별화된 방법을 적용하여 교원이 평가받는 빈도와 방법을 고안하는 기반을 마련한다. 또한 부가적인 예시는 개선을 위한 계획이나 요청을 다루는 구체적인 과정을 포함하여 어떤 종류의 사전 평가, 사후 평가가 마련되어야 하는지에 관한 조항을 덧붙이는 것이다.

즉, 주정부가 수업 장면에서의 질을 향상시키기 위한 장치로써 장학과 평가를 바라보는 경향이 증가하고 있다. 위의 예시에 의하면 교육부를 둘러싼 쟁점은 이러한 정치적 변화를 어떻게 해석하고 실행할 것인지로 볼 수 있다. 예를 들면, 몇몇 주정부는 동료 교원의 평가나 학생들의 학업 성취에 관한 자료가 교원 평가에 사용되어야 한다는 구체적인 조항에 동의하는 반면에, 다른 주정부는 그러한 자료가 교원 평가에 관해서 일반적인 조건으로만 작용할 것이라는 회의적인 주장을 한다. 후자의 경우에, 교육부는 주정부의 승인을 얻기 위한 또 다른 조치를 구상하여 제시할 필요가 있다. 위의 예시에서 드러난 바와 같이 연방정부의 정책에 대한 상이한 관점은 주정부 단위의 교육부와 지역적인 관련성의 중요성을 보여 준다. 교육부는 학교에 어떤 공문을 보낼 것인지를 포함하여 새로운 정책을 준수하도록 하는 방법과 관련한 정보 또한 다루어야 할 필요가 있다. 주정부의 승인을 얻기 위한 계획에서, 교육부는 장학과 평가에 관한 지역적인 여론을 조성할 수 있는 방법을 고안해 내야 하며, 이는 주 단위 수준에서 발생하는 요구사항과 직면해야 함을 전제하는 것이다.

교원 성과급 제도

교육부의 역할은 정책의 단위가 논란의 여지가 있는 복합적인 환경에서 개발될 때 훨씬 더 정교해질 수 있다. 이전의 장에서 논의한 바에 의해, 이와 같은 환경에서 조성된 정책 동향을 교원 성과급 제도나 '실행을 위한 지원금'으로 볼 수 있다. 성과급제의 공통적인 목표는 학생들의 학업 성취 증진을 도모하기 위함이었음에도 불구하고, 성과급제는 교원들에 대한 사기 진작과 보상금을 포함하여, 학생 학업을 평가하는 동시에 교원 업무에 대한 평가와 장학을 증진하는 또 다른 중요한 논의들도 제기했다. 교원 성과급제의 본래 목표는 학교에서의 그러한 프로그램과는 무관했지만, 성과급제의 설계와 증진 단계를 거치는 과정에서 교육부에게 더욱더 도전적인 과제가 되어 간다는 것은 명백한 사실이다.

예를 들면, Pfeffer와 Sutton(2006)은 매우 정교하게 설계된 계획도 여전히 의도치 못한 결과를 야기할 수 있다는 것과 관련한 경고를 제시하는 성과급제와 관련된 몇 권의 경영서적들을 확인할 수 있었다. 그 경영서적들은 성과급제가 근무와 노력에 직접적인 영향을 미친다는 강력한 메시지를 보낼 수 있는 방법을 설명한다. 부작용을 동반하는 행위의 예시들은 불투명한 자금 조달 보고서, 비효율적 근무의 증가, 비협조적 팀워크, 전문성을 동반하는 협력의 감소를 포함한다. 이러한 부작용은 성과급제의 목표를 충족시키기 위함을 명목으로 발생할 수 있다.

Heneman과 그의 동료들(2007)은 교육현장에서의 다양한 성과급제 계획의 몇몇 특징을 연구했다. 잠재적 계획 설계 단계는 학교 수준의 행위, 지식 또는 기술의 증명, 앞의 두 가지 방법의 조합 중 하나의 모델을 기반으로 보상방법이 설계된다. 학교 수준의 행위는 졸업률, 학업 성취, AP 성적으로 구성되며, 지식 또는 기술의 증명은 포트폴리오, 석사학위 비율로 이루어진다. 그들은 설계 단계에서 가장 중요하게 다루어져야 하는 선행조건은 적절한 예산, 상대적인 보상체계, 평가에 대한 강력한 유인책, 사회적 환경에 대한 고려로 이루어진다고 제시한다.

한 교육계의 성과급제 구현방안을 살펴보기 위해, Marsh와 그의 동료들(2011)은 뉴욕 주에서 실행된 공립학교 프로그램이 학생들의 학업 성취 향상에 실패한 이유를 분석했다. 그들은 이 프로그램의 실패 요인을 프로그램 설계에 대한 교사들의 낮은 이해 수준, 차별화된 지원금, 그리고 그들이 해낸 일에 대한 성과급을 급여로 여겼던 일, 세 가지로 제시한다.

많은 연구자들의 성과급제에 대한 경고에도 불구하고, 많은 주의 정책적 환경이 성과급제 실행을 지지하는 경향을 보이고 있다. 일부 연구자들은 이러한 경향을 지역사회에 대한 정부의 투명한 정책 집행을 보장하는 동시에 교사에게 더 많은 급여를 주고 추가 인력을 고용하며 새로운 기술을 진작하는 종합적인 방법으로 성과급을 여기는 것으로 분석한다. 그러나 성과급제의 설계와 관련된 고려사항들은 너무나 복잡하기 때문에 새로운 프로그램을 실행하기 이전에 교육부는 현재의 연구 동향을 주의깊게 분석할 필요가 있다. 또한 주들은 교원 평가 정책과 관련하여 정책 설계와 집행에 대한 명확한 약정을 제시할 필요가 있다. 다른 경우에는 교육부가 정책에 대한 조건을 제공할 수도 있다. 예를 들면, 지역에 의해 제공되는 재정 수준, 중앙행정부 직원의 포함 여부의 결정, 학생의 학업 성취를 측정하기 위한 기준 설정 등이다.

그 후에 교육부는 국가 기관의 승인을 받기 위하여 그들이 계획한 보고서를 제출한다. 이러한 방법은 교육부를 학교 교육에 대한 혁신을 이끌도록 만드는 기제가 될 수 있지만 많은 유권자들과의 연관성과 의도치 않은 결과에 대해 심층적인 계획 설계의 중요성 또한 강조하게 된다. 교육부가 사용할 수 있는 부가적인 원천은 계획 모델, 계획 지침, 국가 기관이나 다른 부서로부터 얻을 수 있는 직접적인 지원을 포함한다. 뿐만 아니라 교원 단체와 같은 이익집단 또한 정책에 대한 그들의 관점을 전달하기 위해 자원을 투자할 수도 있다.

겉으로 보기에는 교육부의 역할이 정책의 매개체와 계획의 설계 단계로만 제한되는 것처럼 보일 수 있다. 하지만 교육부의 역할은 이보다 더 넓다. 우리는 관찰을 통해 성과급제와 관련한 많은 일반적인 목표가 장학을 포함한 문제로 확산될 수 있는 잠재력을 가지고 있다는 것을 발견했다. 어려운 환경에서 이루어지는 교수활동에 대한 보상이나 징계와 같은 성과급제는 이미 많은 교사들에게 익숙할 수 있다. 그러나 다른 종류의 성과급제는 학교로 하여금 익숙하지 않은 영역으로의 편입을 야기하게 된다. 예를 들면, 성과급제와 관련한 많은 계획들은 학생의 학업 성취에 대한 긍정적 영향을 주기 위해 교사들에게 보상 체계를 구조화한다. 이러한 것들은 학생들의 성취도 시험에 대한 기본 통과 점수의 설정 또는 부가가치나 성장 모델과 같은 더 복잡한 통계 모델 개발을 야기할 수 있다. 이러한 평가는 개개인의 교사, 교사로 구성된 팀, 또는 학교 수준으로 측정되어 보상이 이루어진다. 그들은 학생들의 학업 성취도를 정의하는 방법과 학생의 복지에 대한 개인 대 집단의 기여도에 대한 중요한 의문을 제시한다. 모든 학생들을 평가할 것인가, 소수의 학생들을 평가할 것인가? 사람들에 대한 보상 체계가 과연 옳은 방안인가? 모든 사람들의 권리를 보장하는가?

많은 학교 관리자들이 교수학습 활동에 대한 그들의 관점을 교사들과 공유하기 위해 노력하는 만큼, 성과급제는 실제로 문제가 될 수 있는 종류의 일에 대해 예상치 못한 안건을 제시할 수 있다. 이러한 안건은 보상 체계가 공적인 영역으로 확대되고 교사들이 다른 교사들과 상대적인 비교가 이루어질 위험이 있을 때 심사숙고되어야 한다. 동시에 성과급제 프로그램은 전문성 신장 또는 교사 간 협력의 방식으로 초임 교사에 대한 멘토링 프로그램의 참여를 증진하는 방안이 될 수 있다. 따라서 장학담당자는 그러한 행위들이 교사와 학생들에게 외적인 보상뿐만 아니라, 본질적으로 가치가 있음을 보장하기 위해 노력할 필요가 있다. 더 나아가, 장학의 역할을 둘러싼 긴장과 기대는 교사의 보상에 대한 기준을 포함하는 범위로 확대되었다. 이러한 다층적 이해관계는 학교 교육 행정가와 관리자 또한 특별한 행위나 결과에 대한 성과급을 받을 때 부가적으로 복합적인 성격이 되는 경향이 있다.

모든 성과급 설계에 대한 특별한 역학과 순환은 맥락에 의해 다양한 양상을 보여 주기 때문에 우리는 이러한 프로그램에 대해 예측할 수 있는 몇 가지 요인들만을 분석했다. 몇몇 지역에서는 각각의 목표에 의해 설계된 한 가지 이상의 성과급 프로그램이 동시에 시행되고 있었다. 따라서 성과급제 프로그램 수요에 어떻게 대응할지 전략을 세우고 성과급 정책을 비롯하여 장학에 대한 잠재적 영향력을 고려하는 것은 지역 수준의 지도자들에게 달려 있을 것이다.

지역 수준에서 이루어지는 장학 지원

앞서 보다 넓은 범위의 정책이 학교 수준의 현장에서 어떻게 적용되는지와 관련하여 교육부가 능동적인 역할을 수행할 수 있는 방법에 대해 논의했다. 이에 우리는 정책이 직접적으로, 간접적으로 장학에 영향력을 끼칠 수 있는 다양한 방법에 대해 설명한다. 우리는 교육부가 광범위하게 장학을 지원할 수 있는 다양한 방법에 대한 몇 가지 제안을 아래에 제시했다. 이러한 제안이 교육부 수준에서는 직원에게 새로운 아이디어를 제공하는 동시에 학교 수준에서는 지역적 변화가 교사에게 유용하게 수용할 수 있도록 유익한 정보가 될 수 있다.

장학의 미래

이 책에서 우리의 목표는 장학에 대한 필연적이고 잠재적인 효과에 대해 보다 더 체계적인 관점을 증진시키는 것이다. 교육을 둘러싼 지식과 쟁점이 계속해서 심화됨에 따라, 장학에 대한 그들의 비전을 명확하게 제시함으로써 확신을 주는 것은 지역 지도자의 역량에 의해 좌우될 것이다. Honig와 Venkateswaran(2012)은 교육부가 학교에 공문을 전달하는 방법에 대해 분석했다. 이 분석을 통하여 그들은 공문을 전달하는 과정에서 불필요한 과정을 제거하는 방안을 제시하는 동시에 중요한 것이나 유용한 것을 명확하게 분류하도록 도울 수 있었다. 따라서, 교육부의 역할은 교사들이 훌륭한 교수활동을 이뤄 내는 방법, 교사들이 목표를 설정하는 방법, 그리고 어떤 교육적 상황이 그 목표와 관련이 있는지 고려하는 방법에 영향을 끼칠 수 있다.

이와 관련된 쟁점을 둘러싸고 교육부의 입장을 명확하게 밝힐 때, 교육부는 학교 수준에서 발생하는 쟁점에 보다 더 의도성을 밝힐 수 있다. 예를 들면, 교육부는 정책 실행의 선행자로서 학교 관리자들을 연수하는 방법을 선택할 수 있다(Sun & Youngs, 2009). 교육부가 교사들이 교육 목표를 설정하고, 교육과정을 다루고, 교원 전문성 신장을 위한 연수에 참여하는 것과 같은 쟁점에서 우선순위를 설정할 때, 이와 같은 쟁점과 관련이 있는 학교 교육 지도자들 또한 이에 관여하고자 하는 움직임을 보여 준다.

유사하게 Palandra(2010)는 교장 회의에서 교육 정책과 관련한 대화의 촉진, 학교 방문기간을 통해 교육감에 의한 장학담당자 역할의 모델링과 같이 교육부가 연수와 관련된 장학담당자들의 우선순위를 재설정하는 과정을 분석했다. 부가적으로 교육부는 교수학습과 관련한 지역 수준의 비전에 대한 성찰과 상호작용을 증진시키는 작업을 계속해서 한다(Wayman, Jimerson, & Cho, 2012). 이것은 전문적인 관계뿐만 아니라, 이후의 개혁의 방법과 이유와 관련한 일관성에 영향을 준다.

Massell과 Goertz(2002)는 교육부가 교사들로 하여금 교육 내용, 교육과정이나 교육 실행에 대한 변화의 가치와 중요성을 이해하는 것을 도움으로써 교육적 진보의 기반을 세울 수 있다고 분석한다. 교육부가 교실에서 실제로 이루어지길 바라는 것은 무엇인가? 그것은 학업 성취도, 교육의 질, 학생의 다양성과 관련한 것이라고 생각하는가? 장학담당자와 교사 사이의 관계의 본질은 무엇인가? 장학담당자가 학교를 방문하거나 수업 과정을 관찰할 때 교사들은 어떻게 반응해야 하는가? 교육부는 위와 같은 질문과 다른 난제들을 안건화하고 구조화하는 방법을 다룰 수 있다.

장학의 지식과 기술의 진보

장학담당자들이 교원의 전문성 신장에 있어 중요한 역할을 하는 만큼, 교육부 또한 장학담당자들의 전문성을 신장하고 지원하는 데 중요한 역할을 한다. 위에서 살펴본 대로, 장학의 첫걸음은 장학담당자들이 장학에 대한 정부의 비전을 내재화하는 것이다. 장학 과정에 대한 근본적인 합의를 기반으로 장학담당자 연수 계획은 장학의 우선순위에 의해 기술과 지식에 따라 세워진다.

이 과정에서, 문서 작성 절차나 기술에 접속하는 방법과 같은 주제는 쉬운 영역에 속한다. Concoran, Furhman과 Belcher(2001)는 교육부 관료가 연수 과정의 방법과 이유에 대한 논의보다 장학 실행의 과정에 대한 연수에 더 초점을 두는 경향이 있다고 분석했다. 그러나 장학담당자가 정부의 교육 비전을 실제적 방법으로 교육 현장에 적용하는 것은 중요한 우선순위가 될 수 있다. 특히, 장학담당자가 교육과정 표준, 교수활동, 학생 관련 정보에 대한 논의를 교사들에게 장학할 때 기술적으로 접근하는 것은 매우 중요한 일이다(Coburn, 2001; Spillane, Parise & Sherer, 2011; Young, 2006). 이것은 정책 체계가 초기 정책 모형을 유지하는 방법뿐만 아니라, 교사의 관점과 정책 간의 공통점, 차이점을 조정하는 방법을 연수하는 것 또한 포함한다. Palandra(2010)는 한 지역 교육청이 교수학습 지도안 작성 정책을 제정하는 과정을 분석했다. 이 지역 교육청은 교사들에게 행정 업무 부담을 늘리는 것이 아니라, 교사에게 교육 내용, 수업 설계, 학습 평가에 대한 권한을 위임하는 것을 목표로 했다. 학습 지도안을 둘러싼 새로운 정책 모형을 통해, 장학담당자들은 교실에서 이루어지는 활동과 교사들을 장학하는 과정에서 발생할 수 있는 가장 도전적인 과제가 무엇인지에 대해 탐색할 수 있는 과정을 경험할 수 있었다.

장학담당자의 전문성 신장을 지원하기 위한 부가적인 교육부의 정책은 장학담당자 간의 관계를 돈독하게 하도록 만드는 환경을 조성하는 것을 포함한다. Halverson과 동료들(2004)은 장학담당자들이 교사들에 대한 피드백을 활성화하고 증진하는 방법이 학교 간에 매우 다양한 방식으로 이루어질 수 있다는 것을 확인할 수 있었다. 그들은 장학 업무와 관련한 일관되고 전 조직적인 접근법을 활성화하고 장학담당자들 간 의존성을 향상시킬 수 있는 방법을 비롯하여, 장학담당자들의 관계망을 증진하는 방법을 추천했다. 유사한 연구로, Palandra(2010)는 초임 교사를 임용하기 위한 한 지역 교육청의 활동을 분석했다. 특히 교육부와 학교 수준의 관리자들은 훌륭한 교수 활동에 대한 합의점과 그에 대한 근거를 명확하게 밝히는 과정을 거치며, 대표 수업과 다른 평가 요소를 평가했다.

지역 수준에서 이루어지는 전문적인 관계망이 중요함에도 불구하고, 교육부는 외부에서 얻을 수 있는 전문성 신장의 지식 원천이 되어야 한다. 몇몇 지식 원천은 관습적 연수나 교사 전문성을 위한 협의체를 포함할 수 있다. 예를 들면, 지역 교육청은 인간 발달, 교육과정, 교수활동이나 학생들의 학업을 위한 평가 체계와 같은 근본적 영역에 대한 여름 연수를 실시할 수 있다. 이처럼 장학과 관련한 지식을 증진하는 방법으로, 교육 지원청과 대학은 지역 학교에 자원이나 파트너를 제공할 수 있다.

다른 원천은 환경에 따라 얻을 수 있다. 예를 들면, 많은 장학담당자들은 개인화되는 동시에 소통할 수 있는 전문성 공동체를 형성하기 위해 트위터와 블로그와 같은 사회 관계망 서비스를 활용한다(Richardson & Mancabelli, 2011). 더 나아가 몇몇 장학담당자들은 교원 전문성과 관계망을 형성하기 위한 방법으로 '교육캠프'를 활용하기 시작했다(Demski, 2012). 이러한 현상은 풀뿌리 민주주의 현상의 일종으로 볼 수 있다. 이와 관련한 계획은 행사 당일에 참석한 사람들에 의해 결정되는 경향이 있다. 이는 참석한 모든 사람들이 안건을 제시할 수 있기 때문이다. 참여자들은 새로운 회기에 참여하기 위해 활발한 논의를 이루어 냄으로써 교육계의 요구에 가장 적합한 것이 무엇인지 스스로 결정하도록 권유받는다. 비록 우리는 스스로 형성된 전문성 신장 연수가 충분히 관습적인 접근을 따라야 한다고 의도적으로 제안하지 않음에도 불구하고, 우리는 자가 형성된 전문성 신장의 대중화 현상에 주의할 필요가 있다. 관습적인 접근과 자가 형성된 접근은 장학담당자가 의식적으로 교원 전문성 신장을 목표로, 지역 수준에서 제공받는 교육에 안주하지 않기 위해 이루어지는 연수의 일종으로 볼 수 있다. 따라서, 교육부의 역할은 장학담당자가 충분히 교육받을 수 있는 환경을 제공하는 것과 장학담당자 스스로의 배움과 실행에 대한 적절한 정책을 결정하는 것이다.

평가를 둘러싼 정치적, 실제적 문제의 해결

이 장에서 교육부가 교육의 진보를 위해 장학담당자의 성장과 평가와 관련한 우선순위를 선정할 수 있는 방법을 제안한다. 여기서, 우리는 교육 전반에 걸친 쟁점을 다룰 수 있는 적합한 인물을 고용하고 연수하는 방법을 다룬다. 예를 들면, 이것은 장학과 관련한 정책적이고 실제적인 문제에 직면한 장학담당자들을 지원하는 방법을 포함한다. 제11장에서는 장학 실행의 사전, 사후 관리, 전통적인 장학에 대한 대안책, 학교 전체 개혁 사업과 같은 장학의 총괄을 둘러싼 쟁점에 대해 다루었다. 교육부는 이와 같은 구체적인 장학 실행 과정을 지지하는 방향으로 자원을 투입해야 되는 당위성을 갖고 있지만, 교육부가 소통을 이뤄낼 수 있는 안전한 방법을 다룰 수 있는 장학담당자를 투입하는 것 또한 중요한 일이다.

교육부의 지원이 없는 평가 과정상의 피드백은 의미와 당위를 잃게 될 수 있다. Halverson(2004)은 평가자들이 낮은 성과의 업무를 평가할 때 어려움을 겪는 과정에 대해 연구했다. 구체적인 평가 표준과 루브릭이 제시된 조건하에서, 평가자들은 특정 영역에서 낮은 성취를 보인 교사들을 평가하는 것에 어려움을 겪지 않았다. 하지만 일반적으로 평가자들은 낮은 성취에 대해 평가하는 상황에 어려움을 겪었다. 교사들에 대한 "선의를 유지하는 것"을 보여 주기 위해, 평가자들은 다른 평가 영역에서 지나치게 긍정적이거나 모호한 피드백을 제공하는 경향이 있었다. 이러한 현상은 불필요하게 복합적인 메시지를 주는 결과로 귀결되었다. 교육부는 장학담당자들이 장학 과정에서의 평가를 지원하고, 평가에 대한 더 신뢰롭고 정직한 환경을 확보할 수 있는 방법을 연구했다. 이 정직한 환경은 매우 가치 있을 수 있다. Taylor와 Tyler(2012)는 개별화되고 구체적인 피드백을 교사들에게 제공하는 것의 중요성을 연구했다. 그들은 지속적으로 낮은 평가 점수를 받고 있는 중견 교사들이 학생의 학업 성취에 긍정적인 영향을 끼칠 수 있도록 변화할 수 있는 지속적인 방법을 발견했다.

일각에서는 교원의 고용과 해임에 관하여 국가 수준의 큰 변화를 요구하고 있다. TNTP(The New Teacher Project)와 같이 국가 수준의 변화를 지지하는 단체는 이러한 정책에 강한 지지를 보내고 있다(TNTP, 2012). 교육부에 대한 그들의 요구는 정리 해고된 교사의 외부활동을 보장하는 것을 포함한다. 이는 교원의 해고 이후 그들의 급여와 근무기회를 제공하고, 그들에게 배움과 성장의 기회를 제공하는 것을 주장한다. 그들은 더 나아가 교사를 해고할 수 있는 장학담당자의 권한을 지지한다. 나아가 낮은 근무 실적을 보여 준 교사를 제외한 베테랑 교사들에 대한 추가적인 퇴직금을 제공하는 것과 적절한 직장을 얻도록 재취업을 지원하는 것을 주장한다. 비록 이러한 권장사항이 몇몇 지역에서는 더욱 신중하게 여겨질 필요가 있음에도 불구하고, 높은 근무 실적과 노력하는 모든 교사들이 정직하고 직접적인 피드백으로부터 혜택을 받을 수 있다는 논리는 명확하다. 우수한 교사를 양성하고 향후에 교사들이 유능하다고 여겨지도록 할 수 있는 여건들과 관련한 다양한 체계들이 정렬될 때, 장학담당자들은 그들의 일을 잘 해낼 수 있게 된다.

정책 연결망을 포괄하는 교육부

교육부는 두 가지 방법으로 정책 연결망을 포괄할 수 있다. 위에서 살펴본 대로, 교육부는 학교 교육 현장에서 정책을 실시하는 과정에서 중요한 역할을 한다. 여기서, 교육부는 무엇이 더 중요한지, 덜 중요한지를 선택할 때 심사숙고의 과정을 거친다. 또한 그들은 정책을 집행하는 과정에서 세심하게 주의를 기울인다. 훌륭한 평가 과정이 교원들 사이에서 탁월함과 전문성을 신장시킬 수 있는 기회가 될 수 있음에도 불구하고, 몇몇 학교들이 형식적으로 평가하는 것이 편리하다고 여기는 것처럼, 어떤 교육부 또한 전 지역에 대해 일괄적으로 업무를 처리하는 것이 유용하다고 여길 수 있다. 몇몇 교육부는 소속된 학교가 교수학습의 증진에 대한 노력을 실질적으로 하고 있지 않음을 모르거나(Concoran et al., 2001), 학교의 노력이 교원들 사이에서 스트레스와 두려움을 유발할 수 있음을 모르고 있는 실정이다(Valli & Buese, 2007). 만약 교사들이 정책을 이해하고 실행에 옮길 수 있는 충분한 시간과 지침을 필요로 한다면(Conburn, 2001; Spillane et al., 2002), 교육부는 정책의 실행에 대해 지속적으로 조정하고 감독할 책임이 있다. 교육부의 지도자들이 겪는 어려움은 점진적으로 변화하는 그들의 지식 체계와 즉각적인 변화에 대한 압력으로부터 균형을 잡는 것이다. 이와 같은 어려움을 줄이기 위해 지속적인 모니터링을 통해 마찰을 줄일 수 있다.

두 번째 방법으로, 교육부는 정책 수준에서의 변화를 지지할 수 있는 여건을 조성하는 것이다. 이것은 다양한 방식으로 이루어질 수 있다. 대도시 수준에서는 사내에 정부 관련 인사를 채용할 수 있다. 소도시 수준에서는 협력단, 연결망, 교육위원회 연합을 통해 여건을 조성할 수 있다. 또한 몇몇 교육감은 주정부나 연방정부의 행정 관료와의 관계를 유지하는 것을 선택할 수도 있다. 또 다른 교육감들은 그들 지역에서 집행되는 정책 공청회에서 발언함으로써 영향력을 행사할 수도 있다. 공공 정책은 때때로 학교와 학생들을 위한 것으로 보일 수 있는 반면, 지지자의 역할을 포용하는 지역은 자신들의 이익과 요구를 위해 정책을 수용할 수 있음을 알아둘 필요가 있다(Anderson, 2009). 이러한 역할관계는 직접적으로 관계있는 장학의 쟁점과 연관되지만, 유치원 단계에서의 자금 형성부터 지역 대학과의 협력관계 형성을 비롯하여, 지역 수준에 영향을 미칠 수 있는 폭넓은 쟁점으로까지 확장될 수 있다.

요약

교육부는 저평가되는 경향이 있음에도 불구하고, 교육 정책 형성 및 집행에서 필수적인 역할을 할 수 있다. 따라서 교육부의 잠재력을 장학을 비롯하여 수업 현장을 지원하는 것으로 인정하는 것은 중요한 일이다. 교육부는 주정부와 연방정부의 정책을 교육 현장에 적용하도록 돕는 역할을 한다. 이러한 관점에서 교육부가 하는 일은 장학담당자들과 교사들의 업무에 대해 강한 암시로 다가갈 수 있다. 그래서 교육부는 장학을 둘러싼 그들의 기대와 우선순위를 보다 명확하게 밝힐 필요가 있다. 이것은 그들의 계획에서 강하게 드러날 수 있으며, 정책 실행 단계에서 도움이 될 수 있다. 부가적으로, 교육부는 교원 평가에 대한 협의체를 지원하고 장학과 관련된 정책 수준에서의 변화를 지지할 수 있으며, 장학담당자들의 연수를 더욱 체계적으로 지원할 수 있다.

후속 활동

1. 교사 평가를 위한 주차원의 특별한 기준에 따른 역사적 관점을 개발하시오. 그들은 시간이 지나면서 어떻게 변화했는가? 당신의 지역에서는 교수(teaching)에 있어 어떤 가치관이나 신념을 우선적으로 적용하고 있는가?
2. 장학에 대한 교육청의 관점을 조사해 보시오. 교육장은 장학으로부터 무엇을 얻고자 하는가? 가장 우려하는 점은 무엇인가? 그들은 장학의 개선을 위해 어떤 구상을 하고 있는가?
3. 당신의 지역은 주정부 정책과 어떻게 상호작용하는지 알아보시오. 누가 정부와의 관계를 관리하고, 주차원 또는 연방정부 차원의 정책을 추적하는가, 그리고 지역의 이익을 대변하고 있는가? 이 작업은 어떻게 진행되고 있는가?
4. 교육 정책의 배경에 대해 알아보시오. 관심 있는 주정부 정책이나 법을 따르시오. 주 상원위원회 또는 교육 상원위원회에 있는 의원과 같이 이러한 이슈를 직접 다루는 사람과 이야기를 나누어 보고, 그 의도와 잠재적 파급 효과에 대해 알아보시오. 주정부 기관이나 노동 조합 또한 관심 있는 의견을 제시할 수 있다. 이슈에 관련되는 공청회에 참석하고, 당신의 의견을 정식으로 등록해 보시오.

참고문헌

Anderson, G. L. (2009). *Advocacy leadership: Toward a post-reform agenda in education* (1st ed.). New York: Routledge.

Coburn, C. E. (2001). Collective sensemaking about reading: How teachers mediate reading policy in their professional communities. *Educational Evaluation and Policy Analysis*, 23 (2), 145–170. doi:10.3102/01623737023002145

Concoran, T., Fuhrman, S. H., & Belcher, C. L. (2001). The district role in instructional improvement. *Phi Delta Kappan*, 83 (1), 78–84.

Datnow, A. (2006). Connections in the policy chain: The “co-construction” of implementation in comprehensive school reform. In M. I. Honig (Ed.), *New directions in education policy implementation: Confronting complexity* (pp. 105–123). Albany, NY: State University of New York Press.

Demski, J. (2012). Create your own "un-conference": Four days after Apple introduced iBooks Author to the world, it was the topic of a session at an EdCamp. How were organizers able to respond so quickly? *THE Journal(Technological Horizons In Education)*, 39 (5), 42.

Halverson, R., Kelley, C., & Kimball, S. (2004). Implementing teacher evaluation systems: How principals make sense of complex artifacts to shape local instructional practice. In C. Miskel (Ed.), *Theory and Research in Educational Administration* (Vol. 3, pp. 153–188).

Hazi, H. M., & Arredondo Rucinski, D. (2009). Teacher evaluation as a policy target for improved student learning: A fifty-state review of statute and regulatory action since NCLB. *Education Policy Analysis Archives*, 17 (5). Retrieved from http://epaa.asu.edu/ojs/article/view/7

Heneman, H. G., Milanowski, A., & Kimball, S. (2007). *Teacher performance pay: Synthesis of plans, research, and guidelines for practice*. Consortium for Policy Research in Education at the University of Pennsylvania. Retrieved from http://www.eric.ed.gov/ERICWebPortal/contentdelivery/servlet/ERICServlet?accno=ED498341

Honig, M. I., & Venkateswaran, N. (2012). School–central office relationships in evidence use: Understanding evidence use as a systems problem. *American Journal of Education*, 118 (2), 199–222.

Marsh, J. A., Springer, McCaffrey, D. A., Yuan, K., Koppich, J., Kalra, N., DiMartino, C., et al. (2011). *A big apple for educators: New York City's experiment with schoolwide performance bonuses: Final evaluation report*. Santa Monica, CA: RAND.

Massell, D., & Goertz, M. E. (2002). District strategies for building instructional capacity. In A. M. Hightower, M. S. Knapp, J. A. Marsh, & M. W. McLaughlin (Eds.), *School districts and instructional renewal*. New York, NY: Teachers College Press.

Palandra, M. (2010). The role of instructional supervision in district-wide reform. *International Journal of Leadership in Education*, 13 (2), 221–234.

Pfeffer, J., & Sutton, R. I. (2006). *Hard facts, dangerous half-truths, & total nonsense: Profi ting from evidence-based management*. Boston, MA: Harvard Business School Press.

Richardson, W., & Mancabelli, R. (2011). *Personal learning networks: Using the power of connections to transform education*. Bloomington, IN: Solution Tree.

Spillane, J. P., Parise, L. M., & Sherer, J. Z. (2011). Organizational routines as coupling mechanisms: Policy, school administration, and the technical core. *American Educational Research Journal*, 48 (3), 586–619.

Spillane, J. P., Reiser, B. J., & Reimer, T. (2002). Policy implementation and cognition: Reframing and refocusing implementation research. *Review of Educational Research*, 72 (3), 387–431. doi:10.3102/00346543072003387

Sun, M., & Youngs, P. (2009). How does district principal evaluation affect learning-centered principal leadership? Evidence from Michigan school districts. *Leadership and Policy in Schools*, 8 (4), 411–445.

Taylor, E. S., & Tyler, J. H. (2012). Can teacher evaluation improve teaching? Evidence of systematic growth in the effectiveness of midcareer teachers. *Education Next*, 12 (4). Retrieved from http://educationnext.org/can-teacher-evaluation-improve-teaching/#

TNTP. (2012). *The irreplaceables: Understanding the real retention crisis in America's urban schools*. New York, NY: TNTP.

Valli, L., & Buese, D. (2007). The changing roles of teachers in an era of high-stakes accountability. *American Educational Research Journal*, 44 (3), 519–558.

Wayman, J. C., Jimerson, J. B., & Cho, V. (2012). Organizational considerations in establishing the Data-Informed District. *School effectiveness and school improvement*, 23 (2), 159–178.

Young, V. M. (2006). Teachers' use of data: Loose coupling, agenda setting, and team norms. *American Journal of Education*, 112 (4), 521–548.

제13장

장학과 학교의 재건

개요

이 장에서는 수사학에서 결어, 마지막 요약, 즉 이전의 주장을 모아 하나의 설득력 있는 문장으로 만들어 보고자 한다. 학교 부활이라는 동적인 의제 내에 장학 문제를 포함시키기 위한 노력의 일환으로, 이 장은 장학담당자가 전문직 직원의 점진적이며 꾸준한 배움을 통해 모든 학생의 수준 높은 배움을 증진시키기 위해 학습 공동체가 집단적인 노력을 배양하고 활력을 부여하는 독특한 위치에 있다고 주장한다. 이와 같은 종류의 지적, 도덕적 리더십의 도전은 장학담당자의 역할을 관료적 관리에서 학습 공동체 내의 리더십으로 바꾸고 있다. 역할에서의 중대한 변화의 측면은 학생의 배움에 뚜렷한 초점을 두고 있으며 이를 지원하기 위한 것이다. 이 초점의 변화는 학생과 교사가 가깝게 협력하여 학생의 배움을 방해하기보다는 증진하는 기관 내의 구조와 절차를 변환해야 한다는 것을 의미한다. 점점 더 많은 학생이 참 배움(authentic learning)이라는 주제를 받아들임에 따라, 학습 공동체가 이것을 지지하는 것으로 변하고 있다.

배경

교사, 교육감, 정책 입안자, 비판자의 눈에는 장학담당자가 학교에서의 혁명을 시작할 사람으로 보이지 않는다. 전통적으로 장학담당자는 새로운 정책이 제대로 집행되는지 또는 표준 집행절차를 따르고 있는지 감독하는 역할로 보였다. 학교의 구조조정에 대한 논의에서는 주요 변화를 입안하는 주 의회나 주 교육부, 또는 현장 중심의 변화에 동참할 학교의 교사에게 초점이 맞추어져 있었다.

장학담당자는 학교의 재건에 독특한 역할이 있다. 주와 연방정부는 책무성의 외부적 환경을 정의하고 있다. 지역 학교와 학교 시스템은 책무성의 내부적 환경을 정의할 의무를 지고 있다. 학군 지도자와 지역 교장은 정책 집행지침과 과목 분야별 코치와 소모임 리더와 같은 중간 수준 위치자 및 교사 지도자를 위한 보다 정교한 지원 네트워크를 통해 책무성의 내부적 환경을 조직할 수 있다.

그러나 장학담당자는 능력 제고에 교사와 협력함으로써 내부적 책무성을 일으켜야 하는 중요한 지도자의 역할이 있다.[1] 장학담당자의 핵심적인 역할에 교사의 팀과 같이 일하는 것이 포함되도록 확장되었으므로, 장학담당자는 집단적으로 모든 교사를 보다 높고 풍부한 가르침, 즉 전통적으로 성취도가 낮은 학생들을 성공시키도록 노력하는 것과 함께 모든 학생들이 참 배움을 가질 수 있도록 하는 노력의 최일선에 있다. 장학담당자가 학교의 재건에 중요한 역할을 하기 위해서는 안정된 환경에서 일하는 전통적인 역할을 넘어서 그 환경을 전환하는 지도자의 역할을 수행해야 한다.

장학에 참여하는 사람들은 학교 재건 과제에 기여할 수 있는 독특한 시각이 있다. 장학을 통해 장학담당자는 배움에 대한 다양한 요구 수준이 놀랄 만큼 서로 다른 교사와 교실과 학생 집단을 접하게 된다. 장학담당자의 관점은 각 교사의 관점보다 더 넓다. 장학담당자의 관점이 넓은 이유는 장학담당자가 서로 다른 재능과 서로 다른 교육활동 설계에 대한 접근방법을 가진 많은 교사를 만나기 때문이다. 또한 장학담당자는 서로 다른 행정 및 정책 조직의 단계를 앞뒤로 움직여야 하며, 따라서 각 교사보다 학교 전체에 대해 더 나은 감각을 갖게 되기 때문이다.

게다가, 장학담당자는 장학 의무를 지고 있지 않은 학교 행정가보다 교실 및 학생의 배움에 대한 열의 또는 저항의 실체에 더 근접해 있다. 장학담당자는 학교 환경을 "사용자가 편리하도록" 바꾸기 위해 행정가와 토론할 때 학생과 교사를 대변할 수 있다. 요약하자면 장학담당자는 학교 전체, 최소한 대부분의 수준의 일에 관여하고 있는 사람이다.

학교 내에 있는 많은 사람과의 접촉으로 인해, 장학담당자는 가르침과 배움에 대한 새로운 비전을 양성하고, 학교의 다양한 사람과 토론에 슈퍼-비전(super-vision)을 도입할 독특한 위치에 있다. 장학담당자는 잠재적으로 학교의

1) 내부 책무성의 초석으로 내부 능력 제고의 필요에 대한 철저한 분석을 참고하라; Jacob E. Adams and Michael W. Kirst, "New Demands and Concepts for Educational Accountability: Striving for Results in an Ear of Excellence," in Joseph Murphy and Karen Seashore Louis (eds.), Handbook of Research in Educational Administration, 2nd ed., San Francisco: Jossey-Bass, 1999, pp. 463-489.

일차적 반영 실무를 담당하고 있다고 할 수도 있다. 각 교사 또는 교사 집단(학과 단위 또는 학년 단위 모임)과 함께 심사숙고하는 것 이외에도, 장학담당자는 직원 개발 프로그램, 교과과정 재설계, 행정 직원 모임에서의 자원 분배 등에 관해 행정가와 학군 직원과 함께 숙고한다. 장학담당자는 생각을 담아 다니고, 새로운 사고를 끌어들이고, 교사와 행정가들이 자신의 일을 재구성할 수 있도록 지도를 만드는 이상적인 위치에 있다.

장학담당자는 두세 가지의 추가적인 책임을 지고 있다. 때로는 장학 사업이 장학담당자의 업무 목록 중에서 가장 중요하지 않은 일이라고 생각하기도 한다. 그러나 장학 사업을 학교 재건의 중심적인 활동으로 재개념화하고 장학을 자신의 일의 중심으로 하는 장학담당자라면, 여타 업무를 제대로 통합할 수 있을 것이다. 구체적으로, 이 역할이 실제 업무에서 성취될 수 있을 것인가?

장학 지도력의 지적 및 도덕적 측면

우선, 장학담당자는 장학과정에서 지도자의 역할을 해야 할 가능성에 대해 고려해야 한다. 즉, 관리와 자료보관이라는 관료적 수요를 충족시키기 위한 관료적 활동으로 보는 대신에 학교의 교육적 사명과 관계된 것으로 봐야 한다. 장학담당자는 자신의 일이 가진 지적 측면의 진가를 이해해야 한다. 가르침과 배움의 복잡함과 인간의 동기 유발 및 교과과정 설계를 연구한 전문가로서, 그들은 다른 교육 전문가와 함께 어린이를 위해 학교를 보다 낫게 만드는 방법에 대해 대화해야 한다. 교육성과를 진단하는 역할 이외에도, 교과단위, 학생의 수업 준비도, 학교의 교육 환경을 진단해야 한다. 그리고 아마 가장 중요하게는, 공동체를 진단하여 언제 병이 들고 어떻게 건강을 회복시킬 수 있는지 감지해야 한다. 이는 지적인 일이다. 장학담당자는 다른 대부분의 교육자에 비해 각 부분이 어떻게 하면 보다 효과적으로 협동할 수 있는지 상상하기에 좋은 위치에 있다.

장학담당자는 담당자로서의 자신의 권위의 도덕적 측면의 진가를 인식해야 한다. 이 권위는 공동체가 공유하는 가치에 기인하는 것이다. 학교가 공동체가 되는 대신에 환자를 보살피는 병원이나 자동차를 고치는 정비소처럼 고객에게 서비스를 제공하는 법적 조직에 불과하게 되면, 장학담당자의 권위는 법적 · 기술적 수준에 머물게 될 것이다. 학교가 공동체가 되면, 어린이는 아침에 학교에 가는 것이 즐거워진다. 병원 환자나 자동차 주인이 병원과 정비소를 갈 때에도 같은 느낌을 갖는다고 말할 수는 없을 것이다.

배움 공동체로서의 학교에서 장학담당자의 도덕적 권위는 어린이와 교사가 학교의 사명을 달성하기 위해 어려운 일을 수행하는 동안 자신들을 보살펴 주고, 각 개인의 진실함을 존경하고 믿어 주기를 바라며 장학담당자에게 부여한 신뢰에 기초하고 있다. 공동체로서 그들의 공동의 사명은 자신의 과거와 현재를 탐구하여 이해하며, 자연과 인간 환경을 이해하여 지적 노력을 통해 보존하고 개선하도록 하고, 자신과 공동의 책임을 이해하고, 지역사회의 자기 관리라는 어려우면서도 만족스러운 도전을 이해하는 것이다. 이 사명 내에서, 교사는 각 어린이의 지적, 사회적, 개인적 성장을 보살피는 사명을 띠고 있다. 이 사명 내에서, 장학담당자는 교사가 어린이를 보살피는 일을 장려하고, 공동체에서 배움의 사명을 제도적으로 지원해야 한다. 따라서 장학담당자에게는 학교가 해야 할 일에 대한 슈퍼-비전을 유지할, 이 비전을 교사와 학생과 행정가에게 부드럽고 외교적으로 그러나 강력하게 인식시킬, 또한 공동체의 일원과 함께 공동체의 사명에 대한 헌신 수준을 높이기 위해 협력할 도덕적 기대가 있다. 이 일은 내재적으로 학교 재건(renewal)의 도덕적 지도력을 함축하고 있다.

관료적 관리에서 유기적 관리로의 전환(transition)[2)]

그러나 이와 같은 장학담당자의 지도력에 대한 견해는 학교 체계에 현존하는 위계적이며 관료적인 경영 내에서 행해져야 한다는 것을 전제로 하고 있다. 좀 더 분권적인 학교 경영은 구조조정, 현장중심경영, 참여적 의사결정 등으로 알

2) Robert J. Starratt, Centering Educational Administration: Cultivating Meaning, Community, and Responsibility, Mahwah, NJ: Erlbaum, 2003, Chap. 11 참고

려져 있듯이 많은 도시와 주에서 이미 시도되고 있다. 중앙집권적인 관료적 경영이 권위의 보다 큰 우산을 제공하고는 있으나, 실제적인 가르침-배움 과정에 대한 의사결정에 대해서는 교사가 좀 더 큰 발언권을 가지고 있다.

가르침은 상당히 유동적인 교실 환경에서 행사하는 복잡한 기술이기 때문에, 가르침과 배움에 탈맥락적인 획일성과 단순성을 부여하는 관료적 정책이나 규칙에 따라 대응하기보다는 주어진 상황에 가장 좋은 것을 선택할 수 있는 자율성과 권위를 교사에게 부여해야 한다는 것이 자명하다. 다른 말로 표현하자면, 교내에서 발생하는 불규칙적이며 예측 불가능한 상황에 대응하기 위해 실용적인 결정을 내릴 수 있는 능력을 가진 사람이 일할 수 있도록 하는 보다 유기적인 경영제도로 학교가 움직이고 있다. 유기적 경영이 관료적, 위계적 경영을 대치하기 시작했다. 가르침-배움 과정을 표준화된 운영 절차와 투입 대비 산출의 획일적인 계측을 통해 통제하는 널리 퍼진 중앙집권적 관료적 권위 대신, 전문가 집단이 배움을 증진하기 위한 최선의 방법을 결정하는 학교에서는 전문가적 권위가 모인 작은 소모임이 나타나고 있다.

학교 체계의 중앙 사무 관리 구조는 계속될 것이나, 중앙 사무실에 근무하는 장학담당자와 프로그램 기획자의 수는 감소할 것이다. 좀 더 많은 권위가 지역 학교에 이양됨에 따라, 자원 분배에 대한 결정권도 각 학교로 이양될 것이다. 그러나 많은 중앙 사무 기능은, 특히 규모의 경제에 관련된 부분은 남게 될 것이다. 주 의회가 각 주 전체의 교육을 개선하려는 노력을 증가함에 따라, 주 교육부는 이와 반대로 큰 규모로 존속하거나 더 커질 수도 있다.

대부분의 학교 체계를 학교 현장에서의 유기적 경영으로 전환하는 데는 갈 길이 멀다는 것을 감안하고, 잠시 이와 같이 학교를 경영하는 것이 대부분의 학교 체계에서 주도적인 힘이 된다고 생각해 보자. 이와 같이 새로 설계된 학교에 장학담당자의 자리가 있겠는가? 대답은 정말 '모른다'이다. 그러나 우리는 이와 같이 새로 설계된 학교에 장학담당자가 있다면, 그것은 오늘날의 모습과는 전혀 다를 것이라고 예측할 수 있다. 장학담당자는 자원 관리 영역에서, 사람들의 네트워킹을 수월하게 하기 위하여, 문제를 해결하기 위하여, 교사와의 브레인스토밍과 토론 후에 교사들에 의해 교과과정 시안의 재설계, 학교 공간, 또는 전면적인 학생 성취 평가 방법을 생각해 내도록 지정될 수도 있다.

현장 중심 경영에 대해 많은 경험이 있는 교사조차도 기획 조정 회의가 많은 부담이 되며 자신의 수업 의무를 산만하게 한다고 생각하는 경향이 있다는 증거가 있다. 그들은 자신의 일에 대한 정보를 나누는 일이 보람되다고 생각하기는 하지만, 행정 업무에 많은 시간을 빼앗기는 것을 좋아하지는 않는다. 장학담당자는 교사의 이와 같은 부담을 완화시키는 역할을 할 수 있다.

교사에게 지도 교사, 수석 교사, 또는 멘토와 같은 다양한 차별성을 부여하는 제도가 장려되고 있다. 이 일의 대부분은 초임 교사에게 코치 또는 멘토 역할 하기, 교원 개발 프로그램 운영, 수습교사와 일하기 등이다. 다른 말로 하자면, 일부 교사는 교실에서의 책임에서 벗어나 기관의 문제와 전문성 개발 문제를 다루고 있다. (최소한 아직까지는) 이들 교사를 행정의 일부로 보지 않고 있는 것 외에는 과거 장학담당자가 하던 일과 관련되어 있다.

현재의 보다 전통적인 학교와 학교 체계 조직과 미래의 재설계된 학교와 학교 체계 사이에는 장학 지도력을 행사할 사람의 역할이 크다. 학교가 이 전환기를 헤쳐 나가는 동안, 장학업무 직원은 행정가와 교사 사이에서 발생하는 의견 차이와 오해를 중재할 수 있다. 두 집단이 학교 내에서 각각 고유의 권위를 정의하는 과정을 더듬어 나감에 따라, 장학담당자는 브로커와 중재자로서 교사와 행정가가 어린이의 교육이라는 이들의 사명을 잊지 않도록 해야 한다. 장학담당자는 역할과 책임이 재구성되는 긴장 상태를 경험하는 공동체의 수석 대변인이 되어야 한다.

학생 배움의 주창자

학교를 개혁하는 장학담당자의 역할에는 또 다른 중요한 과제가 있으며, 이는 학교 개혁이라는 전국적인 혼란의 와중에서 간과되었던 공동체의 중요한 부분, 즉 학생들에게 좀 더 관심을 두어야 함을 의미한다. 교육문제에 대하여 교사에게 좀 더 많은 자율권을 허용해야 한다는 대부분의 논의는 현재와 마찬가지로 자율권이 교실과 학교에서 행사되어야 한다는 것을 내포하고 있으며 이와 같은 구조가 학생의 배움에 장애가 될 수도 있다는 것을 고려하지 않고 있다.

현재 학교의 배움 환경이 지적 호기심을 자극하고, 유연하며, 학생에게 도움을 주고 있는지, 학생의 지적 잠재력을 방해하고 있는 학교의 공간과 수업시간표 및 교과 단위에도 불구하고 학생이 배우고 있는지 등에 대해 의문을 품는 사람은 거의 없다. 게다가 대부분의 학생이 교내의 성인과의 관계에 있어 수동적인 태도를 취해야 한다는 사실을 분석하는 사람도 없다. 학생들은 언제, 어떻게, 어떤 일을 해야 할지와 절대로 하지 말아야 할 일을 지시받는다. 학생들은 자신이 생각하는 것, 꿈꾸는 것, 두려워하는 것에 관심을 갖는 교사를 만나기 힘들다. 교내의 성인들은 학생들이 특정 문제에 관심을 기울이도록 많은 노력을 기울이나, 그 문제가 청소년의 인생 경험과 어떤 연결이 있는지에 대해서는 거의 관심이 없다.

전통적으로, 장학담당자는 교사와 함께 협력하여 교수법, 목표와 같은 학생의 학습을 향상시키기 위한 책임이 있다. 이 전통적인 장학의 개념에서는 장학담당자와 교사 모두가 배우는 문제를 접근할 때 학생의 정신 상태에 대해 거의 논의하지 않는다. 이는 마치 교과 내용의 정확한 전달, 다양한 멀티미디어 매체의 사용, 또는 모둠 구성 등에 집중하면 집단 정신 상태로 일반화한 학생의 배움이 자동적으로 증가한다고 생각하는 것 같다. 만일 교사가 올바르게 가르친다면, 계발되기를 기다리며 앉아 있는 집단 정신이 새로운 지식을 흡수한다고 믿는 것과 같다.

그러나 학습에 대한 보다 상세한 연구에 따르면, 학습은 청소년의 감정 상태, 즉 자기 이미지, 효능감, 미래에 대한 통제, 인생 역정, 언어와 영상에 따른 영향의 잔재 등의 영향을 받는 복잡하고 개별화된 과정이며, 이는 지성의 보다 절대적 측면을 드러내는 것이다. 즉 학습은 상황의 영향을 매우 크게 받는 문제이다. 청소년이 교실 또는 교실 밖의 학습 활동에 가져오는 정신 상태는 학습의 질을 결정짓는다. 따라서 장학담당자와 교사 모두는 청소년이 학습 과제를 어려워할 때 정신의 틀에 보다 많은 관심을 기울여야 하며, 학습 활동에 참여할 때 준비도를 방해하는 정신의 틀이 가진 특정 성질을 다루어야 한다. 물론, 집단 교수나 집단 학습 활동에서는 각 학생의 정신의 틀을 매 시간 완전하게 파악한다는 것이 불가능하다. 학습 환경에 일정한 통제권을 가지고 있다면 교육자는 학생의 감정이나 자기 이미지에 부정적인 영향을 미치는 환경의 요소를 제거할 수 있다.

여기서 장학담당자가 중요한 역할을 할 수 있다. 만일 장학담당자가 학교가 학생의 성장을 최대화하고, 교사가 이 성장을 자극할 수 있는 잠재력을 최적화하기 위한 공동체가 될 필요가 있다고 보면, 장학담당자는 공동체로의 성장을 장학의 핵심 문제로 다룰 수 있다. 공동체를 강조하는 학교 환경에서는 청소년이 관심을 받고 존경받고 있다고 느낀다. 학습 공동체 환경에서는 과제를 마치지 못했을 때 다가올 결과에 대해 주의와 함께 주어지는 어떤 대수롭지 않은 문제로 여기는 대신, 교사와 함께 주제를 탐구하도록 초대받은 것 같은 느낌을 받을 것이다. 학습 공동체에서는 지식을 매우 희귀한 보상을 받기 위해 경쟁하는 개인들이 축적한 자산 대신 공동체의 중요한 유산으로 여길 것이다. 다른 말로 표현하자면, 학습 공동체의 환경은 학습 과제를 다루는 학생들의 정신 상태에 영향을 미친다. 학습 공동체의 맥락에서는, 장학담당자는 학생이 학습 단위에 몰두할 수 있도록 하는 보다 나은 방법을 탐구하기 위해 교사와 함께 일할 수 있으나, 가르치는 절차의 초점은 학생의 정신 틀에 관심을 기울이도록 하고 있을 것이다.

학교 개혁의 첫 물결은 제어 기제, 즉 좀 더 많은 과목, 좀 더 긴 수업 일수와 재학연한, 엄격한 시험과 규제정책 강화 등 관료적 지시에 초점을 맞추었다. 학교 개혁의 두 번째 물결은 교사들이 교수방법을 개선하도록 노력하는 것을 강조하였다. 그들의 전문성을 강조함으로써, 교사들은 교수-학습 과정에 영향을 미치는 결정에 대해 좀 더 큰 자치권과 자율권을 부여받았다. 그러나 학생이 학습 과제에 집중하도록 해야 할 필요에 대해 언급한 사람은 거의 없다.[3] 물론, 학생이 성적을 높이고, 학습에 집중하도록 학생을 끊임없이 훈계한 교장에 대한

---

3) 반대의 경우로 다음 수필을 보라. Lauren B. Resnick and Megan Williams Hart, "Learning Organizations for Sustainable Educational Reform," Daedalus, vol. 127, no. 4 (1998), pp. 89-118.

이야기는 있다. 그러나 이 훈계는 성적, 등수, 진급 및 졸업 요건과 연계된 외부 제어 기제의 일부일 뿐이다. 학습이 가진 내부적 가치에 대한 것, 그들이 자신에 대해 배우고 이해하는 것과 그들의 세계를 연결하는 것, 그들이 미래 세계를 움직일 것이기 때문에 자신의 세계를 이해하기 위해 가져야 할 엄청난 집단적인 책임감에 대한 것, 타인과 함께 세계를 탐구하는, 그래서 인문학과 과학에서 인간 정신이 고양되는 것을 접하여 흥분하게 되는 것, 줄여 말하자면 학습의 슈퍼-비전, 학습 공동체의 슈퍼-비전에 대한 것은 없다.

학습자의 긍정적인 정신의 틀을 배양하는 데 좀 더 많은 관심을 쏟지 않는다면 학교 재건을 위한 많은 시도는 목표에 도달하지 못할 것이다. 장학담당자와 교사는 함께 학습 공동체를 좀 더 사용자에게 편리한 환경으로, 각 학생에게 관심과 애정을 갖고 의사소통하는 환경으로, 학습자의 공동체를 지원하는 환경으로 전환하는 작업을 시작할 수 있다. 이것이 장학담당자의 지도력에 대한 최우선의 지적, 도덕적 도전으로 남아 있다. 만일 장학제도가 옆에서 수동적으로 학교 개혁을 관전하는 것으로 남지 않고, 학교 개혁에 중요한 역할을 하기 위해서는, 학교가 추구하는 슈퍼-비전, 즉 학습자의 참 공동체를 고양하는 지적, 도덕적 도전을 맞이해야 한다.

후속 활동

1. 당신이 올해 장학 업무를 맡게 되었다면, 장학 목표의 우선순위는 어떻게 정하겠는가?
2. 만일 당신이 모든 학생의 성공을 위해 교수법을 개선하고, 학교 전체의 능력을 향상시키고자 하는 교사라면, 당신의 장학담당자에게 어떤 대화를 시도하겠는가? 만일 이 대화를 당신의 학교에서 한다면, 교사들은 장학담당자에게 어떤 반응을 보이겠는가? 그들이 이와 같은 반응을 보이는 이유를 설명하시오.

찾아보기

기타

역자 소개

이윤식

서울대학교 교육학과 졸업
미국 University of Wisconsin-Madison, Ph. D. (교육행정전공)
전) 한국교육행정학회, 한국교원교육학회, 한국교육자 선교회 회장
현재 인천대학교 사회대학 창의인재개발학과 교수

한유경

이화여자대학교 교육학과 졸업
University of Wisconsin-Madison, Ph. D. (교육행정전공)
전) 한국교육개발원 연구위원
현재 이화여자대학교 사범대학 교육학과 교수

김병찬

서울대학교 윤리교육과 졸업
서울대학교 교육학과 박사 (교육행정전공)
전) 남서울중학교 등 서울시내 중등 교사
현재 경희대학교 교육대학원 교수

정제영

서울대학교 교육학과 졸업
서울대학교 교육학과 박사 (교육행정전공)
현재 이화여자대학교 사범대학 교육학과 교수

박상완

이화여자대학교 교육학과 졸업
서울대학교 교육학과 박사 (교육행정전공)
전) 한국교육개발원 부연구위원
현재 부산교육대학교 교육학과 교수

김화영

이화여자대학교 교육학과 박사 (교육행정전공)
현재 이화여자대학교 교육학과 시간강사

장학론, 9판

발행일 2018년 5월 25일 초판 발행
저자 Thomas J. Sergiovanni • Robert J. Starratt • Vincent Cho | **역자** 이윤식 • 한유경 • 김병찬 • 정제영 • 박상완 • 김화영
발행인 홍진기 | **발행처** 아카데미프레스 | **주소** 413-756 경기도 파주시 문발동 출판정보산업단지 507-9
전화 031-947-7389 | **팩스** 031-947-7698 | **이메일** info@academypress.co.kr
웹사이트 www.academypress.co.kr | **출판등록** 2003. 6. 18. 제406-2011-000131호
ISBN 979-11-6136-006-5 93370

값 20,000원